CAZÈRES

NOTICE HISTORIQUE

PAR

Camille MONTHIEU

DEUXIÈME ÉDITION

1884-1904

TOULOUSE

IMPRIMERIE ET LIBRAIRIE ÉDOUARD PRIVAT

14, RUE DES ARTS (SQUARE DU MUSÉE)

CAZÈRES

CAZÈRES

NOTICE HISTORIQUE

PAR

Camille MONTHIEU

DEUXIÈME ÉDITION
1884-1904

TOULOUSE

IMPRIMERIE ET LIBRAIRIE ÉDOUARD PRIVAT
14, RUE DES ARTS (SQUARE DU MUSÉE)

A Louis PENENT

Maire, Conseiller général du canton,

et l'Ami d'Outre-Tombe,

—

Camille MONTHIEU, son Ami.

———

A L'AFFECTION ET NON A LA HAINE!

A L'UNION ET NON A LA DISCORDE!

PRÉFACE

*L'auteur de cette notice de Cazères n'a pas eu la préten-
tion d'écrire un volume littéraire ; son but a été plus modeste : il a voulu tout simplement condenser en une seule
brochure, sous forme de récit historique, peut-être irrégu-
lier mais fidèle dans sa variété, tout ce qui a été écrit par
divers sur cette ville ou conservé par la tradition orale,
générale et constante : il y a joint des observations et quelques souvenirs personnels. Arrivé dans la vie à une époque de transition, il a pu parler de certains monuments du
passé dont les vestiges viennent de disparaître, et, tout en
indiquant ceux qui viennent d'être construits, prédire les
travaux qu'un avenir prochain ou peut-être éloigné tient en
réserve. Pour accomplir sa tâche, l'auteur, comme l'abeille,
a butiné un peu partout ; non seulement il a mis à profit
les chroniques de Froissart et les travaux sur la contrée
de MM. Victor Fons et Roschach, le savant continuateur
de l'Histoire de Languedoc, dans laquelle on a aussi puisé,
mais encore et surtout de nombreuses pièces manuscrites
qui lui ont été gracieusement communiquées. D'autres, plus
autorisés mais non mieux disposés, pourront la compléter
et transformer cette monographie en grande histoire de
Cazères ; lui, du moins, dans sa chevauchée errante comme
Froissart, aura ramassé les premiers matériaux et réuni
sur un seul point, à l'instar de cette travailleuse estivale*

*du fabuliste, des provisions historiques, à cette nuance
près que ces provisions, au lieu d'être à son usage, servi-
ront pour les autres.*

Cazères, 8 mai 1884.

*Dans cette nouvelle édition, nos lecteurs ne seront pas
étonnés de rencontrer des dates contemporaines, plus
récentes que celles de 1884 et se rapportant à des faits ou
des travaux qui s'accomplissent sous nos yeux. C'est le
chroniqueur qui, après avoir traversé les âges muets, a
marché avec l'histoire vivante du siècle à son déclin. Les
événements aussi ont marché. La Papauté de Léon XIII est
venue spontanément à la France avec le cardinal Lavigerie
en 1890[1], et le Tzar de Russie, Nicolas II, est venu cour-*

---

1. Historique adhésion confirmée en juillet 1899 par la lettre de
Léon XIII, souverain spirituel, au cardinal Richard, archevêque de Paris,
sous le mandarinat maritime de Lanessan « à la messe verte » et le
puritanisme « à la messe rouge » du Charentais Monis, et malgré la
capitulation antiparlementaire, en juin 1898, du président F. Faure
devant les sommations sectaires du pontifical Henri Brisson, chef du
parti radical logiste et socialiste : faute politique de F. Faure grave !
comparable à celle de Thiers Ier, orléanisant en 1871, quoique vingt-
six fois plébiscité et n'osant pas tenter un plébiscite antinapoléonien
avant le 8 février ou avant le 18 mars, Français et non Parisien, pour
graniter à jamais dans le pays des Francs l'œuvre future de Wallon-
le-constituant de 1875 ; ou bien à celle de E. Ollivier, ce nouveau de
Genoude *rallié*, voulant faire, en 1870, du Libéralisme avec l'Empire
autoritaire et plébiscitaire, comme le susdit abbé *universel* voulut
concilier jadis la monarchie *correcte* avec le principe négatif de toute
monarchie sinon de tout despotisme. Deux rêves, blanc et rose, faits
ingénument en 1846 et en 1870, évanouis en 1848 et 1871, plus malfaisants au point de vue politique, mais moins malfaisants pour la morale
publique que les réalités peu rêveuses du Panama poussé jusqu'à l'Hum-
bertisme, sous l'internat présidentiel de M. Loubet, ce Louis XVI de la
République, moins la fuite à Varennes !!!

toisement en France avec la Tzarine en 1896 bien autrement que les Napoléons n'allèrent en Russie en 1812 et 1855. C'est la Démocratie servant de trait d'union et de pondération à l'Autocratie et à la Théocratie pour le salut de la France et de l'Europe, à la condition de ne pas devenir elle-même une Autocratie.

En raison de l'étrange importance de ces deux faits historiques, l'auteur s'est cru autorisé à émailler son nouveau récit de réflexions politiques. Réflexions étranges peut-être, comme ces deux faits, pour les contemporains, moins pour les descendants disposant au reste du Supplément à leur usage. La Politique d'aujourd'hui n'est-elle pas l'Histoire de demain? Que sera demain? Dans vingt ans, ce livre sincère et attristé par l'actualité comme notre Alsace éplorée, avec son cachet archéologique propre, conservera localement, comme un livre-journal, pour nos vrais neveux de France réconciliés, le cliché photographique exact, estompé par l'aile du temps pacificateur, de notre époque du Syndicat néfaste si discordant et partant inoubliable : 1897-1900.

Dans le cours de son récit historique parfois panaché de digressions politiques pour les contemporains sans épithète, après s'être placé à un point de vue local et parfois régional, l'auteur, qui est un agriculteur d'origine, a voulu, dans une sorte de Supplément politique écrit sous forme d'articles détachés et à des dates échelonnées, agrandir un peu son sujet en le rendant plus national, puisque la politique générale intéresse le pays tout entier, surtout à l'époque exceptionnelle dans laquelle nous vivons, considérant en outre comme un devoir absolument patriotique d'en conserver un souvenir vécu, sans amertume pour les personnes, mais sévère pour les vices constitutionnels du

*régime dévoyé que nos descendants jugeront sévèrement.
Les contemporains, curieux de connaître l'histoire du
passé, seront forcés d'entrevoir la politique de l'auteur,
tout en lisant sa narration historique; les descendants,
désireux d'apprendre l'histoire du présent, devenu le
passé, liront plus volontiers les fragments réunis sous le
titre de Mélanges, comme une leçon de choses contemporaine.*

*L'auteur ne croit pas s'écarter du but d'instruction et
d'éducation morale poursuivi dans ce livre, en indiquant,
après le tableau de la vie locale à travers les siècles, la
répercussion des choses françaises sur ses concitoyens. Il
montre ainsi la part qu'ils ont prise aux préoccupations
et aux émotions de la grande patrie. En y ajoutant quelques conseils et avertissements utiles, résultats de l'observation et de l'expérience, il ne fait qu'exprimer, dans une
forme pratique, des sentiments qui conspirent uniquement
à la grandeur, à la prospérité et au bon renom de son
pays.*

C. MONTHIEU.

Cazères, 8 juillet 1900. P. S. : 1904.

PLAN DE L'OUVRAGE.

Préface, p. 9-12.

Chronique, p. 15-199.

Pièces justificatives :

Confirmation des privilèges de Cazères, p. 201.
Lettre du duc d'Uzès à M. Fauré, p. 208.
Quittance de M. Fauré, p. 209.
Éloge du maire Louis Penent, p. 210.

Lettres adressées a l'auteur :

M. de Palaminy, p. 213.
M. E. Cabié, p. 214.
   — Réponse, p. 218.
Le même, p. 220.
Mme L. de C. M., p. 221.
M. Jacques Piou, p. 223.

Mélanges :

Philosophie.

La croyance en Dieu, p. 225.

Politique.

Opinions sur la forme républicaine :

Lamartine. — Armand Marrast, p. 228-229.
Emilio Castelar, p. 229.
Le Père Didon, p. 230.

Le socialisme, p. 255.
L'affaire Dreyfus, p. 258.
Trois grandes fautes, p. 237.
Lettre au directeur du *Progès libéral,* p, 241.
Première lettre à M. Jules Brisson, p. 243.
Deuxième lettre au même, p. 250.
Lettre à Jules Ferry, p. 253.
Les méfaits de la politique, p. 236.
Le patriotisme opposé à l'utopie humanitaire, p. 261.
Désenchantement, p. 262.

Archéologie.

Note pour les fouilles de Martres, p. 266.

Tourisme.

Une ascension au Pic-du-Midi de Bigorre, p. 271.

Tables :

Table des matières, p. 275.
 — *alphabétique,* p. 277.
 — *chronologique,* p. 287.
 — *des figures,* p. 288.

CAZÈRES

Palladium

« Travailler le sol de son pays, c'est
défendre sa patrie et assainir sa race. »

Au pied des premiers contreforts de la chaîne des Pyrénées, entre la voie ferrée et les bords, rive gauche, du fleuve pyrénéen, non loin de Saint-Michel du Mont Saboth, s'étend négligemment dans la plaine, comme pour s'éloigner de la rive et se rapprocher de la vapeur par l'Avenue Parisienne, une petite ville aujourd'hui chef-lieu de canton de l'arrondissement de Muret. Sa population très active et jadis plus agricole qu'industrielle semble vouloir délaisser les travaux des champs pour s'adonner à l'industrie et surtout au commerce, voire même aux plaisirs non champêtres. Ses foires deviennent de jour en jour plus importantes. Vers la fin du quinzième siècle, elles n'étaient qu'au nombre de trois dans l'année ; elles sont aujourd'hui mensuelles, parfois bi-mensuelles, et très fréquentées par les commerçants de la contrée. C'est Cazères, l'une des villes maîtresses de l'ancien diocèse de Rieux, vieille commune du Moyen-âge au onzième siècle, jouissant de certaines franchises et privilèges à elle octroyés depuis longtemps par les sénéchaux de Toulouse et confirmés sous le roi Louis XI (1466), bien souvent ravagée par les batailleurs des environs qui se disputaient sa possession.

Commerce.

Aujourd'hui, l'une des branches importantes de son commerce consiste dans la préparation de conserves alimentaires de toute espèce, petits pois, champignons, gibier, etc., et surtout des pâtés de foie gras qui sont livrés à la consommation locale ou expédiés au dehors par trois maisons avantageusement connues : Faurous, Ségu et Dumas. Mentionnons, en passant seulement, la quantité considérable de bestiaux de la race gasconne dont ses foires sont approvisionnées et qui font la base des transactions agricoles. On y trouve aussi quelques sujets de la race ariégeoise.

Industrie.

Quant à l'industrie, elle est ici représentée par une brasserie de bière, trois tanneries de cuir, une marbrerie, une carrosserie et une foule d'ateliers de construction de bateaux à destination de Toulouse et autres lieux circonvoisins, parmi lesquels la remarquable installation de MM. Atoch (Joseph) et de ses fils Pierre et Philippe, trois travailleurs courageux et intelligents, et persévérants dans leur droit comme dans leur travail, ainsi que par une fabrique de cierges et de bougies à la stéarine, fondée par les frères Resséjac. Tout récemment, un industriel intelligent, M. Lafore, a su parfaitement utiliser la force motrice naturelle produite par les chutes d'eau superposées d'une des nombreuses rigoles du canal qui sillonnent notre plaine. Il a établi à Darbon[1], sur la route de Mondavezan, un moulin à farine et plusieurs scies mécaniques pour débiter les bois de construction et de menuiserie. Il existait aussi deux usines pour filature de la laine : l'une, mue par l'eau de la Garonne et à laquelle était annexée une teinturerie d'étoffes ; l'autre avait pour moteur la vapeur, et, après avoir travaillé les laines du pays au moyen de machines perfectionnées, les convertissait en draps appelés vulgairement des *Razès*. Comme sa similaire, cette dernière ne fonctionne plus aujourd'hui, vu que le commerce des laines françaises est tombé dans la stagnation depuis l'envahissement des marchés nationaux par les laines d'Australie, de même que depuis 1884 les blés d'Australie et d'Amérique surtout viennent sur nos marchés faire une concurrence désastreuse à nos céréales indigènes. C'est la production du monde entier qui sert de règle aux tarifs de vente français.

Productions du sol.

L'une des productions locales ayant un cachet particulier est celle des pêchers, dont les fruits savoureux

1. Nom de lieu donné probablement par un descendant de ce Darbonio, de Valentine, qui fut bienfaiteur de la confrérie Saint-Jacques en 1349.

sont expédiés dans toutes les directions quand vient l'époque de la cueillette. Les vergers sont complantés sur le versant nord-ouest d'un gracieux coteau situé sur la rive droite de la Garonne et dont les croupes onduleuses et fertiles sont toutes parsemées de rustiques cabanes (22). On propage le pêcher par la greffe à l'écusson pratiquée à la fin août sur de jeunes sujets d'un an, de franc ou de prunier; mais néanmoins on employe quelquefois, sur des pieds assez forts et à une certaine hauteur de tige, la greffe en fente, pour jouir plus rapidement de leur production et conserver nos deux grandes variétés indigènes, les délicieuses Pavies et les jaunes hâtives de Buzet, auxquelles se mêlent quelques jaunes d'Oloron (Basses-Pyrénées) mûrissant en septembre et quelques jaunes de Mézin (Lot-et-Garonne) arrivant à la maturité à peu près en même temps que les pêches de Buzet (1er août). On trouve ces quatre grandes variétés, ainsi que des Chevreuses, des Charnues femelles de Bône, dont une espèce, la belle Beauce, a le noyau très petit, et des jaunes mâles d'Almalocoton (Espagne), d'extrême saison, chez M. Jean Bertheil, pépiniériste local fort entendu et très actif.

Agriculture.

Si le touriste et le commerçant indigènes ont à leur disposition la vapeur pour franchir l'espace, la Compagnie du canal de Saint-Martory a mis à la portée de l'agriculteur les bienfaits de l'irrigation, qui lui a permis de transformer son assolement agricole et de s'adonner à la culture pastorale en élevant des bestiaux plus nombreux, depuis la création du réseau des rigoles secondaires en 1876. Il sera néanmoins dans l'obligation absolue de pratiquer des drainages dans ses prairies naturelles pour les assainir et faciliter l'écoulement des eaux d'arrosage. Un autre effet nuisible de l'irrigation, c'est la destruction de tous les arbres à fruits à noyau, tels que le cerisier, l'amandier, le noyer, ainsi que l'acacia ; résistent seuls le chêne, le pommier, le mûrier et le peuplier.

Situation.

Cazères est bâtie sur la rive gauche de la Garonne, à 37 kilomètres de Muret, 57 kilomètres sud-sud-ouest de Toulouse, et possède actuellement 2.700 habitants. En 1764, d'après l'abbé d'Expilly, il n'y avait à Cazères que 400 feux, soit 1.600 habitants. Ces 2.700 habitants sont presque tous agglomérés dans le centre urbain, à l'exception néanmoins de quatre hameaux de banlieue : les Méritz, Castelnau, Gironc-Claveté et Vinton, et trois châteaux : Simorre, Picaïgne et Labernède, qui sont situés dans le périmètre de la commune.

SIMORRE. — Appartient à M. le comte Henry de Foix, dernier descendant de la lignée comtale des seigneurs de Foix et de Béarn par la branche des Rabat-Fabas. On trouve, en effet, dans l'ouvrage de Louis Moréri, que ces Foix-Rabat descendent d'un nommé Loup, fils de Gaston Ier, dixième comte de Foix, et de Ferdinande de Négrepont, épouse répudiée en 1316, puis reprise par Gaston. Ces Rabat traitaient de cousins, en 1643, les Foix-Fabas (qui du reste étaient déjà comtes de Fabas et autres lieux), aujourd'hui Foix-Simorre, dont le chef de famille, ancien viguier d'Andorre, chevalier de la légion d'honneur, a deux fils, Charles et Louis de Foix. De ce même Gaston Ier est issue une autre lignée illustre, celle des vicomtes de Castelbon. Quant aux comtes de Fabas, ils furent illustrés, dans le cours du dix-septième siècle, par Marc-Antoine de Foix, jésuite célèbre, né au château de Fabas le 1er mars 1627, mort en 1687, fils de Nicolas de Foix et de Marie d'Encausse de Pouy.

Picaïgne. — Autre terre noble d'une certaine ancienneté, puisque nous avons trouvé dans des manuscrits locaux qu'un certain Arnaud Rosio, *seigneur de Picaïgne*, fit une fondation d'obit à la Fraternité de Cazères « en rente annuelle et perpétuelle qui leur sera payée le jour de Saint-Cizy, le 16 août en l'année 1529 ». Plus tard, en 1682, le châtelain du lieu s'appelait noble Gabriel de Benque, issu de la maison d'Espagne. Nous mentionnerons plus loin l'inféodation d'Uzès-Doniès en 1765. Faisait partie du domaine de Picaïgne la terre noble de Rachac (encore appelée château en 1808), située près le hameau des Méritz, appartenant aujourd'hui à M. Pierre Duffaut, neveu de Léon Duffaut, laquelle fut vendue en 1803, 1804 et 1808, à M. Jean-Pierre Duffaut, docteur-médecin, par M. Jean-Marie-Joseph Doniès, père de Andrée-Justine Doniès, mariée à Anne de Villèle. Ce dernier fut ministre de Charles X. Aujourd'hui, le château de Picaïgne veut revêtir un autre cachet de grandeur en se transformant en asile de refuge pour l'enfance abandonnée : il est devenu un orphelinat de jeunes filles, sous la direction généreuse de Mme Gantier de Saint-Martin. Son grand cœur, brisé par un double malheur, s'est proposé, non d'oublier la douleur, mais d'atténuer celle des autres, la douleur des petits.

LABERNÈDE. — Vieux manoir féodal, dépendant de la seigneurie et marquisat de Montberaut ; était la propriété de la famille de Bazon, dont il est fait mention dans le dénombrement de 1672, comme seigneur de Labernède et marquis de Montberaut, ainsi que nous le relatons dans le cours de notre brochure. Par les alliances, ce château est passé dans les mains des d'Ustou d'abord et des Courrège, possesseurs de nos jours. Un d'Ustou-Saint-Michel est mentionné dans les chartes comme seigneur de Saint-Michel, Molette, Montberaut, Morlhon, et de Lestelle et Beauchalot, en Comminges. Cette famille d'Ustou fut maintenue dans sa noblesse par jugement souverain rendu par M. Bazin de Besons, intendant de Languedoc, le 13 novembre 1660. Les preuves fournies à l'appui remontaient à 1530.

Superficie.

La superficie de la commune est de 1.964 hectares, et l'altitude de la ville au-dessus du niveau de la mer se trouve à 240 mètres. Son climat est plutôt humide que sec, mais la température est très variable à cause

du voisinage des Pyrénées ; quand il pleut dans la
plaine, il neige presque toujours sur la montagne, et le
lendemain se produit un abaissement sensible de la
température, accompagné d'un vent froid pendant trois
ou quatre jours. Le thermomètre descend brusquement
de 20° à 15°. Ce phénomène météorologique se produit
chaque année vers la fin septembre ou premiers jours
d'octobre et coïncide avec la chute des premières neiges d'automne.

Etymologie.

L'étymologie du nom de Cazères dérive évidemment
du mot latin *casa*, maison, ou mieux *casulæ*, petites
maisons, ce qui expliquerait ainsi l'orthographe ancienne : *castrum de caselas*. Nous avons encore aujourd'hui, comme memento, la rue de *Casalas*. D'après
M. E. Barry, ses titres historiques authentiques ne
remontent guère au-delà du douzième siècle de notre
ère, 1119.

Origines.

Nous ajouterons que les origines de la ville, dont
l'histoire n'a pu retrouver trace, doivent remonter jusqu'à quelque colonie de race latine, déduction prise du
mot même de *casa*, tiré de l'idiome latin ; ou du moins
cette colonie, si elle n'avait fondé elle-même, serait
venue se greffer à l'obscure bourgade gauloise dont le
nom propre aurait été absorbé, ainsi que son indivi-
dualité.

Topographie.

La forme actuelle de la ville, écrit M. Victor Fons, montre évidemment qu'elle a été bâtie à diverses reprises. Elle se compose de deux villes et de six faubourgs bien distincts les uns les autres par leur situation et par leur nom : ce sont les faubourgs de Villeneuve, de Tarascon, de las Caoüquéres, du Bourguet, de la Base et le Faubourg proprement dit. Nous reviendrons plus tard sur la situation de ces faubourgs, en nous rapprochant de l'époque moderne.

L'une des deux villes est la petite Barrade, qui a été le berceau de la ville actuelle et se trouve sur le promontoire formé par le confluent de l'Hourride et de la Garonne. La seconde ville, la vieille commune du Moyen-âge, apparaissant dans l'histoire en 1139, se trouve comprise entre la ligne des boulevards allant du pont sur la Garonne au pont construit en 1600 sur l'Hourride près l'hôtel du Midi, vers l'église paroissiale, ainsi que la halle aux marchands.

Halle (ancienne).

Cette immense construction couverte, qui se rencontre sur nos pas, est supportée par dix-huit piliers de pierre blanche et se trouve aménagée mi-partie pour les marchands et mi-partie pour les céréales de toute espèce. Elle fut édifiée dans les premières années du dix-huitième siècle, entre 1703 et 1716, car nous trouvons inscrite sur un état des charges en 1727 de la communauté de Cazères la somme de 60 livres pour le service des intérêts d'un capital de 1.200 livres emprunté le 3 novembre 1703 pour l'édification d'une halle. Le sol de la susdite ne fut pavé pour la première fois qu'en 1744, à la suite d'un violent orage qui remplit d'eau toutes les dépressions du terrain bâti.

Ville Barrade.

A côté de la halle et au levant se trouve la petite Barrade, qui fut fondée, d'après la tradition historique, par une colonie de ces Ibériens (vieux Espagnols)[1] qui avaient déjà bâti dans le voisinage Calagorris des Convènes (*Calagurris Convenarum*)[2].

Calagorris.

Calagorris, qui fut détruite pendant le sixième siècle (584) et qui existait deux ou trois siècles avant le bourg Cazérien, était située sur le plateau de Saint-Cizy, qui domine la rive gauche de la Garonne, à trois kilomètres de la ville actuelle de Cazères, sur les bords de l'ancienne voie romaine qui allait de Toulouse à

1. *Hist. de Languedoc*, t. I, liv. II, p. 133 ; note de M. E. Barry.
2. Peut-être ces Ibériens, colons de race latine, partisans de Sertorius, qui, après la défaite de ce dernier, furent chassés d'Espagne par Pompée.

Saint-Bertrand de Comminges [1], et non point à Chiragan, près de Martres-Tolosane (l'antique Angonia),
comme le voulait l'archéologue M. Dumège [2], lorsqu'il
découvrit en 1826 ces magnifiques bustes d'empereurs romains déposés aujourd'hui au Musée de Toulouse. Ces statues ornaient sans doute la *villa* somptueuse de quelque riche personnage gallo-romain, non
loin de l'ancien cimetière Saint-Nicolas. A ce splendide *palatium* se joignait un temple probablement
consacré à Hercule; de ce *palatium* la tradition a fait
le nom de *Palas* donné au ruisseau martrais de nos
jours.

Il existe encore à l'extrémité de ce plateau de Saint-
Cizy, sur une petite éminence appelée *Serres*, dépendant aujourd'hui du domaine de la ferme-école de Castelnau-les-Nauzes et au levant de la métairie de Paillac,
affermée, selon la mode de nos jours, par la famille
Rumeau, un *oppidum* pas très grand, ayant 86 mètres
de l'est à l'ouest et 46 mètres du sud au nord, soit
3.956 mètres carrés, mais dont la construction doit
remonter à une époque ancienne, puisqu'on y a trouvé
beaucoup de débris de l'époque mérovingienne. Cet
oppidum n'eut sa raison d'exister qu'après la destruction

1. Comme Calagorris, Saint-Bertrand fut détruite vers la fin
du sixième siècle (584) par le roi franc Gontran, pour avoir servi
d'asile à Gondebaud, fils déshérité du roi Clotaire. Son église
actuelle fut commencée en 1304 par Bertrand de Got et terminée
en 1350 par Hugo de Castellione.

2. Se rendait à pied de Toulouse à Martres pour surveiller les
fouilles de 1826.

de Calagorris et recueillit sans doute dans son enceinte entourée d'un fossé une fraction de ses habitants. Quant à son antiquité, d'après l'opinion de M. Edmond Cabié, de Roqueserrière, archéologue aussi modeste que savant, elle serait contemporaine de l'invasion franque et remonterait seulement à la période mérovingienne — de 511 à 751 — où ce fortin aurait rempli le rôle de *salvetat*, c'est-à-dire un lieu de refuge pour les populations des environs. Dans tous les cas, il est incontestable qu'il y a eu là un centre d'habitations rurales, puisque M. Tachoires, dans un défoncement agricole opéré au pied de la face nord du susdit oppidum, a découvert des ossements humains dans un espace vulgairement dit le *Cimetière*, aujourd'hui vigne américaine. En commémoration de ce champ du repos dès longtemps abandonné, la procession des Rogations de la paroisse de Lavelanet s'y arrête chaque année. Mais dès le début de ce siècle il n'y restait qu'une métairie dite de *Serres*, où avait résidé la belle-mère du vieux Sancan, habitant des Gargailloux, âgée de quatre-vingt-un ans, laquelle avait épousé un Tachoires et mourut en 1846.

A propos de cette *salvetat* de Serres, il nous paraît utile de faire une observation topographique sur les trois lignes de viabilité parallèles de ce quartier. Chacune de ces lignes, de Toulouse vers les Pyrénées ou l'Océan, a eu son petit centre d'habitations rurales dans ce périmètre restreint, s'étendant du hameau des Gargailloux au midi jusqu'à Castelnau (*Castellum novum*) au nord, à des points parallèles et équidistants : 1° la

plus ancienne, la voie romaine, passait à Calagorris
(Saint-Cizy) et au pied de la *salvetat* de Serres, qui fut
contemporaine ou immédiatement postérieure à cette
cité gallo-romaine ; 2° le chemin de Toulouse, remontant
au quatorzième ou quinzième siècle, donna naissance
au groupement moins ancien des Gargailloux [1], où le
sieur Duclos, dit l'*Hosté* (hôtelier), donnait l'hospitalité
aux voyageurs ; 3° enfin, la construction de la route
nationale moderne, contemporaine du règne de
Louis XV (1723-74), a entraîné la formation du petit
hameau de Castelnau, dont l'étymologie même indique
la date toute récente. Comme toujours, ces constructions rurales se sont étalées le long de la route et chaque groupe a son époque historique.

Non loin de cet oppidum mérovingien et entre les
deux métairies de Bellevue et du Bentayré s'étend une
vaste nécropole de deux hectares de superficie en prai-
rie naturelle, dont les tombes de marbre blanc ont été
explorées et quelques-unes enlevées pour servir d'auge
à bestiaux ou de fontaine dans les fermes du voisinage.
Quant à la ville proprement dite, il est permis de croire
qu'elle a été étendue et même populeuse, quoique rustique et à demi barbare, comme l'étaient souvent les villes gauloises de l'antique Aquitaine, d'après le très
grand nombre de débris de tuiles à rebord et de vieilles monnaies qu'on y a trouvées sur les indications de
M. le colonel Gleizes, l'abbé Carrière et surtout
Antoine Gantier, qui en possède une jolie collection

---

1. Jadis appelés les Caragnous.

dans son château de Picaïgne[1]. Son emplacement était certainement dans le vignoble de Saint-Cizy, au midi de la chapelle de ce nom, et jusqu'au quartier de *l'Estrade*, dont le nom est d'origine romaine : *strata via*. Nous devons même ajouter qu'avant sa destruction Calagorris a été habitée par des chrétiens, puisqu'on peut distinguer sur certaines tombes un des monogrammes du Christ, α, ω, *alpha* et *oméga*.

Il est à remarquer que ces deux localités, Chiragan ou la villa somptueuse, et Calagorris (Saint-Cizy) ou l'agglomération populeuse, ont laissé un souvenir si profond dans l'imagination populaire de la contrée que la légende merveilleuse a conservé ce dicton expressif en idiome vulgaire : « *Intran Cizy et Chiragan tres tounos d'or troubaran.* » Ce proverbe semblerait consacrer l'importance de la ville disparue et la richesse de la villa située dans les champs de Chi-

---

1. En 1884, un vigneron, Bernard Fournier, y a trouvé un petit trésor renfermé dans un vase de cuivre et composé de quinze cents pièces environ en argent (potin) de deux grandeurs différentes et de vingt-cinq types divers, de fabrication romaine et à l'effigie d'empereurs : Philippus, Gordianus, Antoninus, Sévérus, Géta, Galliénus, Balbinus, Volusianus, Posthumus. — En 1892, M. Joseph Bergès, opérant un défoncement agricole dans ce quartier, trouva un vase de terre auquel heurta la charrue et qui était rempli de monnaies de bronze à l'effigie d'empereurs romains; le vase fut brisé et les monnaies étaient toutes agglutinées ensemble par l'oxydation, ne formant qu'une grosse boule moulée sur la forme du vase. Le poids de cette masse était de 12 kilogrammes. En 1899, nouveau bloc de 4.000 pièces de potin trouvé chez le même M. Joseph Bergès, réputé pour ses connaissances viticoles et fort laborieux.

ragan, désormais célèbres par tous les trésors archéologiques que des fouilles successives ont livrées au
Musée toulousain [1]. La persistance de cette légende
dorée est restée si puissante dans ce quartier de Chiragan, qu'en l'an de grâce 1896 on y a creusé, sous les
inspirations d'une sybille somnambulesque, un puits de
14 mètres de profondeur, au fond duquel les propriétaires du sol privilégié devaient trouver une statue d'or
massif de 1 mètre de hauteur, ainsi qu'une cassette
pleine de monnaies antiques. A cette profondeur, les
crédules ouvriers rencontrèrent l'eau en grande abondance.

Le rêveur solitaire ou le chasseur malheureux qui
égare ses pas aujourd'hui du côté du *Champ des tombes*, ou nécropole de la vieille cité calagoritaine, aperçoit, sur un petit mamelon isolé et dans un site vrai-
ment pittoresque, une modeste chapelle rurale, dans
laquelle on a célébré la messe chaque dimanche jusqu'à
ce jour [2]. C'est là le tombeau de Cizius [3], preux che-

1. Voyez aux *Mélanges* un document original concernant les
dernières fouilles faites à Chiragan en 1890-91, sous la direction
de M. Abel Ferré, homme intelligent et d'un dévouement rare.

2. Avant 1793, c'était une paroisse et une commune qui s'an-
nexa volontairement à Cazères vers 1840.

3. Ses ossements furent translatés de Saint-Cizy à Rieux, chef-
lieu de diocèse, le 19 juin 1384, et partiellement rapportés à Saint-
Cizy en 1672, sous l'épiscopat de Antoine-François de Berthier.
Donc la chapelle existait à cette date : 1384-1672. Des fouilles ont
été exécutées dans ce quartier en 1899 par M. Joulin, qui ont mis
à jour le *vicus* antique. A la chapelle moderne on trouve sur le
dallage l'inscription : « 1716, J. Duclos »; et sur un pilier exté-

valier, descendant des célèbres ducs de Bourgogne, d'après Fons. Ce rustique sanctuaire rappelle donc à nos contemporains un double souvenir : les lieux où s'élevait jadis l'antique Calagorris, la dispersion des Maures, ou *Sarrazins* d'Espagne, vaincus et repoussés de la contrée par le valeureux Cizius et ses compagnons d'armes. Le vainqueur des infidèles a donné son nom au quartier rural, Saint-Cizy, en commémoration de son martyre; de même que Vidian, le héros de Martres, a donné son nom à la fontaine et au quartier que nos voisins connaissent si bien et les archéologues aussi.

Aucun autre site dans la plaine ne saurait égaler la séduction poétique de ces lieux retirés et empreints d'un cachet d'antiquité, lorsqu'on va les visiter par une de ces tièdes et molles après-midi d'automne, qui ressemblent si bien à des haltes de la vie, où l'homme, se repliant sur lui-même, vit du souvenir charmant des beaux jours passés, sans renoncer toutefois à l'attrayante espérance des printemps à venir. On éprouve surtout cette impression de charme indicible et de douce mélancolie quand vient le soir et que tous les reliefs de ce tableau pastoral sont noyés dans les flots de lumière dorée d'un soleil d'automne à son coucher. La nature entière a revêtu des teintes jaunissantes; le bouquet épais des peupliers élancés de Bellevue n'est plus verdoyant, malgré sa fraîche ceinture de l'Aygossau aux eaux sinueuses et bordées de chênes séculaires; le

rieur du porche : « 1735, Arry Jean étant curé de Saint-Cizy, mais résidant à Cazères ».

petit bois de chênes de Blancotte montre ses feuilles marbrées de jaune et de vert, et enfin les pampres de la vigne qui a poussé ses luxuriants rameaux sur les ruines de Calagorris recouvrent, comme d'un linceul de pourpre et d'or, le cadavre immense de la cité gallo-romaine à jamais disparue. On n'entend d'autre bruit pour animer cette silencieuse nécropole que celui de la cloche de la chapelle annonçant aux pâtres l'heure de la prière du soir ou les mugissements de leurs bœufs gascons. C'est un coin de tableau champêtre, d'une beauté douce, intime, digne à tous égards de la palette d'un peintre et des rêveries d'un penseur.

Suite de ville Barrade.

Pour revenir au berceau de Cazères, la petite Barrade, dont nous avons parlé plus haut, est située au nord de l'église paroissiale, dans une presqu'île formée par la Garonne et par le ruisseau de l'Hourride[1]. Ses premiers habitants la fermèrent du côté de la terre par une muraille grossière, avec levée de terre, dont on croyait voir encore des vestiges en 1850, aujourd'hui tout à fait disparus. Le moulon Vianès était adossé à la paroi occidentale de la susdite muraille ; sa démolition n'a été achevée qu'en 1858. La ruelle Vianès s'appelait *la Tranchée* et longeait les maisons Conferon, Ala-

1. Du mot latin *Horrida*. Aux crues printanières, ce petit ruisseau roule des eaux torrentueuses et très bourbeuses.

bert et Bergès. En creusant la cave de la maison Esquerré, sur le même prolongement, on a trouvé, en 1883, un tronçon d'épée en fer très rouillé. C'était une épée courte et à large lame.

Venant de mentionner la fondation ibérienne de cette agglomération de petites cabanes qui furent le berceau du Cazères actuel, notre pensée se reporte naturellement vers nos ancêtres primitifs. Avant de nous éloigner à jamais de ces temps si reculés, qui forment ce qu'on pourrait appeler la période préhistorique de notre ville, jetons un coup d'œil rétrospectif, par un effort d'imagination, sur leur manière de vivre avant l'avènement du christianisme, et alors qu'ils n'avaient d'autre temple, selon le rite druidique, que la voûte sombre des forêts voisines. Ces Ibériens colonisateurs, fusionnés à l'élément celtique, ne tardèrent pas à devenir Gaulois et à contracter leurs mœurs, de même que leurs frères de Calagorris, venus trois siècles avant, s'étaient gallicanisés depuis longtemps déjà. Ils habitaient la rive d'un fleuve poissonneux, ils devaient être pêcheurs ; le pays était boisé et giboyeux, ils étaient sûrement des chasseurs ; leur humeur devait être belliqueuse, puisqu'ils avaient su si bien choisir l'emplacement de leurs cabanes rudimentaires ; c'était un poste fortifié par la nature. Nous les soupçonnons même d'avoir été un peu querelleurs, puisqu'ils avaient jugé utile d'entourer leur bourgade de retranchements en terre ou muraille grossière, comme pour se mettre à l'abri des représailles de leurs voisins. Calagorris, la grande ville d'alors, n'était pas loin : ils devaient y aller parfois. Quand le produit de leur chasse ou de leur pêche était trop abondant, ils se rendaient à la ville pour l'échanger contre des poteries, des objets de vêtement ou des colliers de bronze. Disons, à la fin, que si nos premiers aïeux n'avaient ni temple ni église, ils croyaient, comme tous les Gaulois, à l'immortalité de l'âme humaine.

Ville proprement dite.

Reprenons le cours de notre récit et laissons la petite Barrade, avec sa *tranchée* et sa minuscule *place d'armes*, pour ariver à la seconde ville, qui est la ville proprement dite. Elle était entourée d'une haute muraille dont il reste un grand pan de mur visible à l'œil nu, à côté du rond-point du faubourg, d'une longueur de 12 mètres. D'après une ancienne et constante tradition qui a cours dans Cazères, le village de Tressac ou Tersac, qui existait à peu de distance de la ville, sur la rive droite de la Garonne, ayant été entièrement détruit à la suite d'une révolte des habitants contre le seigneur, le châtelain de Montberaud, qui était seigneur de Montberaud et de Tersac, les Tressaciens passèrent le fleuve et vinrent à Cazères où on leur permit de bâtir des maisons. Une découverte récente (janvier 1886) vient de prouver, d'une manière incontestable, l'existence d'un centre d'habitations à Tersac; M. Stanislas Méroc, en pratiquant un défoncement agricole, a mis à découvert une ancienne rue du village seigneurial. Les

transfuges, accueillis par nos aïeux, construisirent
alors, attenant à la ville Barrade, le berceau d'une
seconde ville, que les Anglais, plus tard, à l'époque
où ils possédaient la partie méridionale de la Guienne,
entourèrent de la muraille, dont on voit des vestiges
en face de la maison d'Espouy, et à laquelle on adapta,
vers la fin du dix-huitième siècle, trois portes [1], dont
deux existent encore et sur l'une desquelles le curieux
peut lire l'inscription suivante : *Cazeriensis urbis con-
silii jussu necnon cura moles erectæ* [2].

Les Anglais.

Je viens de nommer les Anglais. On trouve, en effet,
dans l'histoire qu'après la malheureuse bataille de Poitiers, où le roi Jean le Bon fut fait prisonnier, un déta-
chement de l'armée anglo-gasconne du prince de Galles
s'empara de Cazères en 1356 (dix ans après la bataille
de Crécy et l'année même de celle de Poitiers). Carbonne fut aussi brûlée par les Anglais en 1355. Ce
furent là deux minimes épisodes de cette désastreuse
guerre de Cent ans qui mit la France à deux doigts de
sa perte comme nation ! elle ne dut son salut qu'au
patriotisme héroïque d'une créature sublime, une fille

1. Nouvelles portes qui durent remplacer celles du siège de
1376, étant démontré qu'il existait des portes à cette époque,
puisque Gaston Phœbus ordonna de les fixer avec barres et bûches.

2. « Ces piliers ont été édifiés par les soins et les ordres du
Conseil de la ville de Cazères. »

du peuple, Jeanne d'Arc, la Lorraine, dénigrée par Voltaire.

Peut-être aussi les Anglais possédèrent-ils antérieurement Cazères avec le duché d'Aquitaine, à la suite du mariage d'Éléonore d'Aquitaine, qui épousa en secondes noces (1152) Henri, duc de Normandie (qui devint roi d'Angleterre sous le nom d'Henri II Plantagenet), et apporta en dot à son époux toutes ses possessions territoriales. Cette duchesse Éléonore avait épousé, en 1137, à l'âge de quinze ans, Louis VII dit le Jeune, roi de France. Or, l'Aquitaine étant devenue anglaise en *1152*, et l'étant restée pendant longues années, il est très possible que Cazères, pendant une période plus ou moins courte, suivit le sort du malheureux duché. Néanmoins, cette période douloureuse ne dura pas longtemps, du moins pour Cazères, car de même que nous le trouvons en 1139, deux ans après le premier mariage, dans la famille des comtes de Comminges-Aspet, il est, au début du treizième siècle (1213), sous la dépendance des comtes de Toulouse. Son château seigneurial fut possédé, en effet, de 1213 à 1223 par le comte de Toulouse Raymond VI, le vaincu de la bataille de Muret de 1213, de même qu'il est la propriété en 1252 de Roger-Rotfer IV, comte de Foix, et auteur du dénombrement de 1263. Au reste, ces Anglais ont toujours été les mêmes, au douzième siècle comme au dix-neuvième : ils ont eu constamment une prédilection marquée pour le bien des autres; nous le voyons de nos jours pour l'Égypte à eux *en bloc*, abandonnée en 1882 par notre prophète radical, qui a jugé cette solution beaucoup plus opportuniste que de conquérir à la France la Tunisie et le Tonkin, ces deux débouchés admirables et nécessaires pour évacuer le trop plein *intellectuel* de la nation. A défaut du Cazères du douzième siècle, nos bons voisins d'outre-Manche n'hésiteraient pas à s'établir définitivement dans la vieille Égypte où notre politique a commis l'imprudence de les laisser seuls depuis quinze ans.

Dans une lettre privée de février 1891, Jules Ferry stigmatisait l'inventeur du *bloc* de la Révolution du nom de « terroriste attardé ». Nous y ajoutons celui d' « Egyptien ».

Mur d'enceinte.

Pour revenir à la muraille d'enceinte et à nos envahisseurs séculaires, il est probable, en effet, qu'elle a été bâtie par les Anglais pour raison de sécurité militaire, étant donné l'éloignement du souverain conquérant et étranger. Évidemment, si Cazères était restée en la possession du roi de France ou de ses barons féodaux, il n'eût point été aussi nécessaire de la fermer de murailles, tandis qu'il fut indispensable pour les Anglais, nouveaux possesseurs du sol, de la clore d'une enceinte fortifiée, laquelle enceinte *l'associé étranger*[1] voyait encore en partie debout en 1823. A l'intérieur, il existait un contre-mur pour soutenir le chemin de ronde

L'auteur de l'*Essai* sur les origines de la ville de Cazères à la date de 1786 et probablement quelque associé *non-résidant* de la Fraternité des Prêtres de Cazères.

en remblai, dont la largeur était de 3 mètres. A quelle époque cette muraille fut-elle bâtie par les envahisseurs ?... Il est très probable qu'elle fut édifiée peu de temps après le mariage d'Éléonore d'Aquitaine avec le monarque anglais en 1152, c'est-à-dire dans la moitié du douzième siècle, et, dans tous les cas, avant que l'usage de l'artillerie fût communément répandu soit en France, soit en Angleterre. Or, l'histoire nous apprend que l'on s'est servi des canons pour la première fois dans une bataille en l'année 1338. Ces murailles de Cazères devaient exister en 1349[1] sûrement, sept ans avant le coup de main du prince de Galles, car nous trouvons sur un manuscrit que Darbonio de Valentine fit donation d'un pâtus ou *sotoul* à la confrérie Saint-Jacques, *dans l'enclos de la ville,* rue Capsubran (rue du 4-Septembre). Ce mur d'enceinte crénelé partait du ruisseau l'Hourride, près du point où se trouvait situé le château féodal, bordait le côté est de la ligne des boulevards jusqu'à mi-côte de la Tourette, passait entre les deux maisons Galy et Crocherie aîné, constituait, après avoir traversé la rue de Casalas[2], la façade des maisons Débant (Henri) et Atoch (Honoré), et enfin, par derrière la mairie et le presbytère modernes, rejoignait l'église actuelle et, par conséquent, l'Hourride, en deçà du rocher de la Montjoie[3]. On en aperçoit encore des vestiges près du vieux pont

---

1. L'année de la peste noire, dite de Florence, événement historique européen.
2. Rue des Jardins.
3. *Mons Jovis,* montagne de Jupiter.

du Bourguet, récemment construit sous la municipalité Siadous. Ce rocher de la Montjoie, sorte de piédestal naturel, devrait être transformé en calvaire patriotique. Au sommet, sur un socle de granit, s'élèveraient deux statues, le *Tsar de Russie* serrant la main de la *France républicaine*, et, à leurs pieds, deux femmes accroupies et rêveuses, une Lorraine et une Alsacienne. Ce travail artistique serait exécuté par deux enfants de la terre natale : Hector d'Espouy, architecte lauréat de Médicis, et Frédéric Tourte, sculpteur. Chaque année, le 8 septembre, jour de la fête des vacances Basiques, cet acropole cazérien serait illuminé. Nos petits-neveux réaliseront ce vœu de l'historien plus tard, après les remboursements au Foncier qui nous guette.

Nous venons de parler du vieux château féodal. Les chartes mentionnent, en effet, dit M. Roschach, un château de Cazères qui, dans les premières années du douzième siècle, appartenait à la famille comtale de Comminges. Il en sortit en 1139[1], par le mariage d'une fille de cette maison avec le vicomte Roger de Béziers. Le comte de Comminges donna à sa fille le château de Cazères, et son grand-père Godefroy, seigneur de Muret, lui donna celui de Muret, à l'occasion de ce mariage de 1139. En outre, les parents de la jeune femme Bernarde, Bernard IV[2] et Diaz, dont le pre-

---

1. La seconde année du règne de Louis VII dit le Jenne, fils de Louis le Gros, et l'année même où le philosophe Abélard comparut devant le concile de Sens.

2. Le fondateur de l'abbaye des Feuillants, à Labastide-Clermont.

mier était comte de Comminges et la seconde était fille
du susdit Godefroy, seigneur de Muret[1], lui donnèrent
les droits de propriété les plus étendus sur le territoire
de Cazères, hommes, femmes, terres, usages et revenus. Cette donation ne fut faite qu'à la condition que
ces deux châteaux reviendraient au comté de Comminges dans le cas où Roger mourrait sans enfants de
Bernarde. C'est ce qui eut lieu.

Au début du treizième siècle, Cazères se trouvait
sous la dépendance des comtes de Toulouse et faisait
partie du bailliage de Gascogne, dans ce qu'on appelait
l'enclave de Languedoc. Nous supposons que le château mentionné par les chartes du douzième siècle était
le même ou du moins l'équivalent de celui que la Révolution de 1789 avait respecté, et qui n'a été démoli
qu'en 1853 pour faire place aux deux maisons Atoch
et Lannes, dont le stillicide de la toiture conserve encore deux gargouilles antiques. Il était situé non loin
de l'hôtel du Midi et avait eu pour dernier possesseur
le duc de Crussol d'Uzès, gouverneur de la Saintonge
et de l'Angoumois, et marié à une Pardaillan-Gondrin d'Antin. La maison Cassagne, dans la rue de la
Base, et le moulin sur la Garonne étaient des dépendances du château, qui n'eut qu'un seul d'Uzès pour
seigneur. Son avant-dernier maître avait été Louis de

1. La vieille capitale du Comminges, de même que Salies-du-
Salat, fut le séjour de prédilection des comtes de Comminges
pendant les douzième et treizième siècles. En 1214, Roger-Bernard fit hommage de vassalité à l'Église romaine du château de
Salies, après le désastre de Muret.

Pardaillan de Gondrin, duc d'Antin, pair de France, petit-fils de la marquise de Montespan, né le 15 février 1727 et mort à Brême le 13 septembre 1757, à l'âge de trente ans. Il était parent d'un évêque portant le nom de Gondrin[1], qui se trouvait être l'oncle de ce fameux marquis de Rabat, seigneur de Fornex[2], qui eut des démêlés avec Louis de Bertier, évêque de Rieux, en 1647.

Le susdit château de Cazères fut vendu en 1852 par M. Mazoyer[3], de Toulouse, pour une somme de dix mille francs. Il était bâti en briques, flanqué de quatre

1. Louis-Henri de Pardaillan de Gondrin, qui naquit en 1620 au château de Gondrin, diocèse d'Auch, d'une famille très ancienne. Ses talents le firent nommer, à l'âge de vingt-quatre ans, coadjuteur d'Octave de Bellegarde, archevêque de Sens, son cousin. Il fut titulaire de cet archevêché à vingt-six ans et devint un évêque illustre par sa science; il interdit les Jésuites dans son diocèse pendant *vingt-cinq ans*, parce qu'ils ne voulaient pas se conformer à ses ordonnances, et il mourut âgé de cinquante-quatre ans, en 1674.

2. Ce château est aujourd'hui la propriété de Mme Mathilde Metgé et a été bâti par Gaston Phœbus, de même que le donjon de Mauvezin, près de Capvern, quadrilatère de 35 mètres de côté; mais la tour flanquant la façade du levant a 36 mètres de hauteur. Ce dernier donjon se trouvait situé sur la limite du Comminges et du Bigorre, tandis que le château de Fornex se trouve près de Daumazan et a été illustré par un seigneur nommé Corbeyran, de la famille des Rabat-Foix.

3. M. Mazoyer l'avait acquis de MM. Joseph Sancan et Pierre Fort, qui l'avaient acheté à la nation en 1791. Ce même Pierre Fort, associé à Joseph Atoch, avait acheté le moulin seigneurial de la Pointe et mourut dans une des salles du château. Il était le grand-père de Baptiste Fort, actuellement vivant, et le frère de Pierre-Arnaud Fort.

tourelles rondes, et possédait une galerie attenant à la
boucherie Cot, avec vue sur la place du Théâtre ainsi
que sur une vaste cour intérieure. Dans un des angles
de cette cour s'ouvrait une cave voûtée. C'était un
quadrilatère imposant de 28 mètres de long sur la cour,
sur 10 mètres de large sur la rue, plus 16 mètres de
cour, soit en tout 26 mètres à l'extérieur, auquel se
rattachaient de vieux souvenirs et qui devait singulièrement augmenter la force défensive de cette partie du
mur d'enceinte qui passait à quelques mètres à peine
de la façade nord. Il y avait aussi un donjon central
carré de 6 mètres de côté, dans lequel se trouvait un
grand escalier de pierre, qui a disparu à une date
antérieure, c'est-à-dire en 1835. La figure ci-contre ne
représente pas le château moderne, celui de 1853 décrit ci-dessus et rebâti sans doute dans le cours du
seizième siècle, mais bien le château militaire du siège
de 1376 restauré par le crayon de M. H. d'Espouy,
d'après les données de l'architecture gothique de Viol-
let-le-Duc ; c'est la forteresse féodale dans toute sa
force défensive, pouvant résister à un long siège ; c'est
le manoir fortifié du Comminges-Aspet de 1139.

En 1814[1], lors du passage des Anglais venant d'Espagne, un grand bal fut donné par les officiers dans
les immenses salles de l'ancienne demeure seigneuriale, dont la plus grande avait 104 mètres de superficie : la tradition locale ne nous dit pas si les dan-

1. C'était la seconde fois que les Anglais venaient à Cazères
(1356-1814).

seuses furent empressées de répondre à l'appel des envahisseurs ! On apercevait ce château depuis le village de Saint-Julien, situé à 8 kilomètres de Cazères. En 1840, on y interna quatre cents prisonniers carlistes espagnols. Dans l'autre siècle, en 1774, ce même château fut loué pour six années, au prix de 200 livres par an, par M. de Lassus, intendant du duc d'Uzès, à Vidian Carrère, négociant à Saint-Élix. A cet effet, on y fit pour 180 livres de réparations.

Après cette rapide excursion sur l'époque moderne, revenons à notre dernier seigneur le duc de Crussol d'Uzès[1]. Il vint à Cazères en 1765 pour bailler l'inféodation et conférer les droits seigneuriaux à M. Doniès, propriétaire du domaine de Picaïgne[2], aux conditions suivantes :

1. Sa Hautesse François-Emmanuel de Crussol, duc d'Uzès, premier pair de France, prince de Soyon, comte de Crussol, marquis de Florensac, Monsalé, Gondrin et Montespan, baron des baronnies de Vias, Aymargues, Bellegarde, Rémolin, Saint-Geniès, Cadenac, Lieuman, Peytomet et de plusieurs autres terres et seigneuries, gouverneur et lieutenant général pour Sa Majesté dans les provinces de Saintonge et Angoumois, maréchal des camps et armées du Roy, demeurant ordinairement à son hôtel rue Montmartre, paroisse Saint-Eustache, à Paris.

2. Ce château de Picaïgne fut vendu en 1812, partie par M. Doniès, partie par M. Thoron, de Toulouse, à Claude Collet, frère de Céleste Collet, lequel mourut à Cazères le 18 janvier 1844. C'était l'oncle maternel de M. Émile Ganthier, dont la mère susnommée, Céleste Collet, épouse de François Ganthier, vendit en 1815, à Pierre Bazy, 1 hectare 70 ares de terre au quartier de l'Église Saint-Cizy.

Inféodation Doniès-d'Uzès.

Inféodation faite sous réservation de l'hommage et pres-
tation de serment de fidélité qui sera prêté et rendu à
chaque changement de suzerain et vassal par ledit sieur
Doniès et ses successeurs au marquisat de Montespan et
sous la charge d'une paire de gants blancs payable aussi
à chaque mutation de seigneur et de vassal, et portable au
château de Montespan, dont la présente inféodation fera
de présent et pour toujours dépendance, et enfin moyennant les droits d'entrée de la somme de *deux mille six
cents livres.*

Frappé de cette longue nomenclature ci-contre et si
complaisamment étalée des titres du duc d'Uzès, nous
avons involontairement arrêté notre pensée sur les travers de l'époque contemporaine, et osons écrire que
cette inclination native pour la profusion des titres ne
saurait être comparée qu'à celle de nos Puritains modernes pour la multiplicité des épithètes; au lieu de se
contenter, comme particule politique, du beau titre de
républicain à l'état d'unité simple et sans parure, il le
leur faut à l'état de trinité pour faire croire sans doute,
comme le duc d'Uzès, à l'authenticité profonde et ancestrale de leurs convictions. C'est un nouveau blason,
un blason politique à trois quartiers, qui flirte parfois
ingénument avec le césarisme, négation du parlement.
On dédaigne ainsi l'unité républicaine qui n'aurait que
l'avantage négligeable de faire l'unification gouvernementale de la France, et on se donne pour but de s'im-

poser, comme un mariage enchanteur, mais trompeur, au grave suffrage souverain et partant trop *sédentaire* au logis.

Ce sont là des habitudes de grands seigneurs très personnelles.

Si le premier voyage du duc fut le prétexte de cette ostentation notariée de parchemins nobiliaires, un second fut cause pour les Cazériens d'une petite manifestation en son honneur, à la date de 1787. On organisa une cavalcade qui se porta à la rencontre du noble visiteur et lui fit cortège jusqu'à l'entrée de sa demeure seigneuriale. Faisait partie de l'escorte M. Dubosc (Raymond), frère du curé de Cazères de ce nom, qui fit une chute de cheval et se fractura la jambe. Le mandataire en ville de ce duc d'Uzès était, en 1773, M. Jean-Joseph Fauré, notaire, grand-père de l'abbé Fauré, le restaurateur intelligent et surtout dévoué de l'église romane de Roquefort.

Ce fut dans ce second voyage du seigneur suzerain à Cazères que les consuls et marguilliers de Notre-Dame, préalablement avisés par M. de Lassus, intendant du duc d'Uzès, présentèrent au duc tous les titres justificatifs de propriété concernant la *seigneurie* directe de l'œuvre paroissiale Notre-Dame, dont ils avaient la jouissance depuis plusieurs siècles. Cet intendant seigneurial habitait Montréjeau, où la famille réside encore. Les susnommés représentèrent, en effet, au duc d'Uzès, à son passage, seize titres divers établissant les droits incontestables de l'Œuvre, remontant à des dates assez éloignées et dont nous ne donnerons pas l'analyse pour éviter des ennuis au lecteur. N'en faisant que la mention, nous ajouterons que l'authenticité en fut reconnue et la possession de la directe de l'œuvre confirmée. Dates des actes que nous avons sous nos yeux : 1501, 1533, 1451, 1528, 1607-1610, 1672, 1678, 1683-1684, 1501-1533, 1718, 1723, 1726-1746.

De ces deux voyages seigneuriaux, il résulte cette constatation que notre dernier suzerain se préoccupait, en administrateur vigilant, des intérêts de sa seigneurie au double point de vue temporel et spirituel, à peine deux ans avant l'explosion politique de 1789.

Avant de clore notre monographie un peu variée, nous reparlerons de notre château féodal et nous exquisserons la généalogie de ses anciens seigneurs. Pour le moment, nous rentrerons dans l'ordre chronologique en donnant un extrait de l'ouvrage de M. Roschach :

« Lors de la réunion du pays de Languedoc[1] à la couronne, en 1271, les quatre consuls de Cazères prêtèrent serment au sénéchal du roi de France ; ces consuls étaient : Ponce Adalberti, Jean de Véréda, Dominique de Grus, Bernard Martini. Quelques années après la réunion, des conventions féodales, dont la trace ne paraît pas facile à saisir, avaient distrait Cazères du domaine de la couronne pour la rattacher au comté de Foix, vers la fin du treizième siècle, peut-être à l'époque où le sénéchal Eustache de Beaumarchais lui octroya ses premières coutumes (1282). Le plus brillant et le plus populaire des comtes de Foix, Gaston III, dit

---

1. Ancien comté de Toulouse.

Phœbus, douzième comte de Foix, y tenait garnison
pendant le quatorzième siècle, comme du reste dans
toutes les places de la rive droite de la Garonne qui
servait de limite à son comté, à l'exception de Cazères
et Palaminy[1], situés sur la rive gauche.

« Notre bourg était alors pour le fastueux seigneur
une sorte de grand'garde au milieu des domaines du
comte d'Armagnac son ennemi[2]; triste privilège pour
la ville, incessamment exposée aux surprises et aux
coups de main. »

Le chroniqueur Froissart, dans son naïf langage,
nous a raconté un des mille épisodes des querelles du
comte d'Armagnac avec la maison de Foix, au sujet de
la possession du bourg de Cazères. Froissart se rendait,
en 1388, de Pamiers à Orthez auprès du comte de Foix,
en compagnie de messire Espaing du Lyon, chevalier
de Gaston Phœbus. Il était passé par Montesquieu et
se proposait de franchir la Garonne sur le pont de Palaminy[3]; mais les eaux, subitement grossies par l'af-

1. Comme deux têtes de pont fortifiées pour protéger le passage de la Garonne au pont de Palaminy et assurer par conséquent les communications du comté de Foix avec la plaine de la
Garonne d'une façon permanente.

2. Jehan d'Armagnac avait épousé une fille du comte de Comminges, dont Gaston avait convoité la main.

3. Le pont de bois de Palaminy, qui existait lors du passage de
Froissart, en 1388, était probablement situé au sud-ouest du village de Palaminy, au point où la rive du fleuve commence à
s'abaisser et aussi parce que ce point était commandé par le château seigneurial entrevu par Froissart, appartenant aujourd'hui à
M. Gaston-Aymard de Laloubère, marquis de Palaminy, lequel
dominait la porte ouest du mur d'enceinte. Ce pont disparut com-

fluent du Salat, venaient d'emporter une arche du susdit pont, qui était *tout de bois*. Forcé de rentrer à Montesquieu, il revint le lendemain passer la Garonne au-dessous de Cazères sur un petit bateau, « à grand péril, car le bateau n'était pas trop grand où nous passâmes, car il n'y pouvoit entrer que deux chevaux au coup et ceux qui les tenoient, et les hommes qui le batel gouvernoyent ».

Le point où la Garonne fut franchie était peut-être ce que nous appelons aujourd'hui le *port du Campet*, où apparaît encore la trace d'une ancienne cale d'un bac, au-dessous du jardin Cazes, attendu que l'antique pont du Bourguet sur l'Hourride était le seul point de jonction du vieux Cazères avec la terre ferme, à l'aspect du levant, ce qui fait présumer indubitablement l'existence d'une ligne de viabilité convergeant vers ce pont, et peut-être l'existence d'une quatrième porte.

Peut-être aussi les chênes séculaires du *Maupel* ont-ils vu défiler sous leur ramure nos deux spirituels voyageurs, qui, dans ce cas, auraient passé le fleuve au-dessous du château de Tersac, dont les vestiges subsistent encore, après avoir tout d'abord franchi le ruisseau du Volp, sur le pittoresque pont du *Diable*. Mais laissons la parole à l'aimable narrateur, qui va nous transmettre le récit du siège de 1376 à lui raconté par

plètement en 1692 et n'a plus été rétabli. Quant au château seigneurial (1388), c'était certainement le plus ancien de la plaine après celui de Cazères (1139). Nous le trouvons en 1713 en la possession du marquis de Montberaud, et en 1736 entre les mains de la famille d'Aymar. (Voir aux *Mélanges*.)

son ami Espaing pendant les longues heures de la veil-
lée et « *entrementes* que les valets appareillaient le
souper ». C'était probablement dans une des vastes salles du château féodal du comte de Foix. Car il faut
ajouter que Froissart et le chevalier de Gaston Phœbus
passèrent une journée et couchèrent une nuit à Cazères
(1388).

Siège de Cazères.

Gaston se trouvait fort loin de sa comté, dans son
grand château d'Orthez ou bien à Pau[1], quand il apprit
que messire Jean d'Armagnac, profitant de son absence, était venu avec deux cents hommes d'armes sur-
prendre la ville de Cazères et montrait qu'il la voulait
tenir de puissance (1376).

« Le comte de Foix, dit Froissart, homme sage et
vaillant, conforté en toutes ses besognes, appela tantôt
deux frères bâtards qu'il a à chevaliers, messires Guillaume et Pierre de Béarn, et leur dit : « Chevauchez
« tantôt vers Cassères, je vous enverrai gens de tout
« lez (qualité) et dedans trois jours je serai là avecque
« vous, et gardez bien que nul ne parte de la ville qu'il
« ne soit combattu, car vous serez fors assez. A force
« de gens du païs, faictes là apporter et charroyer

1. Capitale du Béarn, qui avait été réunie par un mariage au
comté de Foix en 1290, de même que le comté de Bigorre avait
été annexé au Béarn quelques années avant, en 1283. Une fille de
Gaston de Moncade, de Béarn, avait épousé Roger-Bernard III,
de Foix. (Pierre de Marca, historien de 1640.)

« grand planté (quantité) de bûches et les mettre con-
« tre les portes et fischer et planter au dehors et puis
« charpenter bonnes grosses barres, car je veuil que
« tous ceux qui sont dedans soyent tellement enclos
« que jamais par les portes n'en saillent; je leur ferai
« prendre un autre chemin[1]. »

Gaston Phœbus fut exact au rendez-vous. Le troisième jour il arrivait devant Cazères, emmenant cinq cents hommes d'armes. Il n'essaya pas d'*escheler* les murs, mais se contenta de faire « barrière tout autour de la ville et aussi autour de son ost (armée), et sans les assaillir les tint longuement tant que vivres leur faillirent ». L'investissement dura plus de quinze jours. Au bout de ce laps de temps, les vivres, à l'exception du vin, manquèrent absolument aux assiégés qui, ne pouvant s'échapper par la rivière de Garonne dont les eaux étaient trop profondes, demandèrent des conditions. Le comte de Foix, qui avait ses fantaisies de vainqueur, leur fit dire « que jà par porte qui fust en la ville ils ne saudroyent, mais leur ferait-on faire un

---

1. Ce siège de Cazères a été contesté par del Verms, le chroniqueur des comtes de Foix, qui le transfère à Cazères-de-Marsan, dans les Landes, en contradiction formelle en cela avec le texte si précis de Froissart. L'opinion de del Verms a été adoptée par M. Edmond Cabié, de Roqueserière, qui ne veut cependant point trancher la question d'une manière absolue. Je me range au texte de Froissart, dont la relation est contemporaine et qui dit que Gaston n'arriva que le *troisième jour* sous les murs de Cazères. Or, de Pau à Cazères-sur-Adour, il n'y a que 55 kilomètres. Voir d'ailleurs à la suite des pièces justificatives une correspondance échangée entre l'auteur et M. Cabié.

pertuis au mur (ouverture étroite) près la porte qui sied devers Palaminy, et un à un, en purs leurs habits, issiraient ». Il voulut assister lui-même en ordonnance de bataille a cet humiliant défilé !... Les captifs vulgaires furent répartis en plusieurs châteaux et sénéchaussées[1], mais Gaston se réserva messire Jehan d'Armagnac, avec Bernard d'Albreth, Manaut de Barbazan, *Raymond de Bénach*, Bénédic de la Corneille, et environ vingt autres des plus notables, Roger d'Aspet entre autres, les emmena dans son château d'Orthez « et en eut, avant qu'ils lui échapassent, cent mille francs deux fois ». Le seigneur d'Albreth ne pouvant payer sa part de rançon qui s'élevait à 50,000 francs offrit la caution du roi de Navarre, beau-frère du comte de Foix.

Sa vengeance assouvie, Phœbus, qui ne s'attendait pas à cette digression contemporaine, rentra en possession de sa bonne ville de Cazères. Mais ce n'était pas la première rançon que le comte de Foix exigeait de son cousin le comte d'Armagnac et de ses alliés, le sire d'Albreth et autres seigneurs, qu'il avait déjà vaincus dans une surprise nocturne, près de Mont-de-Marsan, en 1362. Le même chroniqueur nous le dit : « Car, par une nuit de Saint-Nicolas (6 décembre), en hiver l'an 1362, le comte Gaston prit, assez près de Mont-de-Marsan, le comte d'Armagnac, le Tayon de Cestui, le seigneur d'Albret, et tous les nobles qui ce jour-là avecques eux étaient, et les amena à Orthez, et en

---

1. Etendue de la juridiction d'un sénéchal ou officier rendant la justice au nom du roi, qui correspondait au bailliage du Nord.

reçut *dix* fois cent mille francs, seulement de cette prise-là. » La somme était élevée[1]. Ce fut probablement le combat de Launac, canton de Grenade, livré en 1362.

Traité de paix entre Foix et Armagnac.

Les querelles étaient si fréquentes entre les deux batailleurs que le duc d'Anjou, gouverneur de Languedoc, jugea convenable de s'interposer, après le siège de Cazères de 1376. Il dépêcha auprès d'eux Jean-Pierre de Rueil, chambellan du roi Charles V et le sien, et deux autres seigneurs qui firent convenir d'une trêve, le 14 novembre de cette même année 1376, le comte de Foix d'un côté, et de l'autre le comte de Pardiac, au nom du comte d'Armagnac, jusqu'à ce qu'ils pussent s'assembler à Tarbes, où le duc d'Anjou devait ménager un traité de paix. En janvier de l'année suivante, ces deux rivaux firent enfin la paix qui devait être cimentée par le mariage de Gaston, fils unique du comte de Foix, avec Béatrix, fille du comte d'Armagnac, dite la gaie *Armagnayoise*. Ce traité fut renouvelé deux ans plus tard (1379) et juré par les parties contractantes sur la croix et les saints évangiles. Ajou-

1. Cette rançon considérable permit à Gaston de couvrir les dépenses de construction du donjon ou tour ronde de son château de Foix achevée, le 2 décembre de cette même année 1362, dans la ville de Foix. Le comté de Foix avait quatre villes maîtresses : Foix, Mazères, Saverdun et Tarascon.

tons que ce Jehan d'Armagnac était le père de ce trop fameux Bernard, comte d'Armagnac, qui donna son nom à cette faction redoutable qui ensanglanta une partie de la France : les *Armagnacs* contre les *Bourguignons*.

Il est temps de revenir à nos deux voyageurs de 1388, Froissart et du Lyon, auxquels nous devons le récit du siège de Cazères et que nous avons laissés en train de deviser dans une des salles du château cazérien. Ils en repartirent le lendemain matin, traversèrent Palamini, « une bonne ville fermée » et la dernière du comté de Foix, virent au delà et sur leur gauche, sans s'arrêter, les châteaux de Montaural (Mauran [1]) et de Montclare (la tour d'Ausseing [2]), situés sur la rive droite de la Garonne et appartenant au comté de Foix, et un peu plus loin, enfin, aperçurent Marteras-le-Toulza (Martres-Tolosane), la première ville du comté de Comminges et Armagnac. En continuant leur voyage, nos deux amis chevauchèrent jusqu'à Montpezat [3], « un très beau cas-

1. Qui est aujourd'hui la propriété, à l'état de ruine pittoresque, de M. Hyppolite Marestaing, et qui appartenait en 1788 à M. d'Anceau, lequel vendit le château de Lavelanet à la famille de Caffarelli. Ce seigneur s'appelait messire Claude-Alexandre d'Anceau, conseiller au Parlement de Toulouse (créé en 1444), seigneur de Mauran et Montclar, et donna à titre d'afferme, au nommé Louguebaud, la métairie du château vieux ; il possédait la moitié des droits utiles aux revenus de la communauté, l'autre moitié appartenant au roi.

2. Souvenir des Templiers, entrevu par Froissart et Espaing du Lyon.

3. Au moment de la Révolution, le dernier descendant des Montpezat s'appelait le comte de Peyre en Gévaudan, genti-

tel et très fort pour le comte d'Armagnac, séant haut sur une roche, et dessous est le chemin de la ville (Saint-Martory). Au dehors de la ville, le trait d'une arbalète, à un pas qu'on dit de la *Garde*, est une tour sur le chemin (qui à cette époque passait, non au nord, mais au midi de la tour) entre la roche et la rivière, et dessous cette tour, sur le passage, est une porte de fer coulisse, et pouvaient six personnes garder ce passage contre tout le monde, car ils n'y peuvent que deux chevaucher de front, entre les roches et la rivière ». Tout en devisant de prouesses chevaleresques et après dix journées de voyage à cheval, Espaing et Froissart, partis ensemble de Pamiers, arrivèrent auprès du comte de Foix, Gaston III Phœbus, qui se trouvait dans son grand château fort d'Orthez. L'aimable chroniqueur y séjourna quelque temps, et de là visita Bagnères-de-Bigorre.

Mort de Gaston III Phœbus.

Dans ce même château d'Orthez devait mourir subitement[1], trois ans après (1391), après quarante-six ans

lhomme de la chambre du roi. Le château, construit au seizième siècle par ses ancêtres maternels, devint, pendant la tourmente politique, la propriété de M. Lafont, au prix de 90,000 livres; quant aux berceau de cette grande race, le vieux château de Montpezat, de nos jours habité par le chanoine de Saint-Denis, Fabre d'Envieu, il a été arraché au vandalisme par M. Montoussé-Dulyon, habitant le château de Barbazan, dans la belle vallée de Saint-Bertrand-de-Comminges,

1. Après une partie de chasse à l'ours et non en jouant de la

de souveraineté, le brillant et aventureux Gaston de Foix, à l'âge de cinquante-neuf ans. Le vainqueur de Jehan d'Armagnac était un fastueux seigneur. Voici, au reste, son portrait tracé de main de maître par son spirituel visiteur : « Le comte, à l'âge de cinquante-six ans, était beau, belle forme, belle taille, air riant, le regard vert et amoureux, était sage chevalier, et de haute entreprise et de bon conseil. Il fut prud'homme en l'art de régner. Il était connaissable et accointable à toutes gens, et doucement et amoureusement parlait à eux. Il était bref en ses conseils et ses réponses; il avait quatre secrétaires pour écrire. Oncques n'aima fol outrage, ne folle largesse, et voulait savoir les mois ce que le sien devenait; il avait douze receveurs qui servaient tour à tour de deux en deux et leur service était de deux mois. Il donnait par an 60,000 florins (le florin valait 2 fr. 10 c.) aux étrangers, chevaliers et écuyers.

« Tous les jours disait son psautier et faisait donner cinq florins d'aumône à sa porte en petite monnaie. Il aimait les chiens et la chasse[1], dînait au soleil couchant et soupait à minuit, ayant devant sa table douze torches allumées. Des tables étaient toujours dressées à foison, où soupait qui voulait. Il seyait à table deux heures. Il prenait grand ébattement au son des ménestriers et s'y connaissait... »

flûte, comme son homonyme F. Phœbus, dix-septième comte de Foix.

1. La statue de Gaston, qui se trouve au parc du château de Pau, le représente en chasseur appuyant sa main gauche sur un épieu de chasse et sa droite sur un beau lévrier.

Ce portrait de l'ancien possesseur du château de Cazères nous sert de transition pour reprendre le cours de notre récit, un moment interrompu.

Les remparts de notre ville qui, comme nous venons de le voir, n'étaient qu'un funeste privilège pour notre bourg féodal et sur lesquels messire Espaing du Lyon montrait à Froissart, en 1388, le pertuis de Gaston reconnaissable encore à des traces de maçonnerie toutes fraîches, ces remparts, dis-je, ont fini par succomber de vieillesse et faire place à des boulevards que la route de terre entoure. Leur ruine était déjà commencée en 1744, d'après les archives de la Haute-Garonne. Comme partout, les constructions se sont étalées au bord de la voie carrossable, en dehors de l'enceinte primitive, et ont constitué la *troisième ville* ou ville des faubourgs, qui est venue se greffer sur les deux premières, la petite Barrade ou la contemporaine de Calagorris, et la commune féodale du Moyen-âge que s'arrachaient tour à tour le comte de Foix et le comte d'Armagnac.

Nous aurions pu donner de plus amples détails et sur la période guerrière de la commune féodale et sur le château seigneurial des Foix, Montespan, Pardaillan-d'Antin et des Crussol, si Cazères avait conservé ses archives.

En effet, elle possédait autrefois un grand nombre de titres, dont plusieurs contenaient des renseignements curieux et rappelaient peut-être quelques-uns de ces beaux faits d'armes dont le château a été témoin ; mais lors de l'insurrection royaliste de l'an VII (1799), sous les ordres du comte de Paulo, tous ces titres ainsi que le vieux cadastre furent brûlés sur la place publique, au pied de l'arbre de la liberté. Ce mouvement royaliste, comploté sous les ombrages de Terraqueuse[1], dont le comte de Paulo était propriétaire, commencé dans la vallée de l'Ariège et allant expirer sous les murs de Montréjeau, dans la vallée de la Garonne, fit sur son passage beaucoup de dégâts irréparables. Si les soldats de l'*armée du Roy* s'étaient contentés d'abattre les arbres de la liberté et de prélever des contributions de guerre, ce n'eût été qu'un moindre mal, car l'on peut replanter des arbres et guérir des plaies d'argent; mais ils occasionnèrent des pertes autrement regrettables en brûlant à Muret toutes les procédures du tribunal correctionnel, les archives de la ville de Cazères ainsi que celles de l'abbaye de Bonnefont[2], déposées à la mairie de Saint-Gaudens. Il est vrai d'ajouter que nos tristes novateurs de 1793 avaient déjà brûlé tous les parchemins nobiliaires au pied du même arbre de la liberté, le 17 août 1793. Les deux faits les plus saillants de ce mouvement militaire à la mode vendéenne furent le petit combat de la Terrasse et le choc final de Montréjeau[3], où l'armée de Paulo fut complètement défaite par les troupes nationales venant de Tarbes, le 20 août 1799. Au contraire, dans la rencontre de la Terrasse du 12 août,

1. Château incendié dans la journée du 8 août 1799.
2. Fille de la maison de Morimond, en Lorraine, l'une des quatre filles elle-même de Cîteaux, et fondée en 1136 par Flandrine de Montpezat et ses trois fils Vilhem, Fortanier et Bernard, à la même époque que l'abbaye d'Eaunes qui fut fondée en 1137.
3. A 430 mètres d'altitude au-dessus du niveau de la mer et à 271 mètres au-dessus de celui de Toulouse.

les royalistes eurent l'avantage sur les patriotes mobilisés qu'ils mirent en déroute. La frayeur de ces derniers fut même si forte que bientôt leur retraite se transforma en déroute désordonnée, au point que les fuyards ne s'arrêtèrent qu'à Saint-Martory. Ces bandes royalistes ne recrutèrent à Cazères que deux hommes, les nommés Joseph Bergès et Raymond Jammès, qui, faits prisonniers, furent mis en liberté le 18 fructidor an VII, sur le visa de l'administration municipale du canton de Noé, après avoir été enfermés aux Cordeliers de Toulouse.

A ce susdit combat de la Terrasse, l'ancien seigneur de Montclar, au châtelet de Castex, M. Legardeur, ayant rencontré dans la mêlée le sieur Limargue, ardent patriote de Mauran et l'un de ses ex-vassaux, lui cria : « Rends-toi, Limargue[1]. » Ce dernier ayant refusé, il le tua d'un coup de pistolet.

Nonobstant ce petit succès éphémère, le mouvement royaliste échoua complètement. S'il eût réussi dans le Midi et puis dans la France entière, il aurait probablement changé le cours de la Révolution et partant compromis les conquêtes civiles et politiques de 89, consolidées par Napoléon.

Après avoir raconté un de ces actes de vandalisme local si fréquents dans les moments de trouble politique, revenons aux temps anciens dont nos archives communales auraient pu si bien nous entretenir. Parfois, l'or-

---

1. L'acte de décès de Limargue est déposé à la mairie de Martres-Tolosane.

dre chronologique doit céder le pas à l'enchaînement méthodique.

Ponts de Cazères

Le petit bateau illustré par le récit de Froissart, ce clerc de Valenciennes venant s'ensoleiller dans les plaines du Midi, ne tarda pas à être insuffisant pour les communications journalières des deux rives de la Garonne.

Nous trouvons, en effet, dans la *Charte confirmative* des privilèges de la communauté de Cazères, à la date du 29 janvier 1466, soit près d'un siècle après le passage du chroniqueur, la licence octroyée par le roi de construire un pont, dont les habitants avaient évidemment éprouvé l'impérieuse nécessité, ainsi formulée : « Avoir licence de construire un pont sur Garonne de bois fustes et bien sûrs, afin qu'il y peut passer gens tant à cheval qu'à pied et aussi toute condition de bétail tant de poil que de laine; et ledit pont étant construit, si par aventure, par le fleuve d'eau ou autrement défaillait, avoir une nef bonne et commode pour passer les gens tant à cheval qu'à pied, etc. »

Ainsi donc, voilà l'autorisation d'avoir un pont octroyée par les seigneurs suzerains du bourg et le roi. A quelle époque le premier pont sur le fleuve fut-il construit?... Nous l'ignorons.

Sûrement, il n'existait point en 1466, puisque les habitants ne reçoivent que « la licence de le construire »; mais il est un fait non moins certain, indéniable, c'est que depuis cette année-là — 1466 — jusqu'au commencement du dix-huitième siècle, plus d'un pont de bois[1] essaya successivement d'y braver la Garonne de ses pittoresques charpentes, à l'instar du pont de bois de Palaminy de 1388. Tour à tour emportés par les eaux ou la vétusté et reconstruits, ces échafaudages branlants, dont la tournure champêtre était le principal mérite, ne résistaient guère aux crues du printemps. Arrivaient la fonte des neiges, les grandes pluies d'orage, les inondations du Salat, et les madriers disjoints s'en allaient à la dérive, emportant pour quelques années presque toute la richesse agricole du pays.

Le premier pont dont nous retrouvons la trace certaine et historique (1713) est celui pour l'inspection duquel M. de Servière, ingénieur du roi, fut envoyé à Cazères le 4 juillet 1713. Il vérifia les dommages apportés par le temps et les crues extraordinaires, fit un devis estimatif et porta la dépense totale à 5,443 livres. Ce pont était construit *tout en bois* et existait depuis *plusieurs siècles,* dit une pétition des consuls de Cazères en 1757. Quant à son emplacement, il est très probable qu'il était établi au moulin de la *Pointe,* au même endroit où furent commencées, trois années plus tard, les piles de maçonnerie du dernier pont achevé en 1726, et aboutissant par conséquent au chemin des

---

1. Comme on en voit encore un à Rebou, sur la Neste, un des affluents de la Garonne, et un autre à Bonnac, sur l'Ariège. Nous avons trouvé trace d'un de ces ponts de bois cazériens *en 1662;* il était affermé 718 livres par an, et les piétons payaient 2 deniers par personne.

Capucins, attendu que le susdit pont se trouvait ainsi
« sur la ligne de l'étape pour les troupes qui venaient
du Roussillon pour passer en Béarn et dans la généralité
d'Auch ». Ces troupes, en effet, pour aboutir au pont
de Cazères depuis le Plan, débouchaient par le vieux
chemin du Comté (propriété du Dr Sicardon) et descen-
daient la côte du *Camp* qui les menait à l'entrée du
pont sur la rive droite. C'était la grande route de communication des anciens temps, qui, après la traversée
de Cazères, franchissait l'Hourride sur le pont Milhas.
Sur cette même route et toujours pour les troupes,
M. de Sérilly d'Étigny, intendant d'Auch, avait construit un pont de pierre sur le Volp, au village du Plan,
vers l'année 1754 environ.

Ce passage des troupes au village du Plan nous
oblige à nous arrêter un instant par une digression et
à mentionner un *placet* ou pétition adressé à Mgr de
Saint-Contest, intendant de Navarre et Pau en 1739,
par la communauté du Plan, et dans lequel on se plaignait, entre autres choses, des déprédations exercées
par ces miliciens indisciplinés pendant leur route. A
cette époque-là, le seigneur du Plan (1680) s'appelait
noble Jean-Louis de Martres et résidait sur les lieux
mêmes.

Souffrez que les pauvres habitants du Plan vous expo-
sent leur triste situation et supplient très humblement
Votre Grandeur d'y être sensible au département prochain ; ils se flatteraient de toucher votre commisération
s'ils savaient vous dépeindre leur état déplorable.

Le Plan, qui était une fort jolie petite ville, *ceinte de*

bons murs, ornée, il y a environ quarante ans, d'une consorce de seize prêtres, et réduite à un seul fraternitaire,
par l'impuissance des pères d'élever leurs enfants aux études, est présentement une vraie bicoque ; la moitié des
murs est tombée, de même que des maisons, l'autre sur le
point de crouler et devenir ainsi une affreuse solitude, si
votre pitié n'y remédie au plus tôt.

L'origine de leur malheureux sort provient de la sur-
charge du double de l'allivrement de leur contingent inter-
venue, apparemment par mégarde, à l'ancien tarif de 1645.

Le Plan, membre de la châtellenie de Saint-Julien [1], qui
est composée de onze petites villes ou bourgs dont Saint-
Julien est la capitale, supporte le quart de l'allivrement de
toute la châtellenie.

Deux autres causes ont concouru à la désolation du
Plan : la grêle, le brouillard, les inondations, fléaux dont
ce village est frappé presque tous les ans ; le grand froid
de 1709, qui fut cause de la perte des vignes. Le territoire
du Plan étant composé de quatre cents sétérées, dont plus
d'un quart est depuis longtemps abandonné, près de la
moitié du restant est inculte, faute de pouvoir le faire travailler, et les terres labourables consistent tout au plus à
huit paires de labourage.

La misère du Plan est encore occasionnée par le logement d'un porteur de contraintes à trente sols par jour,
accompagné le plus souvent par deux employés à vingt
sols chacun, et qui vont presque chaque jour dans les maisons des pauvres habitants leur enlever sans miséricorde
les ustensiles les plus nécessaires, ne pouvant trouver chez
le pauvre redevable autre chose pour être payés de leurs
droits rigoureux.

La plupart des habitants désertent la ville ; sur trois
cents familles qu'il y avait on en compte tout au plus une
centaine. Il y aurait longtemps qu'une partie de ces familles

---

1. Dans le comté de Comminges.

auraient aussi déserté, si elles avaient pu faire de l'argent pour s'en aller cantonner ailleurs, dans quelque misérable cabane, afin d'y manger un morceau de pain sans tribulation. Ils sont forcés, les six mois de l'année, d'aller mendier du côté de Toulouse, d'où vient que les biens ne sont pas travaillés.

Le Plan a commencé à dépérir vers le milieu du siècle dernier par le *passage des troupes* où il était exposé; elles étaient mal disciplinées, et c'est à leur déprédation qu'on attribue l'extinction du privilège des foires et marchés dont ils étaient en possession.

Les rares talents d'un grand magistrat qui vous rendent l'admiration des peuples, les vertus éminentes qui brillent en vous ont inspiré à ces pauvres habitants la hardiesse de faire avec confiance à Votre Grandeur la fidèle peinture de leur triste sort; ils espèrent que vous en adoucirez l'amertume, etc. *Triste situation agricole et fiscale !...*

Dressé la présente par A. C....
Bientenant député de la Communauté du Plan.
15 novembre 1739.

Après cette halte nécessaire au récit, revenons à la dépense de réparation indiquée dans le devis de M. de Servière ; elle fut mal exécutée. Les travaux, néanmoins, furent donnés à l'adjudication publique et soumissionnés par deux entrepreneurs. L'un d'eux avait même amassé sur les lieux une grande quantité de bois et de matériaux, lorsque survint une inondation qui, dans une nuit, emporta le tout à la dérive. On fit cependant quelques travaux de consolidation qui ne purent sauver de sa ruine cet antique pont âgé de *plusieurs siècles*, d'après les consuls de Cazères. En vérité, *deux siècles* au plus s'étaient écoulés depuis la fondation du premier pont à charpente jusqu'au susdit pont dont nous venons de relater la disparition. Mal réparé, il dut disparaître dans l'intervalle de 1713 à 1716, puisqu'on lit, à la date du 1er décembre 1716, un arrêt du Conseil d'État décidant la construction d'un pont à Cazères. *(Histoire de Languedoc, XIII.)*

Cette même inondation du 2 mai 1713, qui emporta en partie le pont de la Pointe, celui qui fut réparé l'année suivante, d'après les ordres de M. de Servière, fut la cause d'un renouvellement de bornage des biens sis à Cazères du duc d'Antin [1], seigneur dudit lieu. La borne fut plantée à cinq cannes des bords de la Garonne, au quartier de Hourez, sur la rive droite, et séparait les juridictions de Cazères et de Palaminy. A cette date, le bac de Palaminy était établi à la même place qu'occupait le pont de bois de Froissart et en amont du quartier de la petite chapelle de Saint-Roch, située sur la rive gauche, pour la réparation de laquelle, le 20 décembre 1690, les consuls dudit lieu assignèrent certains habitants et les condamnèrent, d'après un arrêt du Parlement, à contribuer au charroi des matériaux à ce nécessaires.

Cette plantation de borne eut lieu en présence des maires, consuls de Palaminy et Cazères, et de Me Ar-

---

1. Louis-Antoine de Pardaillan de Gondrin, duc d'Antin, né à Paris en 1665, fils de Mme de Montespan, marié à Mlle d'Uzès, petite-fille du duc de Montausier, et mort en 1736, était le père de Louis de Pardaillan-Gondrin, qui mourut à Brême, à l'âge de trente ans.

naud Besse, procureur juridictionnel du duc d'Antin ; furent aussi présents ou consentants : messire Joseph-Hector de Saint-Civié-Montant, marquis de Montberaut, seigneur de Palaminy, et M. Pierre de Lassus, intendant du duc d'Antin, et le père, sans doute, de celui qui fut l'intendant du duc d'Uzès et l'assistait dans son voyage à Cazères de 1787.

Ces difficultés de juridiction entre les deux seigneurs de Cazères et Palaminy nous rappellent que, dans nos recherches, nous trouvâmes un jour un document qui mentionnait une contestation entre le seigneur et la communauté de Palaminy ; d'un autre côté, le nom de Palaminy est si souvent écrit dans notre brochure, les deux localités sont si rapprochées l'une de l'autre, toutes les deux sur la rive gauche du fleuve et les seules possessions du comté de Foix sur cette même rive, que pour ces motifs multiples nous ne pouvons résister à la tentation de chroniqueur de faire halte un instant pour consigner certaines notes cueillies de-ci de-là sur nos bons voisins de la plaine, heureux si elles peuvent exciter la curiosité de quelque habitant de cette commune si proche que tôt ou tard elle se réunira à la patrie de l'auteur.

La construction d'un nouveau pont à Cazères fut donc décidée, car les États de Languedoc eux-mêmes s'étaient occupés de cette question. Un commissaire de la province disait au sein de cette assemblée, le 29 janvier de la même année : « Les trois foires qui se tenaient tous les ans à Cazères ont entièrement cessé ; les habitants de la montagne qui y conduisaient les bestiaux pour être vendus ne peuvent plus fournir au diocèse de Rieux[1] et de Comminges le moyen le plus commode qu'ils auraient de débiter leurs denrées, car le pont de Cazères ouvrait un passage important pour le commerce non seulement avec la Guienne, mais encore avec les vallées voisines de l'Espagne. »

L'évêque de Rieux répondit à ces réclamations : « La nécessité de ce pont est assez connue, mais il serait à propos de faire vérifier encore une fois les bords de la rivière pour tâcher de découvrir un emplacement plus convenable pour la fondation des piles. » On désigna quatre commissaires pour cette expertise : l'évêque de Rieux, le baron de Castelnau-d'Estrétesfonts, le sieur Marguerite, capitoul de Toulouse, le sieur Combes, maire de Rieux, et les officiers de la province.

Ces commissaires se rendirent à Cazères et, après avoir visité les lieux, optèrent pour l'emplacement où est situé le moulin de la Pointe, c'est-à-dire dans le voisinage des vestiges de l'ancien pont de bois, peut-être même à la place qu'il occupait, attendu que les

---

1. Le diocèse de Rieux fut créé en 1317 par le pape Jean XXII et supprimé en 1801. Les villes maîtresses du diocèse étaient : Cazères, Montesquieu, Carbonne, Saint-Sulpice, Fousseret et Gaillac-Toulza. Elles envoyaient un député aux États de Languedoc tous les six ans alternativement. Un député aux États généraux tenus à Pézenas le 13 novembre 1610, sous la présidence de l'archevêque de Narbonne, fut un nommé de Cazanova, consul de la ville de Cazères et député des cinq autres villes maîtresses de Rieux, que chacune d'elles, à tour d'ordre, nommait pour trois ans ; le tour de la première revenait donc au bout de dix-huit ans.

pilotis respectés par le courant du fleuve pouvaient
très bien être utilisés pour établir les échafaudages du
futur pont à bâtir. D'ailleurs, le point à choisir
n'était-il pas indiqué naturellement par la direction de
la route de terre qui servait de ligne d'étape aux troupes royales se rendant de Perpignan à Auch, par le
Plan, Cazères et Montoussin? Cette route descendait la
côte du Camp et aboutissait au bout du pont sur la rive
droite, à l'endroit où l'on voit encore une ancienne pile
de maçonnerie située dans l'ancien ramier de M. de
Vise.

Puisque nous venons pour la seconde fois de nommer
la côte du Camp, il est peut-être utile d'en rechercher
l'étymologie.

Peste bovine de 1775 [1].

Lors de la terrible épizootie contagieuse qui pendant
deux années consécutives (1775-76) ravagea le Béarn,
les vallées des Pyrénées, une partie de la Guienne, le
Comminges et dans le Languedoc tout le diocèse de
Toulouse, on organisa des cordons sanitaires avec des
troupes échelonnées le long des rivières. Leur consigne
était d'empêcher les bestiaux de passer d'une rive à
l'autre. On borda les rives de la Garonne avec des
postes militaires fournis par le Royal-Navarre et les
cuirassiers du Roy, depuis Moissac jusqu'à Cazères.

1. Notre immortel Pasteur n'était pas là pour la combattre.

Ces postes de cavalerie pouvaient communiquer entre eux et, pour mieux observer le pays, devaient occuper des lieux élevés. Nous estimons qu'un de ces postes était établi sur le plateau qui domine la côte du *Camp*, la grande route d'alors, et que la tradition lui a conservé ce nom en souvenir du stationnement des cavaliers y consignés pour empêcher la diffusion de la peste bovine.

Pour revenir à notre pont de la Pointe, sa construction étant décidée, les frais furent répartis, par l'arrêt du Conseil d'État du 1ᵉʳ décembre 1716, entre la communauté de Cazères, 120 livres; le diocèse de Rieux, 1,200 livres; la sénéchaussée de Toulouse, 10,000 livres, et l'excédent de la dépense entre les deux provinces de Languedoc et de Guienne.

On commença les travaux qui durèrent plus de dix ans, les généralités d'Auch et de Montauban ayant fait de longues difficultés (comme l'annonçait, aux États de 1744, l'archevêque de Narbonne, président) pour se conformer aux arrêts du Conseil privé qui leur attribuaient la moitié de la dépense.

En 1726, quand les commissaires des États, Mᵍʳ Alexandre de Jouanne de Saumery, évêque et député de Rieux, ainsi que le baron de Bram, député de Comminges, présentèrent leur rapport par la bouche de l'évêque de Rieux, le pont de Cazères n'était pas encore terminé. L'année suivante (1727), l'année même de la construction du pont de pierre de Saint-Martory, les piétons et voitures y passèrent. C'était un tablier de bois soutenu par des piles de maçonnerie. Ébranlé à son tour par l'inondation du 12 septembre 1727, qui démolit neuf cent trente-neuf maisons du faubourg Saint-Cyprien de Toulouse, l'année même de sa livraison au public, et par les inondations postérieures, le fameux pont des États de Languedoc, dont l'enfantement avait été si pénible, menace ruine vers l'année 1752 et est enfin définitivement emporté par la crue de mai 1756, vingt-neuf ans après sa construction. Néanmoins, la province n'acheva de le faire démolir qu'en 1762. Son dernier fermier avait été un nommé Labat, au prix de 1,100 livres par an, et le tarif de pontonnage était de trois deniers par personne. En 1734 l'afferme n'était que de 460 livres, et en 1742 de 785 livres.

Annotations variées sur Palaminy.

Comme nous ne voulons pas faire une monographie du lieu, nous ne chercherons à coordonner nos notes éparses qu'en leur appliquant la méthode chronologique, la seule pratique, car il nous serait impossible de relier tous ces fragments plus ou moins hétérogènes entre eux. C'est un fouillis broussailleux où, pour s'éclairer, le lecteur palaminien prendra la date comme un fanal.

Nous saisissons Palaminy, au point de vue religieux, au commencement du seizième siècle. A cette époque, la communauté possédait, outre l'église paroissiale, deux chapelles rurales sous le vocable de Saint-Roch

et du Saint-Rosaire, et deux associations pieuses ou
« Confrairies » ayant nom les Prêtres de la Fraternité
de Saint-Pierre et les confrères de Saint-Jammes (Jacques), « apostol de nostre senhor Jésus-Christ ». Palaminy avait voulu imiter Cazères, sa voisine, qui possédait les deux associations similaires, la Fraternité
d'abord, dont les deux dates de fondation sont à peu
près contemporaines (1524 et 1529), et la Société de
Monsieur Saint-Jacques, plus ancienne ici que chez nos
voisins : 1349 à Cazères et 1527 à Palaminy.

1524 : A cette date fut fondée à Palaminy une Fraternité
des prêtres et autres confrères des deux sexes sous l'invo-
cation de saint Pierre, patron de l'église.

1527 : Fondation d'une association pieuse et de secours
mutuels, avec visite des malades obligatoire, sous le vocable de saint Jammes (Jacques), « apostol de nostre senhor
Jésus-Christ », dont les statuts furent approuvés par Bernard de Pins, évêque de Rieux en 1527.

1623 : Le 20 mai, Jean Bordes, de la ville de Saint-
Lizier, fit son testament à Cazères, en la boutique (étude)
de Tholose, notaire de cette ville, et entr'autres clauses et
donations, « donne et lègue à la chapelle du Saint-Rosaire
de Palaminy la somme de trente-deux livres de pied qui
produiront annuellement quarante sols de rente à perpétuité ; de plus, donne à la *table de Monsieur sainct Pierre*
la somme de cent livres, à la charge par les marguilliers de
faire dire quatre messes par an qui seront payées avec la
rente de cette susdite somme et à perpétuité.

1648 : Le 19 avril se passa un acte d'obligation de la
somme de trente-sept livres quatorze sols six deniers en
faveur de l'hospital Monsieur Sainct Jacques, qui fut agréé
et signé par le marquis de Montberaut et Bernard Sarraute,
cardeur de laine, de Palaminy.

1678 : Le 21 octobre, dette contractée par dame et M. de L'Ysle, mère et fils, de Martres, en faveur des prêtres de la Fraternité.

1679 : Transaction et accord entre MM. les prêtres de la Fraternité et certains habitants de Palaminy, le 28 octobre.

1680 : Le 20 septembre, Dominique Fournier, étant vicaire, certifie que tous les registres baptistères jusques en 1675 ont été brûlés. Cette attestation est approuvée par Antoine-François de Bertier, évêque de Rieux, qui a lui-même signé et mis le sceau de ses armes.

1681 : Le 23 août, accord portant établissement d'une certaine somme de rente annuelle payable à la feste de Toussaint en faveur de MM. les prêtres de Palaminy, contre le sieur Burgaud, marchand de la ville de Rieux.

1686 : Le 26 septembre eut lieu au château de Palaminy l'inventaire des effets mobiliers, titres et domaines délaissés par suite du décès de dame Claire de Mauléon de Francon[1], mère de messire Cézar de Tersac, seigneur marquis de Montberaut et de Palaminy.

1690 : Le 5 novembre eut lieu, dans l'église Saint-Pierre, une délibération du conseil de Palaminy, par-devant Me Cézar Tholose, avocat en la cour, premier consul, Jean Sales, Gaspard Penent et Jean Dubois, consuls, et devant vingt autres conseillers politiques du dit lieu, à l'effet de nommer pour l'année suivante les marguilliers dés diverses chapelles ou confréries.

Le 14 décembre fut rendue une ordonnance, à la dernière assiette de Rieux, permettant d'imposer pour les

1. Ce château de Francon, commune du canton de Cazères, a disparu depuis longtemps, mais il en existe une relique à Sana, dans la demeure de M. Duplan, qui l'a eue de M. Vital, ancien maire du lieu ; c'est une magnifique pendule de style Louis XIV, à moins que M. Vital ne l'ait recueillie dans le mobilier de l'ancien châtelain de Sana, M. Pélissier du Coudougnan.

médecins qui vont au secours des malades du Fousseret cent livres, pour Palaminy soixante livres et pour Carbonne cent livres. — Fait à Montpellier, 14 décembre 1690.

1691 : Le 10 janvier fut constitué par un bienfaiteur inconnu une rente de trente et une livres en faveur des prêtres de la Fraternité du dit lieu, payable chaque quatorzième dimanche.

1691 : Le 14 janvier, le Conseil politique de Palaminy adresse une supplique à « Nos Seigneurs les Commissaires présidant pour le roy en l'assemblée des trois États de la province de Languedoc, les suppliant de vouloir bien permettre d'imposer une somme de cent livres nécessaire pour l'entretien du bateau du dit lieu, et de plus augmenter de quarante livres l'article du régent des écoles, qui n'en a que soixante ». On fit droit à la demande justifiée du Conseil.

1694 : Le 14 septembre, « noble Jean de Saint-Plancat, escuyer, a été plusieurs fois consul de Palaminy ; il fit son testament dans lequel il dit vouloir être enterré au-devant de l'autel Notre-Dame-de-Pitié, à l'église Saint-Pierre dudit lieu, dans le tombeau de ses ancêtres ; il ordonne certaines œuvres pies dont une partie doit être faite à l'autel de Notre-Dame de la Conception, qui est en l'église de l'Enclos[1] du dit lieu ». Une métairie du château porte encore ce nom de Saint-Plancat.

1703 : Le 20 août, Monsieur Bécane, notaire, *maire* de Palaminy, fait son testament par lequel il désire être enterré dans l'église Saint-Pierre, tombeau de ses ancêtres, et entr'autres legs donne la somme de cent livres à la sainte chapelle Notre-Dame de Montserrat, de Cazères.

1728 : *Délibération de la commune de Palaminy du 8 août 1728*, en original, contre la demande de Messire Samuël d'Aymar, seigneur du dit lieu.

____

1. Mur d'enceinte.

« L'an 1728 et le 8me jour du mois d'août, par-devant nous, notaire royal de la ville de Cazères, au lieu de Palaminy, diocèse de Rieux, sénéchaussée de Toulouse, en la place publique du dit lieu de Palaminy, au-devant de l'église du dit lieu, feut présent le sieur Augustin Lajoux, premier consul régent, assisté de François Laffore, Dominique Bouffartigue et de Nicolas Sanquan, aussi consuls régents du dit lieu, et Raymond Dubois et Bertrand Dambrun, sindics de la dite communauté, lesquels ont dit avoir convoqué l'assemblée publique pour délibérer sur faits pertinents qui regardent la communauté du dit Palaminy, et à cet effet avoir fait appeler par leur précon (bayle) tous habitans du dit lieu et de la juridiction du dit Palaminy à ce jour, lieu et heure de sept du matin et au son de la cloche, en la forme ordinaire (*les séances des conseils municipaux sont donc publiques depuis longtemps*) ; et à cet effet se seraient présentés au lieu, jour et heure les sieurs : Denis Toigne, Hilaire Latronche, Michel Daran, Dominique Lubet, Dominique Dupuy, Maurice Abadie, Jean Bernadet, Bertrand Daran, Dominique Penent, J. Bertrand Abadie, Estienne Barbe, Hector Dubois, Bertrand Lubet, Jean Catalan, Jean Dupuy, Jean Duffour, Jean Lanefrède, Jacques Pons, Jean Bouffartigue, François Salles, Jean Alabert, François Milhas, Guillaume Tapiau, Bernard Laviau, Raymond Serville, Jacques Rougé, Bertrand Barrère, Étienne Pouou, Jean Dupuy, Bertrand Tourte, Hugues Tapiau, Bernard Tapiau (etc., et trente-trois autres que nous ne nommons pas pour abréger).

« Tous lesquels assemblés en forme au dit lieu, le dit Pierre Sanquan, des Pesqués, s'étant présenté aussi, à tous lesquels susdits présents, bientenants, habitants du dit lieu et juridiction de Palaminy, a été proposé par le dit sieur Lajoux, premier consul, que Messire Samuël d'Aymar, conseiller en la souveraine cour de Parlement de Toulouse, seigneur du dit Palaminy, aurait fait assigner les sieurs consuls, sindics et communauté du dit lieu par exploit du

24 juillet dernier, fait par Crottes, au 15me jour, par-devant
nos seigneurs des requêtes du palais de Toulouse, pour
se voir condamner à démolir les ouvrages que la communauté a entrepris de faire sur la rivière de Garonne, et
barrer en entier la dite rivière qui est entre le ramier que
la communauté possède, et le terroir des Pesquès, comme
aussi se voir condamner à lui délaisser le ramier que la
communauté possède, de même aussi condamner à assigner au dit seigneur d'Aymar une portion des bois pour
son usage et son chauffage. Mais attendu que ces dits
ouvrages ont été faits sur le terrain de la dite communauté
pour détourner les eaux que la dite rivière avait fait par
l'irruption faite depuis environ vingt ans, et pour le sou-
lagement de toute la dite communauté et bientenants à
cause des frais que la dite communauté était obligée de
faire pour le fournissement d'un bateau sur la dite irruption, pourquoi on imposait annuellement la somme de
cent livres, suivant la permission par eux obtenue, ce qui
causait un grand préjudice à toute la communauté et bientenants, mais d'autant que les dits ouvrages n'ont été faits
que sur le terrain que la dite communauté jouit et possède
suivant le cadastre, et que le délaissement du ramier demandé par le dit seigneur appartient à la dite communauté
suivant les cadastres, et que le bois que le dit seigneur demande à la dite communauté pour son usage et chauffage
ne peut lui estre accordé, attendu que tous autres seigneurs,
ses devanciers, n'ont eu cette prérogative qui serait préju-
diciable à la dite communauté.

« Requiert le dit sieur Lajoux de délibérer sur les dites
propositions et sur le fait des dites demandes faites par le
dit seigneur, et à ces fins de nommer les personnes telles
que la dite communauté trouvera à propos pour faire toutes les diligences et deffenses requises et nécessaires au dit
procès et instance formée par le dit seigneur devant la susdite cour.

« Sur quoi a esté délibéré par les susdits présents faisant

la plus notable partie de la dite communauté et à la pluralité des suffrages que les dits consuls et sindics susdits défendront aux susdites demandes et prétentions du dit seigneur d'Aymar, que ladite communauté reconnaît lui appartenir, et à cet effet donnent plein pouvoir aux susdits consuls et sindics de défendre en ladite instance, avec tout conseil, de faire en conséquence toute comparaissance, défenses, bailler libelles et escritures, suivant ledit conseil, d'élire tous procureurs et advocats, iceux constituer et établir en ladite instance tels qu'ils trouveront à propos ensemble d'élire tous domiciles à ce nécessaires et de fournir toutes les sommes nécessaires et convenables pour les frais et dépens du dit procès, aux frais et dépens de ladite communauté, de se servir de tous les titres papiers et documents qui sont aux archifs de ladite communauté, d'en tirer tous les extraits collationnés nécessaires à l'instruction dudit procès, et enfin donnent tout pouvoir aux susdits consuls et sindics de faire toutes diligences pour raison dudit procès, circonstances et dépendances, promettant ne les révoquer, mais les relever, et garantir et indemniser en tout principal, dépens, dommages et intérêts, et en fin de leur charge les relever en tout et partout généralement. Ainsin a esté délibéré à la pluralité des suffrages recueillis et (colligés) par ledit sieur Augustin Lajoux, ès présence de nous notaire et des témoins bas nommés et promis la présente garder et tenir sous l'obligation de leurs biens qu'ils ont soumis à justice chacun en ce qui leur concerne et se sont signés les sachant en notre présence et des sieurs J.-Bertrand Espès et Baltazar l'Hospital, Hotte, habitants de Cazères, soussignés avec nous notaire requis.

> « Daran, Lajous, consul; Sancan, consul; Lospital, Daran, Latronche, Rougé, Espès, Lubet, Toigne, J. Merlin, Debant, notaire. »

Comme toujours, le temps fit son œuvre d'apaisement. L'effervescence de nos bons voisins, habitués de longue date à la pratique de la liberté des réunions publiques, se calma. M. d'Aymar était resté conseiller à la cour du Parlement de Toulouse, et l'accord se fit au bout de deux ans entre la communauté et le seigneur, le 30 juillet 1739. Le lecteur verra ci-dessous qu'à cette date le bois en question, dit Coustalat, était devenu la propriété de M. d'Aymar, par suite d'une cession de la communauté.

1780 : Il y avait en 1780 un four banal qui était affermé ; les fermiers prenaient le bois pour le chauffage au bois de Coustallat. A cette époque, ce bois appartenait en propre à M. de Palaminy, parce que la communauté qui en avait la *propriété* la lui céda le 30 juillet 1730. La coupe de ce bois n'avait été faite qu'une fois depuis 1726, et elle produisit 400 francs. Il y a des ramiers qui appartiennent au seigneur et à la communauté. Le droit de leude ou péage ne s'afferme pas et ne produit plus rien depuis qu'on a fait la grande route. Il n'y a pas de droit sur la boucherie, il n'y a pas même de boucher depuis un temps immémorial ; ce n'est que depuis deux ou trois ans qu'il s'y en est établi un qui ne paye rien et qui tue fort peu de viande.

Après cette excursion indiscrète dans ce bourg de bon voisinage, revenons en ville. Il a été si souvent question, dans le cours de notre récit, d'inondations de la Garonne, depuis celle de 1388, qui emporta le pont de Palaminy presque sous les yeux de Froissart, jusqu'à celle de mai 1756, sous l'effort de laquelle succomba partiellement le pont des États, sans oublier les crues de 1727 et 1752, qu'il nous sera permis, en faisant une légère halte, d'émettre une hypothèse au sujet de la disparition d'un petit village de la rive droite, et d'énoncer un fait bien postérieur se rapportant à une tradition religieuse locale. Je commence par ce dernier.

Il est d'usage, dans notre localité, de faire chaque année une procession à la Pointe par le chemin des Capucins. Le clergé de la paroisse se rend sur les lieux avec ses bannières et suivi des fidèles le dimanche de la Trinité; c'était jadis le 17 septembre. Pourquoi cette tradition religieuse? Ce sont encore les caprices terribles de notre fleuve pyrénéen qui sont responsables de cette coutume. À l'occasion de l'inondation extraordinaire du 17 septempre 1772, presque contemporaine celle-là, et pour en commémorer le souvenir, un vœu fut adressé à l'évêque de Rieux par les habitants de Cazères[1]. En mémoire de cette susdite inondation (qui

---

1. Vœu du 17 septembre 1772, fait à l'occasion de l'inondation de cette date, dû à l'initiative des consuls et du conseil politique de la ville, avec le consentement des habitants publiquement consultés. Bernard Maylin, Louis Laye, Pierre Cazabon et Arnaud Laurens, consuls, assistés de MM. Bartet, procureur du Roy; Fauré, procureur fiscal; noble de Campignas, syndic; les sieurs Darbon, Soulages, Lagrange, Maysent, Monthieu*, Sarrans, Du-

---

* Ce Monthieu était le bisaïeul de l'auteur et l'un des descendants de Jean Monthieu, notaire en 1694 à Sauveterre, canton de Barbazan, qui eut pour fils Philippe Monthieu, chirurgien, marié à Cazères le 11 novembre 1699 avec Marie Dufour, fille de chirurgien, de laquelle ce dernier eut six enfants, parmi lesquels J.-Pierre Monthieu, qui fut le père de onze enfants. Le lieu d'origine est donc Sauveterre, où la famille occupait la situation de fermiers emphythéotiques des barons de Barbazan, sous Louis XIV. On trouve, en effet, dans la section du Barry, commune de Sauveterre: 1° la maison d'habitation, avec enclos, de la famille Monthieu, et dans le cimetière de la susdite section, les pierres tombales de J.-Baptiste-François Monthieu, né en 1771, mort le 3 août 1845, marié à une Loubers : c'était le grand-père du rameau de Sauveterre; 2° de Louis-François-Adolphe Monthieu, mort le 4 août 1858, âgé de quarante-trois ans, et né en 1815 : c'était le père; 3° dont les enfants vivaient à Toulouse avec leur

emporta la maison du curé Duffau à la Base), et pour perpétuer ce vœu de 1772, la procession de la Pointe se fait chaque année. Nous tenons ces renseignements, ainsi que nombre de documents, de M. Ernest Martin, chercheur intelligent, qui s'occupe de la question religieuse du vieux Cazères et qui n'attend qu'une occasion pour produire une œuvre intéressante.

Nous passons ensuite à l'hypothèse très probable de l'engloutissement par les eaux débordées du petit vil-

mont, Surgès et Maylin, du conseil politique, et Mᵉ Alexandre Soulages, curé de la présente ville. Régulièrement, ce conseil politique était composé de vingt membres, le curé, le syndic des bientenants, le procureur-juge, le procureur fiscal et les quatre consuls ; en tout, vingt-huit membres. Ce nombre de vingt-huit ou vingt-six, sans les deux procureurs, semblait trop élevé, en juin 1736, à M. Romieu, procureur du Roy à Montpellier. Quant au procureur-juge de Cazères, il s'appela Bartet, en la personne du père et du fils, pendant cinquante-sept ans, car nous le trouvons en 1715, pour la première fois, sous le nom de Pierre Bartet, maire et juge, puis en 1726 et, en dernier lieu, en 1772, lors de l'inondation. Ce fut ce Pierre Bartet qui vendit la charge de maire à la commune de Cazères le 26 mars 1723. Il l'avait payée lui-même 500 livres au trésorier du Roy dans la généralité de Toulouse, pour se conformer à l'arrêt du conseil d'État du 22 mars 1707 et à l'édit de décembre 1706 qui créait cette charge de maire héréditaire. La quittance du trésorier des finances pour cette somme de 500 francs est du 4 juillet 1709. Quant aux conseillers politiques, ils étaient nommés *à vie* par les quatre consuls en service. Les deux procureurs étaient dits *assesseurs consulaires*.

mère, née Cazes, de Pointis-Inard, et portent le nom d'Antoinette, Thérèse, Louise et Maurice Monthieu, ce dernier âgé de vingt-neuf ans en 1884 : c'est le rameau de Sauveterre, de la souche commune ; l'autre rameau, qui vint se greffer à Cazères, émigra de Sauveterre, vers la fin du dix-septième siècle (1692), dans la personne du chirurgien Philippe Monthieu.

lage de Saint-Vincent, dont nous voyons encore l'église
en ruines et le cimetière qui sert de lieu d'inhumation
aux habitants de Couladère. Souvent, aux alentours de
ce vieux sanctuaire, la charrue du laboureur s'est heur-
tée à des débris de substructions antiques. Par conséquent, le village a existé. A quelle époque a-t-il disparu?
Est-ce bien le fleuve qui a détruit ce petit centre rural
dont une partie des terres ont agrandi la superficie de
la commune de Palaminy?...

Saint-Vincent a dû être emporté vers le neuvième ou
le dixième siècle... A coup sûr, il a été détruit par les
eaux. A l'appui de cette dernière assertion, nous avons
pour nous la configuration du terrain et la légende
populaire : « Ce sont les marins, peut-être les Normands
dont les barques légères remontaient les fleuves, disent
les paysans, qui, par une nuit sombre, dérobèrent les
cloches de l'église et les emportèrent dans leur barque;
mais comme le ciel ne pouvait se faire complice de ce
rapt sacrilège, ils firent naufrage au pont d'Hercus, au-
dessous du point où eut lieu le combat de la Terrasse. »
Donc, Saint-Vincent était sur les bords du fleuve puisque un bateau pouvait s'approcher de l'église, et ce sont
les flots courroucés qui ont emporté les *cloches*, c'est-
à-dire l'église et, par conséquent, les *maisons* du village, à une époque reculée dont la tradition n'a pas
gardé souvenir. Elle devait être même assez éloignée de
la date du passage de Froissart, en 1388, attendu que
notre chroniqueur, qui passa, pour se rendre au pont
de Palaminy, non loin de Saint-Vincent, n'aurait point
oublié de nous narrer, si l'engloutissement eût été assez

récent pour qu'on aperçût encore des ruines debout,
que la Garonne emportait non seulement des ponts à
Palaminy, mais encore des villages entiers dans la vallée. Les anciens habitants du vallon ont aussi conservé
le souvenir du village de Saint-Valentin, situé au couchant de Montcrabun et non loin des Pesquès.

Un autre fait qui semblerait confirmer notre hypothèse d'une destruction par les eaux, c'est l'existence
sur des points élevés de ces petits groupes d'habitations
qui ont nom : Montcrabun, Arnaudet, Tapiau et Couladère lui-même. Le souvenir du danger couru par les
ancêtres, dans la vallée, aurait refoulé les habitants sur
les hauteurs.

La première date certaine que nous ayons découverte
au sujet de l'existence de Couladère et par suite de la
disparition de Saint-Vincent, son aîné, dont les habitants peuplèrent le village susmentionné, est la date de
1466, puisque nous trouvons comme témoins dans la
charte des privilèges de Cazères le curé Aymar Aurioly
et *plusieurs autres* du bourg de Couladère; telle est
notre conviction. Les deux villages ont une commune
origine, je veux dire que les habitants du vallon, une
fois leurs maisons détruites, sont allés sur le plateau
construire de nouvelles habitations, mais ces deux
bourgs n'ont point coexisté. Tout ce que nous admet-
tons à la rigueur, c'est que Couladère a pu être un poste
fortifié (ses murs d'enceinte sont encore visibles) dans
lequel ceux de Saint-Vincent se réfugiaient en cas de
danger, une sorte de Salvetat jouant pour eux le même
rôle que celle de Serres pour les Gallo-Romains de

Calagorris des Convènes, après la destruction de cette
dernière ville. Mais il n'a pris de l'extension qu'après
la destruction par les eaux du village d'en bas. Ce qui
prouve bien tout ce que je viens d'énoncer, c'est que
les habitants du Couladère actuel ont tenu à conserver
comme un souvenir ineffaçable de leur premier berceau
la fête patronale de *Saint-Vincent*, ainsi que le cimetière
qui entoure leur antique paroisse en ruines et où repo-
sent les cendres de tous leurs aïeux, tandis que leur
nouvelle paroisse n'est entourée que de l'ombrage
touffu d'un vigoureux ormeau *sullien* dont la base
mesure 6 mètres de circonférence.

Après cette digression dont les eaux de la Garonne
sont cause, n'oublions pas que nous avons laissé notre
pont de 1727 en ruines, et tâchons d'être aussi fidèle
narrateur que les consuls de Cazères se montrèrent à
cette époque administrateurs zélés et vigilants. Ils
avaient nom : Pujibet, Doumeng, Fauré, Mourlan. Le
syndic des négociants s'appelait Débant. Dès l'année
suivante, en 1757, certainement par l'intermédiaire de
leur député, un sieur Darbas, ils adressèrent une pétition à nosseigneurs des États de Languedoc pour la
reconstruction du pont de Cazères.

Dans cette pétition, les susnommés, après avoir établi la nécessité d'une communication au moyen d'un
pont entre les deux rives de la Garonne, attendu que,
Cazères servant d'entrepôt aux grains d'une partie du
Languedoc et de la Guienne, les pays de Couserans et
de Comminges, situés sur la rive droite, venaient y
puiser la quantité indispensable à leur subsistance,

ainsi que les vins de la contrée, tout en y échangeant leurs différentes productions ; les consuls, dis-je, cherchent à faire valoir les arguments tirés de l'antiquité de leur pont cazérien, en versant dans une exagération évidente : « Il a toujours existé. » Les deux provinces de Languedoc et de Guienne « l'ont formé et constamment entretenu depuis plusieurs siècles ».

Ensuite, les consuls appuient leur supplique sur une délibération des États de la province, à la date du 19 février 1754, ainsi que sur un arrêt du conseil privé du 12 août 1755, rendu à la poursuite de M. le Syndic général de la province et sur l'avis de M. d'Étigny, intendant d'Auch et de Pau, arrêt qui constatait que le susdit pont menaçait ruine vers l'année 1752 et, reconnaissant la nécessité de son remplacement, ordonnait son rétablissement *en pierre* aux frais des deux provinces. Déjà celle de Guienne avait levé une imposition extraordinaire de 40,000 livres ; mais le pont de Cazères tenant encore, la province crut devoir employer cette somme aux réparations de celui de Toulouse.

Survient dans l'intervalle une demande aux États de Montpellier formulée par les villes de Carbonne et Montesquieu, et appuyée par l'évêque de Rieux, pour la construction d'un pont à Carbonne et la suppression pure et simple du pont projeté à Cazères, attendu qu'il passait beaucoup plus de monde au bac de Carbonne que sur notre pont. A cela, réponse de nos dévoués consuls qui prouvent que, depuis la chute du pont de 1713 jusqu'à l'achèvement du pont actuel en 1727, le

bateau à corde de Cazères fut affermé 900 et même
1,000 livres, quand celui de Carbonne ne payait au
maximum que 160 livres de ferme. Ils ajoutent, en
outre, que la construction d'un pont en pierre à Cazères était le seul moyen d'affranchir la province de la
reconstruction d'une digue élevée à gros frais pour la
défense de l'église paroissiale et en grande partie détruite par l'inondation de 1756[1]. Le fait ci-énoncé avait
été vérifié par M. de Saget, directeur des travaux
publics de la province, et il est maintenant de la dernière évidence, vu que la langue de terre de deux toi-
ses de largeur, existante encore entre l'église et la Garonne lors du passage de M. de Saget, vient d'être emportée par la même inondation.

La pétition se termine par un tableau assez sombre
de la misère des foires et marchés tout à fait délaissés
depuis la destruction du pont, « ne formant plus maintenant qu'un petit nombre de personnes *oiseuses* » ;
puis elle traite la demande de Montesquieu et Carbonne de prétention ridicule, *nouvelle* et injuste, et
compte beaucoup, en finissant, « sur la prépondérance

1. Cette digue avait été construite dans les premières années du
dix-huitième siècle pour la défense de l'église et de la ville de
Cazères ; elle se trouve en mai 1884 au milieu du cours du fleuve,
qui tend de plus en plus à reprendre son ancienne direction contre les substructions de l'église. En 1748, l'assemblée du diocèse
de Rieux, d'après une requête des consuls de Cazères de 1743,
vota la somme de 1,200 livres pour la réparation de la susdite
digue. Elle vient d'être restaurée ou remplacée en 1891 par de
solides blocages de rocher qui, provoquant des atterrissements
sur la rive cazérienne, repoussent le fleuve sur la rive droite.

énorme des raisons qui militent pour la reconstruction
du pont à Cazères ».

Quelques années après, en 1767, une nouvelle pétition fut rédigée par d'autres consuls qui avaient nom
Soulages, Sarrans, Soulier et Lamesan, alors que le
syndic s'appelait Laye. Le but est toujours le même :
faire reconstruire le pont de Cazères. Nous relevons
néanmoins dans ce nouveau mémoire certains détails
que nous devons signaler brièvement : douze bateaux
servis par une centaine de matelots existaient à cette
époque à Cazères ; le 17 août 1765, jour de foire, eut
lieu un terrible naufrage sur le bac de la ville, dans
lequel périrent une trentaine de personnes, dont les
corps furent retrouvés au gravier Saint-Julien par
groupes de deux réunis, et parmi les cadavres se trouvaient les deux frères Atoch ; notre bourg possédait six
foires dans l'année et trois marchés par semaine ;
M. d'Etigny de Sérilly, intendant d'Auch, le même qui
avait fait construire le pont du Plan sur le Volp, avait
fait tracer un chemin d'Auch à Cazères (pont Milhas
sur l'Hourride) par Lombez et Montoussin, localité
auprès de laquelle il avait établi deux ponts sur la
Louge, afin d'obtenir la communication par Cazères du
pays de Foix avec la généralité d'Auch. Dans cette pétition consulaire de 1767 il est fait mention du vignoble
et des pêchers de la rive droite.

Ces consuls de Cazères, dont nous venons d'écouter
la loquacité patriotique, étaient au nombre de quatre
et avaient le droit de porter la robe « ou livrée » consulaire. Ils recevaient pour honoraires chacun « dix

écus », 3o francs, soit ensemble la somme de 120 livres par an, un peu moins que le régent des écoles auquel on attribuait le traitement de 15o livres; ils recevaient en outre quatre flambeaux, du prix de 10 livres, pour les éclairer la nuit de Noël et autres soirées où ils faisaient la police, car notre modeste bourg du dix-septième siècle ne connaissait point l'éclairage à l'électricité ou à l'acétylène. En 1673, le traitement annuel des quatre consuls n'était que de 6o livres, car en cette même année, ainsi qu'en 1715, ils reconnaissent nécessaire de l'augmenter; c'est ce que nous lisons dans une requête budgétaire adressée en 1727 à M. de Bernage de Saint-Maurice, intendant de Languedoc, qui l'accueillit favorablement en mars 1728, par les quatre consuls en exercice ayant nom Jacques Conté, Joseph Besse, Raymond Fauré et Marc Ducassé.

Malgré tout ce zèle de nos consuls de 1757 et de 1767, malgré les bonnes raisons exposées dans leurs pétitions, ce fut Carbonne qui obtint gain de cause, de même que Toulouse avait détourné une première fois l'argent déjà voté par la province de Guienne et destiné au pont de *pierre* de Cazères. Eh bien! quoique la prétention de Carbonne fût traitée de ridicule et *nouvelle* par nos pères, nous devons avouer impartialement que cette ville avait raison. Il était question de construire un pont à Carbonne depuis plus d'un siècle déjà. En effet, en 1675, M. de Boyer, syndic général, déclara à l'assemblée de la sénéchaussée de Toulouse que l'évêque de Rieux, M. de Bertier[1], avait été chargé en 1666 d'examiner s'il serait commode de construire un pont dans la juridiction de Carbonne. Donc, la prétention n'était pas *nouvelle*, et les Etats de Languedoc eurent raison d'accorder le pont à Carbonne au-détriment de Cazères, qui dut se contenter d'un service de bac pendant de bien longues années, toute la période qui s'écoula depuis 1756 jusqu'en 1840.

1. Cet évêque de Rieux, Antoine-François de Bertier, fut non seulement un prélat distingué mais encore un grand administrateur. Nous le voyons en 1666 s'occuper d'un projet de construction de pont à Carbonne ; vers 1670 ou 75 il attacha son nom et son écu armorial à la clef de voûte du pont de Benque sur la Louge, au-dessous du Fousseret. Ce pont vient d'être élargi dans le cours de l'année 1896, et comme cette clef vient de disparaître à jamais, noyée entre deux maçonneries, nous sommes tenus de mentionner, en langage héraldique, dans l'ordre où ils étaient placés, les divers écussons qui y étaient ciselés ainsi que le chiffre de cet évêque éminent qui gouverna son diocèse de 1662 à 1705. Ce pont de Benque avait été construit aux frais des Etats de Languedoc :

Au centre :

Écus royaux accolés de France et de Navarre avec les colliers des ordres de Saint-Michel et du Saint-Esprit.

Écu épiscopal d'Antoine-François de Bertier :	Écu provincial :
Taureau gai et effrayé chargé de cinq étoiles, mitre et crosse.	Croix de Toulouse, deux palmes liées

Supports : deux griffons.

Chiffre d'Antoine-François de Bertier, évêque de Rieux, qui fit apporter à son orangerie épiscopale les premières antiquités de Chiragan, près de Martres-Tolosane. En commémoration du travail récent de restauration du pont de Benque, M. Billard, agent voyer du Fousseret, vient d'y faire graver, d'un côté, la date de construction, de l'autre, la date de restauration. Au dernier moment, M. Billard se ravisa et fit placer cette vieille clef de voûte de l'évêque à l'extérieur de la nouvelle maçonnerie.

Les deux ponts auraient dû être bâtis, car celui d'une ville était aussi utile que celui de l'autre. Mais ce qui fut le plus sensible à Cazères, ce fut le ricanement de Carbonne. Les Carbonnais, tout fiers de leur succès, voulurent y ajouter une légère pointe d'ironie. Et l'épigramme suivante de courir le pays : « Cazères n'ayant pu obtenir son pont de pierre pourra le bâtir en *briques*, rien si elle le veut. » Les moqueurs avaient dit vrai ; c'est ce qui a été fait, mais en 1840 seulement.

Venant de parler assez longuement de Carbonne, et les relations commerciales étant très fréquentes entre les deux villes, je ne puis résister à la tentation de dire un mot archéologique sur les origines de la susdite ville, au risque d'empiéter sur les attributions du ministre des affaires étrangères.

Carbonne.

L'importance de Carbonne remonte assez haut dans l'histoire, car nous trouvons dès le milieu du treizième siècle (mois de mai 1256) un traité de paréage entre Alphonse, fils d'un roi de France et frère de saint Louis, comte de Poitiers et de Toulouse, et l'abbé de Bonnefont, de l'ordre de Cîteaux, dans le diocèse de Comminges, par lequel ce religieux était autorisé à construire une Bastide neuve dans le territoire de la Granche de Carbonne (Grange, ferme. Par cet accord, la moitié des terres cultes et incultes situées dans le territoire de la Granche et la moitié des moulins qui existaient déjà furent attribués au roi, à l'exception d'une vigne, d'un jardin et d'une terre sise près d'un chemin allant au vieux moulin, qui restèrent l'entière propriété du couvent de Bonnefont. Le roi conserva aussi, du consentement du seigneur-abbé, la totalité des invasions et confiscations survenant dans ladite Bastide et ses dépendances à raison d'hérésie (l'hérésie des albigeois); de même la justice corporelle des voleurs, des homicides et autres malfaiteurs devait être rendue au nom du roi par son bayle (juge), sans appel aux moines et à l'abbé ou à quelqu'un d'entr'eux. En foi de quoi cette charte de fondation fut revêtue du sceau du comte de Poitiers et datée de Vincennes où il résidait au mois de mai de l'an du Seigneur 1256; signé : Bernard de Gitta.

Douze ans après, en 1268, encore sous le règne de saint Louis, les clauses du traité primitif ne devaient pas être, sans doute, rigoureusement observées par les agents du même Alphonse, comte de Poitiers et de Toulouse, car on trouve une plainte du seigneur Guillaume, abbé de Bonnefont, au sujet de la juridiction de la Bastide, dont la moitié lui appartient, et dans la possession ou quasi-possession de laquelle moitié il a été troublé par le bayle du comte ou ses juges. Après enquête, la vérité mise au jour, le comte de Poitiers, pour le salut de son âme et la paix de sa conscience, décida que la moitié de la juridiction serait restituée à l'abbé, que le bayle du comte et celui de l'abbé recevraient les plaintes en commun, à l'exception néanmoins des causes qui ne ressortissaient que de l'au-

torité du comte seul, et ordonna enfin qu'un juge
commun serait institué pour entendre les causes communes et se prononcer sur la juridiction appartenant
en commun à l'abbé et au comte. Cet accord entre les
deux autorités comtale et abbatiale fut rédigé par Pons-
Austavands et maître Odo de Montoneria, clerc de
l'illustre comte de Poitiers, qui donnèrent lecture publique des lettres en faisant foi, au Château Narbon-
nais de Toulouse, l'an du Seigneur 1268, le lundi
avant la fête des bienheureux apôtres Simon et Jude,
en présence de nombreux témoins et du seigneur Guillaume, abbé de Bonnefont, qui apposa sa signature à
côté de celles des sieurs Pons Austavands et Odo de
Montoneria.

Juste cent ans après sa fondation, la Bastide carbon-
naise fut livrée aux flammes et presque entièrement
détruite par les soldats anglo-gascons du prince Édouard
de Galles, car nous lisons des lettres patentes du roi
Jean, le vaincu de Poitiers, à la date du 8 août 1356
(vingt-deux jours avant la bataille de Poitiers), signées
à Chartres, compatissant du fond de son cœur, malgré
ses innombrables sollicitudes royales, aux malheurs
infligés par la malice de ses ennemis aux habitants des
lieux ou ville de Carbonne et Gonac, sis dans la judicature de Rieux et la sénéchaussée de Toulouse. De
même qu'actuellement les intérêts commerciaux des
deux villes sont communs, de même, à cette époque
néfaste de la conquête anglaise, Carbonne et Cazères
subirent une commune infortune : l'une fut brûlée et
l'autre occupée militairement.

Ces lettres royales ne firent que confirmer pleinement celles datées de Carbonne, dont le comte d'Armagnac, parent et lieutenant du roi dans une partie du Languedoc, avait déjà pris l'initiative pour secourir ces infortunés, les aider à rebâtir leurs maisons et leur octroyer quelques privilèges et libertés. Quelques-unes de ces libertés furent accordées temporairement et d'autres à perpétuité, et les articles de la charte de franchise, qui en faisaient mention, se distinguaient ainsi : la cire verte pour les privilèges à perpétuité et la cire blanche pour les concessions à temps. Le clerc du roi signa Beringarius (Béranger).

Un des privilèges les plus importants octroyés à la Bastide de Carbonne et au lieu de Gonac était qu'ils ne pourraient jamais être aliénés du domaine de la couronne et distraits du comté de Toulouse, à moins que la totale étendue du susdit comté ne fût distraite. Autre : à deux lieues à la ronde, aucun marché franc ni aucune foire ne devaient être accordés. Les deux foires annuelles qui existaient avant le pillage et l'incendie des Anglais furent rétablies, l'une tombant le dimanche après l'octave de la fête de Pâques et l'autre le jour de la fête de l'Invention de saint Étienne (3 août). Autre : certaines mesures de précaution furent prises au sujet des reconstructions de maisons, qui devaient être placées à une certaine distance du mur d'enceinte, soit à l'intérieur, soit à l'extérieur. D'un autre côté, de grandes facilités furent accordées à ceux qui voulurent rebâtir leurs demeures pour le transport des matériaux, de même à ceux qui ne voulurent pas reconstruire au dehors des murs pour donner leurs terres ou les vendre à d'autres à de justes prix ou d'après l'estimation du juge de Rieux, en présence des consuls de la ville. En résumé, il est notoire que le privilège le plus important octroyé par le roi Jean le Bon fut incontestablement celui de ne pouvoir aliéner ni la justice ni le domaine de Carbonne, si ce n'est dans le cas où la totalité du comté de Toulouse serait aliénée.

Après cette incursion dans le passé de nos ironiques concurrents, comme nous victimes de l'humeur belliqueuse des Anglais, revenons à notre pont moderne de 1840. A cette date, en effet, fut construit un pont en maçonnerie et briques, avec six arches en plein cintre, mais il fut établi bien en aval du pont de bois de la Pointe. Il fut achevé et livré à la circulation en 1842. L'entrepreneur des travaux était de Bordeaux et s'appelait M. Troy[1]. Une subvention de 15,000 francs fut accordée par l'État, grâce à l'intervention du ministre de l'intérieur d'alors, M. Charles de Rémusat, cet ami illustre de MM. Thiers et Dufaure, qui sut être tout à la fois, en servant son pays, un littérateur fin et érudit, un éminent philosophe et un homme du monde accom-

---

1. Gendre de M. Mouillac, ingénieur. La concession du péage fut de trente ans six mois. Il fut donné en régie pendant les premiers six mois, affermé par M. Lafore pendant la première décade moyennant 12,000 francs par an, par M. Ricard pendant la deuxième décade pour 14,000 francs, et enfin par le même encore pendant la troisième décade pour 16,000 francs. Il fut affranchi le 1er octobre 1873, deux ans à peine avant la grande inondation de 1875. Il avait coûté 129,000 francs.

pli. De nos jours, ces trois hommes ont eu leur notoriété politique : Thiers[1], grâce au concours indispensable et voulu du *wallonat*, a fondé la République du 25 février 1875; Charles de Rémusat a contribué puissamment, comme ministre des affaires étrangères, à l'évacuation du territoire par les Prussiens en 1873; enfin, Dufaure a constitué sous le mac-mahonat le premier ministère républicain du 14 décembre 1877, qui amena la démission du maréchal au 30 janvier 1879 et, par suite, l'avènement du président Jules Grévy. Reconnaissons toutefois que le correct maréchal de Mac-Mahon préféra céder sa place à M. Grévy plutôt qu'au Roy de Froshdorff au 9 novembre 1873. Il fut loyal comme le soldat de Magenta. Alors les présidents savaient, comme Périer plus tard, signer leur démission. Cette signature d'adieux coûtait moins cher à le France patriote que beaucoup d'autres signatures ultérieures de présidents rivés à leur siège. Ce que fit le vieux Dufaure dans un sens, il y a vingt ans, pour dégager la République qui versait à droite, M. Méline le fait en 1897, dans le sens contraire mais équivalent, pour ramener la République qui versait dans la révolution socialiste, c'est-à-dire la suppression du principe d'autorité légale et militaire. Tous ces hommes auront leur page dans l'histoire impartiale, de même que cette grande justicière inscrira en sa date l'ingratitude des républicains qui repoussèrent Jules Ferry de la Cham-

---

1. Ce fondateur du régime a dit : « La République sera conservatrice ou ne sera pas, semblant dire », comme plus tard Jules Ferry, que : « le péril était à gauche ».

bre en 1885, et l'ingratitude des monarchistes qui refu-
sèrent au duc de Broglie (Albert) un siège d'inamovible au Sénat.

Pour conserver le souvenir de la date d'inauguration
du pont de 1840, on moula un médaillon en terre cuite
dans le champ duquel furent inscrits les noms du pré-
fet, du sous-préfet, de l'ingénieur en chef, du maire,
des conseillers municipaux et du juge de paix de Cazères.

La route de Saint-Girons par Saint-Michel et Fabas,
par le Plan et Sainte-Croix, passe sur le susdit pont. Il
fut emporté en partie (quatre arches sur six) par l'inondation du 23 juin 1875, mais il a été rebâti en 1876-77
et 1878, avec cette différence qu'il ne possède plus que
cinq arches au lieu de six, dont les deux anciennes, en
plein cintre, ont 18 mètres d'ouverture, deux autres, à
anse de panier, 23 mètres, et celle du milieu, la plus
grande, est un arc surbaissé de 29 mètres de largeur.
Comme nos pères, nous n'avons pas eu à subir un service de bac de quatre-vingt-quatre années. Les frais de
reconstruction, qui se sont élevés à la somme de
195,000 francs, ont été couverts par l'Etat et le département.

Le petit ruisseau de l'Hourride qui traverse notre
ville dans la direction de l'ouest-nord-est, et dont les
pluies printanières font parfois un torrent impétueux, a
nécessité la construction de quatre ponts : 1° le pont du
Bourguet, qui est peut-être le contemporain du bourg
féodal du Moyen-âge ; 2° le pont de l'hôtel du Midi,
bâti en 1600 et élargi vers 1854 ; 3° le pont Neuf, au-

trement appelé le pont Rond (avant le voûtage de
l'Hourride), parce que chacun de ses côtés décrit une
demi-circonférence, afin de dissimuler ainsi le biais
du ruisseau qui passe au-dessous, construit en 1855 ;
4° le pont Milhas, au faubourg Tarascon, dont on n'a
pas la date d'édification certaine, mais qui doit appartenir au dix-huitième siècle ; il portait la route de Perpignan à Auch, qui traversait à la Pointe la Garonne
et l'Hourride à ce point-là.

Au sujet du pont de maçonnerie sur la Garonne,
nous avons écrit qu'il avait failli disparaître par la crue
extraordinaire de 1875. Toujours, ou bien souvent, des
inondations dans notre récit !... En voici d'ailleurs un
tableau instructif pour nos lecteurs en remontant assez
loin en arrière :

1212.	1599, avril.
1217, septembre.	1608, octobre.
1258, juin.	1613, 14 mai.
1281, 21 mai.	1618, 29 juin.
1310, août.	1677, 6 janvier.
1388.	1678, juillet.
1425, juin.	1709, 23 janvier.
1434, juin.	1712, 9 juin.
1483, mai.	1727, 12 septembre.
1522.	1750, 5 août.
1523, 5 avril.	1756, mai.
1536, 5 décembre.	1770, 30 avril.
1542, novembre.	1772, 17 septembre.
1598, 15 janvier.	

Nous omettons les modernes.

Telles sont les annales des villes assises sur les bords
d'un fleuve !... Par conséquent, le moment est venu,

avant de continuer notre histoire abrégée, de faire la narration d'un de ces débordements tumultueux de la Garonne, dont le navrant tableau est toujours présent, à notre mémoire.

C'était le 23 juin. Depuis cinquante-huit heures, il tombait une pluie froide et continuelle ; la température était très humide et tout à fait anormale, déplorable pour la floraison des raisins et la moisson des blés, qui tous versèrent. En somme, tout le mois de juin fut froid et très humide. Mais de longtemps ou n'avait vu une pluie semblable à celle des derniers jours du mois ; elle commença le lundi matin 21 juin et dura sans la moindre interruption nocturne ou diurne jusqu'au mercredi 23, à quatre heures du soir. C'est à ce moment que la Garonne devint plus forte qu'on ne l'eût vue de mémoire d'homme ; elle arriva aux accoudoirs des fenêtres du premier étage de la maison Siadous, à la Base. Les ramiers du moulin de la Pointe et du château de Palaminy furent complètement emportés, ainsi que la promenade des peupliers de la Base. Deux arches du pont s'écroulèrent à neuf heures et demie, une troisième à midi, et enfin la quatrième à trois heures et demie de l'après-midi. La grange du port de Couladère s'effondra vers huit heures du matin. La plate-forme du rocher pittoresque de la Montjoie ne formait qu'un îlot au confluent de l'Hourride, lequel ruisseau rejoignait la Garonne en passant devant et derrière le susdit îlot ; l'eau de ce ruisseau, refoulée par le fleuve, arrivait au niveau du déversoir d'eau de l'abattoir de boucherie. La crue atteignit son maximum vers deux heures et demie de l'après-midi et ne commença à décroître qu'à cinq heures du soir. Sa hauteur maxima fut de 8^{m}37 au-dessus de l'étiage, alors que les crues périodiques ne sont que de 2^{m}60 ou de 3 mètres, celle de juin 1855 ayant été exceptionnellement de 4^{m}60.

Ajoutons que le spectacle le plus triste à contempler c'étaient les épaves de toute espèce entraînées par la Garonne et se suivant à la file : des arbres énormes, des râteliers, des châssis, des matelas, des poutres, des tables, du fourrage, etc. C'était d'une tristesse navrante. La population cazérienne était dans un état de désolation indescriptible ; vous ne rencontriez que des visages mornes et désolés. On était anxieux, comme dans une calamité publique. La chose que l'on supporta peut-être avec le plus de peine, après le désastre des eaux, ce fut l'absence de nouvelles extérieures, car jusqu'au lundi 28 juin on fut privé de toute espèce de communication, comme au milieu du désert africain. Plus de lettres, ni journaux, ni même dépêches télégraphiques ; le fil électrique correspondait avec Muret seulement. Ce fut comme une interruption complète de la vie ordinaire, une rupture de toutes nos relations habituelles. Enfin, le ciel redevint serein et le brûlant soleil de juillet vint réchauffer la nature en deuil.

Après ce désastre des eaux devait se montrer la charité bienfaisante. Elle fut inépuisable dans la France entière, et l'on distribua, dans Cazères seulement, 9 à 10,000 francs. Pas une seule maison ne s'était écroulée, alors que six mille tombèrent dans toute la région submergée. Vingt-deux ans après, le 3 juillet 1897, est survenue une nouvelle inondation, plus soudaine encore que celle de 1875, et qui aurait entraîné des désastres plus considérables si le Salat, la Neste et l'Ariège avaient fourni leur contingent. La crue des eaux commença à se faire sentir à midi et avait atteint son maximum de hauteur à sept heures du soir. Comme en 1875, les maisons du quartier de la Base furent envahies, mais à un niveau inférieur de 2 mètres environ. Les plus grands désastres eurent lieu à l'Isle-en-Dodon et dans le Gers, principalement à Auch. Il faut reboiser les Pyrénées, pour les empêcher de se venger sur nos campagnes.

Charte de franchises et coutumes.

Avant de parler de notre église paroissiale et après avoir entretenu le lecteur de l'histoire des ponts de Cazères, le moment est venu de dire un mot de ces *Privilèges,* ou charte d'affranchissement, confirmés en 1466, sous le roi Louis XI[1], lesquels privilèges octroyaient justement la licence de construire un *pont* sur Garonne et que nous avons déjà indiqués dans le cours de cette notice historique. Ce fut la première conquête municipale de nos aïeux luttant pour la liberté. Ces privilèges et franchises de la ville de Cazères sont fort anciens et

1. Le roi Louis XI vint à Toulouse, par la route de Muret, le 26 mai 1463. Dans ce voyage, il confirma par serment sur le missel les privilèges et franchises de la ville et du comté (le pays de Languedoc) de Toulouse, dont la ville de Cazères faisait partie.

doivent remonter très haut dans l'histoire, puisque nous n'avons sous les yeux que la sentence confirmative.

Nous savons néanmoins qu'il existait antérieurement une charte de coutumes, octroyée en 1282 à Cazères par le sénéchal de Toulouse Eustache de Beaumarchais (1274-1293) et mentionnée dans une consultation demandée en 1726 à un avocat de Toulouse, nommé Miramont, par la communauté cazérienne, contre le duc d'Antin, seigneur du lieu et un peu agressif pour ses vassaux. Dans le même document est indiqué un arrêt du Conseil d'État du 23 mars 1694 au sujet du rachat des cens, lods et ventes appartenant au roi dans la juridiction de Cazères, rachat fait au profit de la communauté. Ces coutumes furent octroyées par le sénéchal « tant pour le Roy que pour les coseigneurs paréagers » et contenaient au moins onze articles, puisque, dans le litige pendant, le duc d'Antin invoquait en sa faveur la disposition du susdit article 11 ; elles établissaient aussi la banalité du four pour cuire le pain, laquelle banalité fut détruite par la sentence de 1466. De même pour la banalité de la forge dudit lieu.

Le consulat existait aussi à Cazères en 1271, lors de la réunion du comté de Toulouse à la couronne de France ; par conséquent, notre bourg jouissait de privilèges et franchises fort anciens. Ils avaient été peut-être accordés pour la première fois vers le douzième siècle, à l'époque mémorable de l'affranchissement des communes de France par le roi Louis le Gros, ou bien sous son fils Louis le Jeune, qui ne mourut qu'en 1180, année qui marqua la fin du mouvement communal et consulaire.

Dans tous les cas, peu importe la date de la concession primitive; nous allons constater que ces franchises sont assez étendues et que les conditions de l'affranchissement communal ne sont pas trop lourdes pour Cazères.

Comme nous l'avons dit, la sentence de confirmation desdits privilèges fut rendue le 29 janvier 1466 sur la place publique et avec un appareil solennel par Paul-Pierre Vaxis, juge en la jugerie de Rieux, assisté de Vidian Nicolay, notaire royal, greffier en cette affaire, ainsi que de Jacques de Salério et Martin Debère, prêtres de ladite ville. Les saints Évangiles furent apportés, et avant de procéder à la vérification et confirmation, le juge Vaxis[1] fit le signe de la croix, afin que « le jugement et sentence viennent de Dieu ».

Etaient présents :

Les quatre consuls de Cazères : Jacques DÉSABAUTTI-MAM, DOUMENG, VINGTIN, Jean DUCROC et Arnaud SEUBA;

1. La famille de ce Paul Vaxis (de Vacques), juge de Rieux en 1466, était fort ancienne dans le pays et possédait la seigneurie de Montastruc dans le Comminges. Le susdit Paul Vaxis fut capitoul en 1460. La sépulture de famille était en l'église de Saint-Julien, dans le chœur, du côté gauche. Déjà en 1451 ce Paul Vaxis était intervenu dans une affaire entre le *Bassin* de Notre-Dame et les droits du roi, paréager de Cazères.

Dans le château féodal (démoli en 1846) de ce bourg de Saint-Julien ci-dessus mentionné fut enfermée en 1421 Marguerite, la dernière comtesse de Comminges, qui avait épousé en troisièmes noces son cousin, Matthieu de Grailly, frère du comte de Foix. Ce dernier mari la fit errer de prison en prison, en Béarn, Comminges et Foix, pendant une vingtaine d'années, et à sa mort le Comminges fut réuni à la couronne (1453). Le fils de ce Matthieu de Grailly, Jean de Foix, devint évêque de Comminges et fit embellir le château épiscopal d'Alan, où il mourut en octobre 1501.

Le syndic et notaire, Me Guillaume ARROY ;

Le procureur du roi, Jean CESTARS ;

Le procureur des nobles personnes, Guilhem DE TRIBUS CAZIS (Trescazes) ;

Le mandataire de M. DE MONTESPAN, coseigneur, Mathieu DE YSPANIA ;

Le mandataire du vicomte DE COUSERANS, Jean ARRIBY.

Ensuite, à la requête des quatre consuls et du syndic-notaire de la communauté de Cazères, le juge prononça la confirmation des privilèges et franchises ci-après :

1° La commune avait privilège d'avoir consulat, soit quatre consuls élus pour un an par les consuls en exercice, sur une liste de huit noms choisis par les susdits parmi les plus gens de bien. Cette liste devait rester close en l'absence des coseigneurs jusqu'au lendemain de Noël, jour où elle était ouverte eux présents ou absents. Leurs fonctions consistaient à bien régir et gouverner la ville. Ils avaient puissance de la fermer de bonnes et solides murailles[1], en un mot de faire toutes les choses nécessaires pour le profit, utilité et conservation des « habitateurs » dudit lieu.

2° Privilège de chemins publics et fontaines ; *cette question de l'eau cazérienne remonte à la plus haute antiquité*).

---

1. Ces dernières existaient quatre-vingt-dix ans avant, lors du siège de 1376 ; par conséquent, la charte des franchises est antérieure au siège, fait confirmé d'ailleurs par la consultation Miramont qui mentionne l'existence d'une charte des coutumes en 1282.

3° Marché une fois par semaine, le samedi, ainsi que trois foires dans l'année, l'une le lendemain de Saint-Thomas, apôtre, soit le 22 décembre; l'autre le lendemain de Saint-Philippe et Saint-Jacques ou bien le 2 mai, et la troisième enfin le 11 juillet, jour de Saint-Sabin.

4° Licence à tous les habitants de bâtir four, « chacun en son plaisir et volonté en ses maisons ou autre place convenante ».

5° Pouvoir de construire pont sur Garonne, ou bien *nef* bonne et commode.

6° Licence de tenir *mazel* (boucherie) en la place commune de ladite ville pour vendre *cher* (chair) (*cette boucherie sur la place publique existait encore en 1734*).

7° Affermer les communaux pour paistre les bestiaux, tant les lieux féodés que inféodés.

Les communaux d'alors étaient un pré commun appelé la Base, une place commune derrière l'église Saint-Jean (située à la place Saint-Jean, transformée aujourd'hui en foirail des moutons, les ossements de l'ancien cimetière ayant été exhumés en 1852), où se trouvait le cimetière des morts de ladite ville, et un autre pré commun appelé le Pratlaqua. Quant au profit provenant soit de la « tonsure » des arbres excroissants et à la Base et au Pratlaqua, il devait être employé au profit de la ville. Il était fait exception cependant pour le revenu provenant de la dépaissance de la place commune attenante à l'église Saint-Jean, lequel revenu devait être exclusivement employé à l'entretien de la susdite église.

Passons maintenant aux charges compensatrices imposées aux habitants. Tout habitant labourant, soit avec une paire de bœufs, soit avec une paire de mulets, devait payer aux deux coseigneurs de Cazères une certaine redevance en nature de bled et d'avoine, soit six cartiers de bled et 3 d'avoine par paire de bœufs et 1 cartier de bled et 1 d'avoine par paire de mulets, et les consuls et syndics, au nom de la communauté cazérienne, devaient verser entre les mains desdits coseigneurs, ou de leurs représentants, une livre *tournois* « chacun an à Toussaints finis[1] ».

Moyennant les clauses ci-dessus, l'accord ou *traité de paréage*[2] s'était fait entre le roi, les seigneurs suzerains et les habitants de la communauté de Cazères dans des temps déjà bien loin de nous. A ces conditions, notre petite ville, comme toutes celles de la région, put jouir en plein Moyen-âge de franchises assez étendues et d'une existence relativement fort libre (1282-1446).

Ce traité de paréage était un accord ou mieux un acte de réconciliation entre les suzerains et les vassaux, c'est-à-dire le roi et les seigneurs suzerains du bourg féodal d'un côté, et de l'autre les habitants du lieu, qui, moyennant le payement de certaines redevances en nature ou en argent, jouissaient d'immunités communales plus ou moins nombreuses.

---

1. La Toussaint est le *memento* des morts, de même que le 1er janvier, pour l'échange des cartes, est le *memento* des vivants.

2. Nous retrouverons la trace de ce traité de paréage vers la fin du dix-septième siècle.

Nous en constaterons les résultats plus d'une fois dans le cours de ce récit; mais nous pouvons dire déjà que telle est l'origine probable des armoiries de la ville de Cazères, qui représentent un écu mi-parti de France et de Comminges-Aspet. Elles sont un souvenir ineffaçable de l'acte de réconciliation et d'affranchissement. Le champ d'azur avec les trois fleurs de lys symbolise l'écusson de la maison de France, c'est-à-dire l'autorité du roi ; le champ de gueules, au contraire, avec les deux chiens passants, rappelle l'écu héraldique d'un rameau de la branche comtale des Comminges, les Comminges-Aspet, c'est-à-dire l'autorité du seigneur suzerain.

La planche ci-contre fera mieux comprendre notre explication ; elle a pour but de mettre sous les yeux du lecteur, dans un tableau synoptique, les trois écussons des derniers possesseurs du château seigneurial, au centre l'écu du premier seigneur, un Comminges-Aspet, et enfin les armoiries de Cazères.

Et voici, en langage héraldique, la définition des trois écussons des maisons de Crussol-d'Uzès, des Pardaillan, ducs d'Antin, et enfin des Comminges (la souche ancestrale, d'où se détacha le rameau d'Aspet-Comminges) :

1º Les armes de la maison d'Uzès sont *fascé d'or et de sinople,* comportent des variantes selon les branches, mais restent *sur le tout de gueules, à trois bandes d'or,* qui est Uzès ;

2º Les armes de Pardaillan (Louis-Antoine de Pardaillan, marquis de Montespan et d'Antin, fut créé en mai 1711 duc d'Antin) sont : *écartelé aux 1 et 4 d'or,*

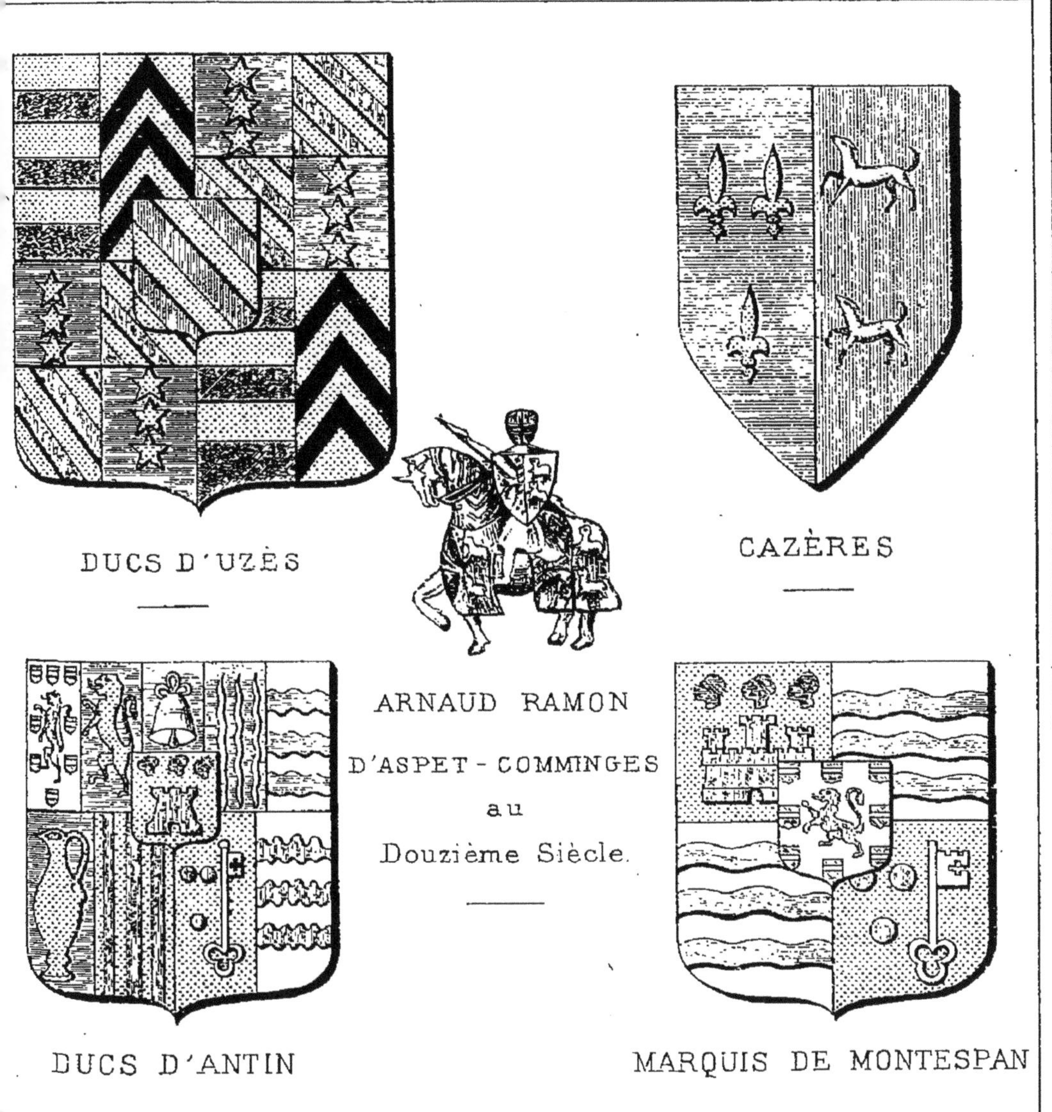

ARMOIRIES DES CHATELAINS & DE LA VILLE DE CAZÈRES.

à la tour de gueules, maçonnée de sable, donjonnée de trois têtes de Maures de sable mises de profil et tortillées d'argent, à trois faces ondées d'azur ; les Pardaillan-Gondrin-Caumont n'ont pas le même écusson que la maison ducale des Pardaillan-Gondrin-d'Antin ;

3° L'antique maison de Comminges portait d'abord : *d'argent à la croix pattée de gueules,* et depuis, *de gueules à quatre otelles ou amandes pillées d'argent, posées en sautoir.*

La figure centrale représente un des seigneurs d'Aspet, sur son destrier héraldique, du nom d'Arnaud Ramon, nom presque héréditaire parmi les nobles de ce bourg, disent les chartes du douzième siècle. Or, nous n'avons pas oublié que notre *Castrum de Caselas* appartenait en 1139 à la famille comtale de Comminges ; par conséquent cette dernière dut apporter au traité de paréage le signe palpable de son intervention, son écusson à animaux passants, de même que le Roy y mettait ses fleurs de lys. En quelle année?... vers la fin du douzième siècle probablement.

J'aime mieux admettre cette définition de nos armoiries que l'hypothèse émise par M. A. Garrigou, dans son travail sur l'*Ancien pays de Foix,* lequel attribue à notre écusson urbain une origine beaucoup trop simple et difficile, je crois, à justifier. Ce sont, dit-il, des armes parlantes, comme il en existe tant et pour familles et pour villes, motif pris de l'étymologie latine du nom de Cazères dérivée du mot *canès,* des *cas,* des chiens, d'autant plus que ce mot de *cas* est resté dans notre idiome patois. En effet, il nous paraît plus probable,

plus facile à justifier, que notre ville, d'origine espagnole,
ait tiré son nom du mot *casa* ou *casulæ*, comme nous
avons tâché de le démontrer au début de notre travail.
Pourquoi cette idée primordiale de deux chiens préexis-
tant avant la bourgade, absolument pour la baptiser?
Avec le terme de *casa*, au contraire, pas de difficultés ;
on bâtit la maison et puis on l'appelle par son nom de
casa. Nous repoussons donc dans l'espèce cette inter-
prétation de M. Ad. Garrigou, reconnaissant toutefois
qu'il a raison dans bien d'autres cas semblables.

Par suite, l'explication que nous donnons de nos armoiries paraît beaucoup plus naturelle. C'est une idée
consécutive, dérivant des droits féodaux du seigneur
suzerain. Un des premiers possesseurs du château cazérien, peut-être le premier, un Comminges-Aspect du
nom d'Arnaud Ramon, possédait sur son écusson com-
tal deux chiens passants, dont la ville vassale s'empara
pour en faire plus tard, avec l'adjonction des fleurs de
lys royales, ses propres armoiries. Et ce faisant, Cazères n'a fait que perpétuer un antique souvenir, celui de
son premier seigneur.

Il est encore un autre signe visible et extérieur que
nos ancêtres du dix-huitième siècle ont voulu nous laisser pour rappeler l'acte de paréage dont la mémoire
est à jamais gravée sur notre écusson urbain ; ce sont
les figures de terre cuite symboliques placées au-dessus
des deux portes de la ville subsistantes : sur l'une, la
porte du Nord, appelée en 1683 la porte du Mont, se
trouvent deux chiens héraldiques indiquant les armes
du seigneur suzerain ; tandis que sur l'autre, la porte

de l'Ouest dite Palaminy, rappelant la part du roi, sont accroupies deux sirènes, à la tête et à la poitrine de femme, soit deux formes féminines tendant à démontrer, semblerait-il, que à cette époque, sous Louis XV, la femme régnait en souveraine incontestée à la cour de France résidant au palais de Versailles. Ces portes de ville durent être réédifiées vers 1750-55, car nous avons lu dans une requête des consuls de 1743 à l'intendant de Languedoc que « les portes tombaient en lambeaux et que leurs toits avaient disparu ».

En 1528, soixante-deux ans après la confirmation du traité de réconciliation, nous retrouvons trace des droits de chaque partie intéressée dans l'acte de paréage, ainsi que la sollicitude du roi François Ier pour la communauté de Cazères, dans un procès-verbal de réformation du domaine royal fait devant le sieur Praty, commissaire réformateur.

Les habitants furent interrogés pour savoir s'il y avait un moulin joignant les murailles de la ville sur la Garonne; ils répondirent que, dans toute la juridiction de la communauté de Cazères, il n'y avait aucun moulin joignant les murailles de la ville sur la Garonne, malgré les assertions de quelques-uns disant que le sieur de Montespan, seigneur du lieu, y en avait bâti un près les murailles[1], attendu que, sur le point d'être achevé, il avait été « presque tout admené par l'impétuosité de la rivière » et qu'il n'était en cette année 1528 de nul profit pour le dit seigneur de Montespan,

---

1. Moulin de bois sans doute.

dont la famille était la suzeraine de Cazères, comme en 1466. On était obligé, en conséquence, d'aller moudre aux moulins circonvoisins.

Le procès-verbal ajoute qu'il existait néanmoins un moulin « de petite valeur » sur le ruisseau de l'Hourride, mais le plus souvent sans eau, appartenant aux marguilliers de l'œuvre de Notre-Dame qui étaient seigneurs *directs* du fief, et affermé à cette époque par le nommé Arnaud de Lassalle, habitant du lieu.

A la fin de son rapport, le commissaire réformateur mentionne les noms des personnes autres que le seigneur de Montespan ayant des droits seigneuriaux sur Cazères et dans sa juridiction : 1° l'abbé de Bonnefont; 2° le chapitre de Rieux ; 3° le prieur de Sainte-Croix ; 4° la confrérie de Saint-Jacques ; 5° la confrérie de Notre-Dame; 6° le syndic de l'église de Palaminy; 7° les sieurs de Gensac, de Saint-Michel et de Palaminy; 8° le commandeur de Montsaunès, de l'ordre des hospitaliers de Saint-Jean. Ajoutons, à propos de Gensac ci-dessus nommé, qu'en 1574 noble Jean-Jacques de Sers en était le seigneur.

Comme on le voit, ils étaient alors nombreux les percepteurs des revenus de la communauté de Cazères.

Quatre-vingts ans plus tard, le 14 octobre 1607, nous trouvons un nouveau dénombrement avec hommage, rendu par-devant les commissaires députés par le roi Henri IV[1] et la reine Marguerite. Les rois, comme

1. Henri IV, dernier roi de Navarre et dernier comte de Foix, en 1589. L'acte de réunion du comté de Foix à la Couronne est du mois de juillet 1607 et l'annexion définitive du mois d'octobre 1620,

nos financiers modernes de l'école Doumer, aimaient beaucoup à s'enquérir de l'état des biens de leurs fidèles sujets. Il est juste d'ajouter aussi que, comme nos rois, les puritains non purifiés par la *fin du dix-neuvième siècle* adorent la flatterie et la confiscation (on ne comprendrait pas ultérieurement *nationalisation*), non la césarienne ou la royaliste, mais la confiscation collectiviste. C'est une nouvelle forme du dénombrement sans aveu de l'ancien régime, avec ses conséquences plus ou moins belliqueuses, sûrement belliqueuses. Guerre de classes substituée à la guerre de races !

Le susdit dénombrement fut fait par le syndic de l'œuvre dite le Bassin de Notre-Dame de Cazères, en raison des biens et rentes appartenant à ladite œuvre. Les susdits biens étaient : 1° le moulin de Lorride dont nous venons de parler ; 2° une pièce de terre noble, sise dans la commune de Palaminy, d'un arpent un quart, confrontant à Nicolas Bourdin, héritier de feu noble Joachim Darbas, dont le neveu portait le nom de François Darbas ; 3° une autre pièce noble, dans la même commune, d'une pugnérade de superficie, au lieu dit Boubée, confrontant aux héritiers de Maurice Siadous et Raymond Cazau. Les revenus des susdits immeubles, d'après le rapport du marguillier-syndic de Notre-Dame, étaient affectés à payer les frais de procession et autres dépenses du culte, ainsi qu'à l'entre-

sous Louis XIII. Le Nébouzan, dont Saint-Gaudens était la capitale, subit le même sort et à la même époque, tandis que le comté de Comminges avait été annexé en 1453, comme nous l'avons consigné dans une note précédente.

tien de dix-neuf autels. Ils sont moins nombreux aujourd'hui et coûteraient certainement plus de 150 livres d'entretien « chaque semi-année ».

En fin de compte, la finance « des francs fiefs » fut fixée pour la perception de l'impôt par les susdits commissaires du roy « à *huit livres* ». Ce dénombrement ou réformation est le premier dont nous donnons la mention ; il ne sera pas le dernier, car nous en trouverons d'autres jusqu'au seuil de la Révolution.

Relatons en passant, à cause de sa date chronologique et du souvenir profond qu'elle laissa dans la mémoire de nos pères, l'épidémie de *suette* pestilentielle qui décima notre bourg en 1630.

Suette pestilentielle.

C'était sous le roi Louis XIII, au commencement du dix-septième siècle, Cazères connut toutes les horreurs de la peste avec ses drames intimes et sombres. Tout à coup, en 1630, éclata une terrible épidémie, qui sévit pendant plus d'une année et décima sans pitié la population entière. Son nom local était la *suette ;* ce n'était pas à coup sûr la peste noire de Florence, qui sévit en Europe avec violence en 1347-1349. La consternation régnait en ville, tous les cœurs étaient désolés, les visages mornes. Ce fut un véritable fléau et ses ravages furent tels que les consuls urbains décidèrent la création d'un cimetière spécial qui fut appelé le Cimetière des Pestiférés, parce que tous les corps des malheureuses victimes y furent inhumés. Il était situé au levant de la ville, sur les bords de la Garonne, au lieu dit l'Hôpital du Campet, où déjà existait une petite chapelle dite de la Grave. A la cessation du mal contagieux et destructeur, les habitants terrorisés firent un vœu solennel, à la suite duquel la procession annuelle du 8 septembre fut instituée ainsi qu'une messe de commémoration se disant le 20 janvier de chaque année, jour de la fête de saint Sébastien. Cette procession du 8 septembre se célébrait jadis avec beaucoup de solennité et faisait station à la chapelle Saint-Roch, située au quartier de la Base, et démolie en 1754. Les registres de l'état civil ne datant que de 1631, nous n'avons pu évaluer le nombre des victimes de la suette, mais chaque année, du haut de la chaire, le clergé paroissial donne lecture du vœu local dit de Louis XIII.

Tremblement de terre.

Trente ans après, le 21 juin 1660, se produisit un phénomène physique bien rare de nos jours et dont l'apparition dut bien troubler l'esprit craintif et surtout religieux de nos pères. Ce jour-là, on ressentit à Cazères trois secousses de tremblement de terre, dont la population fut si épouvantée, que trois jours après on organisa une procession solennelle du Saint-Sacrement dans toutes les rues de la ville pour supplier le Ciel d'être clément à la terre.

Ce mot de Saint-Sacrement nous fait souvenir qu'il

existait dans notre église paroissiale une association religieuse dite du Saint-Sacrement, dont se fit recevoir membre, en 1650, un des seigneurs de Cazères, le duc Jean-Antoine de Bellegarde (allié par un mariage aux Pardailhan-Gondrin), qui fut père de Louis-Antoine de Pardailhan.

Ce même duc Jean-Antoine de Bellegarde, sieur de Pardailhan-Gondrin, était seigneur suzerain de Cazères en 1671, qui se trouvait, comme nous l'avons vu, en paréage entre le roy et le suzerain local.

En cette année-là, la part royale s'élevait au quart des droits et revenus féodaux; le duc de Bellegarde-Gondrin percevait au contraire les trois quarts et y rendait la justice.

C'est le moment de fournir au lecteur un léger aperçu de la quotité d'impôt payée par quelques communautés ressortissant de l'arrondissement du bureau fiscal de Cazères dans le cours du dix-huitième siècle :

CAZÈRES. — Le roi avait le quart des droits utiles ; les trois quarts restant étaient patrimoniaux à Mgr le duc d'Uzès.

PALAMINY. — Le roi avait la moitié des lods. Il y avait autrefois la demie de la justice, qui fut aliénée en faveur du seigneur dudit lieu qui possédait patrimonialement la moitié restante de l'un et de l'autre.

FOUSSERET. — Terre entièrement domaniale, où il y avait néanmoins deux directes particulières, l'une appartenant aux moines des Feuillants, l'autre à M. de Rabaudy, seigneur de Montoussin. Cette terre fut aliénée, mais le roi s'en appropria les lods en 1770.

Saint-Michel. — Terre appartenant au roy pour un huitième ; les autres sept huitièmes au seigneur du lieu, sauf quelques directes particulières qui étaient propres au seigneur du lieu et auxquelles le roi n'avait rien à voir.

Couladère. — Le roi avait l'entière justice et les lods étaient partageables entre lui et M. de Vise, seigneur, pour la moitié des droits utiles dudit lieu. Au 13 juillet 1765, Georges Brondes et Jean-Pierre Sancan étaient fermiers pour les portions des fruits décimaux qui regardaient Mgr l'Evêque de Rieux et le collège Saint-Martial, de Toulouse, dans le dîmaire dudit lieu de Couladère.

Rentrant à Cazères en cette même année 1691, après une chevauchée d'historien nomade et curieux, nous constatons l'existence d'un moulin noble, solidement construit sur le fleuve de Garonne, en remplacement sûrement du fragile moulin de bois appartenant au marquis de Montespan, que nous avons signalé en l'année 1528 et qui fut presque entièrement « admené à la dérive » dans le cours de cette susdite année 1528. Au reste, ce moulin noble existait depuis quelque temps déjà, puisque nous trouvons le nom, à la date de 1626, d'une dame Paule de Gondrin de Bellegarde, mère de Jean-Antoine, et grand'mère de Louis-Antoine Gondrin de Bellegarde, qui laisse une rente à la confrérie de la Fraternité des Prêtres, à titre de legs pieux, « à prendre sur le moulin noble de la Garonne », pour le repos de l'âme de feu son mari Antoine-Arnaud de Pardaillan [1], ainsi que pour la protection des jours de son

1. Mort en 1624, gouverneur de Béarn et de Navarre.

fils aîné, Jean-Antoine de Bellegarde, que nous retrouverons plus tard dans la généalogie abrégée des anciens seigneurs de Cazères.

En 1672, nous devons mentionner un nouveau dénombrement rendu, par-devant les commissaires députés par le roi à Montpellier, par noble Pierre de Bazon[1], seigneur de Labernède et marquis de Montberaut, en raison de la seigneurie directe de Labernède, Cazères et autres lieux, et pour tous ses biens situés en diverses localités, ainsi que ses droits seigneuriaux sur Couladère, Cazères et Palaminy. Quelques années après, nous trouvons un sieur Joseph de Bazon, habitant Labernède en 1691. Nous remarquons aussi ce détail dans l'acte de dénombrement précité, c'est que le château de Labernède était construit en briques, flanqué de quatre tours, entouré de fossés et défendu par un pont-levis. Aujourd'hui, l'une des quatre tours a été démolie, le pont-levis a disparu et les fossés se sont transformés en viviers poissonneux. Une petite chapelle gothique, de construction récente et juxtaposée au vieux manoir, semble convier le visiteur au recueillement et à la prière, et lui dire aussi que la période guerrière de l'époque féodale appartient désormais à l'histoire.

Nous devons ajouter que le sieur Pierre de Bazon, de Labernède, devait être placé sous la suzeraineté immédiate du duc de Bellegarde-Gondrin, puisque, à cette

1. Un oncle duquel fut curé de Cazères, ayant nom Jean de Bazon, en 1632 ; de même que nous avons trouvé un Jean Bazon, notaire à Cazères en 1523.

époque-là, Cazères était sous la dépendance de Jean-Antoine de Gondrin de Bellegarde (1672).

Chapelles des châteaux de Labernède et de Larrouset.

L'ancienne chapelle du château de Labernède, dont l'oratoire gothique moderne ne rappelle que l'emplacement, fut bénite par Mgr Jean Dubourg, évêque de Rieux en 1595 et dédiée à saint Jean-Baptiste. De même, la chapelle du château limitrophe de Larrouset fut bénite en la même année et par le même prélat, qui la consacra aussi à Jean le Précurseur. En 1683, nous trouvons un seigneur de Larrouset, propriétaire d'une maison au faubourg de Cazères, tout proche de l'hospice de Montserrat, au quartier de la Case. En 1750, M. Jean-Paul de Hunaud, seigneur de Larrouset, épousa demoiselle Andrée d'Espagne, au château de Ramefort, en Comminges, sa terre patrimoniale. Nous donnerons à la fin de notre récit historique la rédaction notariée de trois mariages aristocratiques dont fera partie celui du seigneur Paul de Hunaud, un compatriote celui-là.

En continuant à suivre l'ordre chronologique, on ne rencontre une date ayant quelque intérêt pour nous qu'au 9 février 1709; c'est un acte de vente des *trois portions* d'un moulin à eau, à deux meules, hors, mais à proximité des murs de la ville de Cazères, situé sur le ruisseau de l'Hourride, vu que la quatrième portion appartenait au sieur Roger et autres copropriétaires. Cette vente fut consentie par noble Joseph Valentin d'André, seigneur de Servolles, en faveur des prêtres de la Fraternité, représentés en l'étude du notaire royal de Toulouse par les sieurs Modeste Sérignac, prieur de l'association, Paul Barus, sous-prieur, et Jean-Joseph Débant, *associé* de ladite Fraternité, moyennant la somme de quinze cents livres *moins un sol*. Ce moulin payait albergue[1] à la table de l'œuvre Notre-Dame de l'église. Cette susdite œuvre devait être, ce semble, comme le conseil de fabrique paroissiale de nos jours, comme on le verra dans la suite. Quant au moulin ci-dessus indiqué, il était à cette époque entièrement « ruineux » et avait besoin de grandes réparations, d'autant que, dans l'espace de deux siècles environ, il avait dû passer dans les mains de plusieurs possesseurs, puisque les marguilliers de Notre-Dame le possédaient en 1528 et l'avaient vendu, nous ne savons à quelle époque, à la famille d'André de Servolles, laquelle, dans la personne de Valentin d'André, le revendit aux prêtres de la Fraternité. Nous venons de le relater.

Quelques années plus tard (28 juin 1723), on retrouve trace du moulin sur l'Hourride et de Paul Barus, bachelier en théologie et sous-prieur de la Fraternité[2], à l'occasion d'un voyage que ce dernier fit à Toulouse

---

1. Un impôt féodal qui était exigible en nature, sous forme de victuailles, quand il fut établi.

2. Paul Barus fut curé de Cazères en 1714, mourut en 1755 et était neveu de Jean Barus, curé de notre ville en 1683; c'était le troisième curé de ce nom.

pour rendre hommage devant les trésoriers généraux
de France, comme fondé de pouvoirs des prêtres de la
Fraternité de Cazères, en raison du susdit moulin sur
le ruisseau de l'Hourride, dont elle était propriétaire
depuis quatorze ans. L'association de la Fraternité était
aussi dénommée quelquefois la *Consorce* de Cazères.

Nous supposons que les formalités exigées pour rendre l'aveu et le dénombrement devant les trésoriers
généraux durent être mal remplies par le sieur Paul
Barus, attendu que, dix-sept ans après, le 17 et 25 septembre 1740, nous avons eu la bonne fortune de mettre la main, au cours de nos recherches, sur deux lettres qui tendraient à le prouver. La première est adressée au sieur Richard, procureur du roi aux finances,
en résidence de Toulouse, par le sieur Doumeng, prêtre-
syndic de la Consorce ou Fraternité, au sujet du susdit moulin de l'Hourride ; et la seconde, qui n'est que
la réponse au sieur Doumeng, premier syndic de la
Consorce, a été écrite par le sieur d'André, chanoine
de Toulouse et parent certainement du sieur Valentin
d'André, qui vendit le moulin précité en 1799. Cette
dernière missive a trait au dénombrement erroné du
moulin de l'Hourride. Néanmoins les choses s'arran-
gèrent, une transaction dut intervenir entre les parties
et le silence se fit sur cette affaire, peut-être à la condition conciliatrice d'un nouveau dénombrement des
biens.

En effet, à la date de décembre 1751, les prêtres de
la Fraternité sont invités à faire un dénombrement de
leurs biens ; mais nous devons constater que la Frater-

nité, soit à cause de son refus formel, soit simplement à cause de ses hésitations, est sérieusement menacée de voir son pauvre moulin, le plus souvent sans eau, réuni au domaine du roi (cela sent la théorie collectiviste, *un peu ancien régime par conséquent*), faute d'avoir fourni l'aveu lors du dénombrement de décembre 1751. Cela ressort évidemment de la lecture d'une réponse faite au sieur Richard, procureur du roi, qui venait de mettre la Fraternité en demeure par le sieur Lajous, prêtre et prieur de la Fraternité, relativement aux biens de ladite Consorce sis dans la communauté de Cazères. Ledit prieur assure que l'hommage au roi a été certainement rendu en 1723, lors du voyage de Paul Barus à Toulouse, mais que personne dans la confrérie ne se souvient de ce dénombrement ni des pièces s'y rapportant qui furent remises sans doute au sieur Castex, procureur de la Consorce et de la communauté de Cazères, lesquels documents ladite Consorce possédait au complet depuis l'acquisition du moulin à deux meules au sieur d'André en 1709. Le sieur Lajous terminait sa lettre en suppliant le procureur du roi Richard de demander ces pièces au sieur Castex, mandataire de la Fraternité. On découvre aussi dans cette correspondance que le vieux cadastre de Cazères pouvait être consulté à la date de 1751.

Après cet échange réciproque de lettres entre Cazères et Toulouse, il y eut un second répit de dix-sept années, et, pour en finir avec ces démêlés de la Fraternité contre le procureur aux finances Richard, nous allons anticiper sur l'ordre chronologique pour suivre l'enchaînement méthodique jusqu'en 1768, au 18 août. Nous trouvons, en effet, à cette date, une lettre du sieur Débant, prieur de la Consorce, adressée toujours au même sieur Richard, concernant encore un nouveau dénombrement des biens de la Fraternité.

Puis, dans le courant du mois, survient une seconde lettre du sieur Débant pour prier le procureur du roi de temporiser ; car, cette fois-ci, la menace contre la Consorce a été suivie d'effet, elle a été assignée par un exploit d'huissier. La Fraternité, par l'organe de son prieur Débant, ne se souvient plus d'avoir rendu hommage au roi pour son modeste moulin de l'Hourride ; en conséquence, le sieur Débant recommande instamment à M. Richard de lui écrire si par hasard il n'aurait point en sa possession quelque titre constatant l'aveu du dénombrement des biens, dans l'intérêt des prêtres de la Consorce de Cazères. C'était, comme on le voit, un moyen d'éluder la question qui allait s'assombrissant. Comme de nos jours, les associations ne voulaient point payer l'impôt, soit couvent, soit convent.

Nous ne pouvons dire si M. Débant fut assez habile pour faire ajourner la solution du différend ou bien si la Consorce se décida de bonne grâce à dresser l'inventaire de ses biens (on dirait de nos jours faire la *déclaration*) ; mais ce que nous pouvons affirmer, c'est que nous ne trouvons trace certaine du dénombrement des biens de la Fraternité que dix ans après, soit le 8 juin 1778, dans une nouvelle lettre dudit sieur Débant au procureur du Parlement de Toulouse. Le même sieur

Richard, qui occupa ces fonctions pendant trente-huit ou quarante ans, de 1740 à 1778, faillit une fois en arriver à la taxation, je veux dire la confiscation, des biens fraternitaires, mais finit en somme par temporiser.

Ce procureur Richard était tenace et appartenait certainement à la race de nos modernes et vertueux Doumer, 1896; comme eux, il semblait avoir une convoitise native pour les biens de tous les contribuables qui négligeaient de faire l'aveu, ou bien déclaration, au dénombrement du roi. Comme l'on voit ci-dessus, annexion au domaine du roi ou de la nation paraîtra toujours du radicalisme progressif, je veux dire agressif, non à ceux qui la *pratiquent*, mais à ceux qui la *subissent*. Dans tous les cas, c'est un procédé plutôt amer que doux et tout à fait personnel, c'est-à-dire livrant la personne aux délateurs, alors qu'en France la caractéristique de l'impôt c'est d'être impersonnel, comme le gouvernement républicain lui-même dans son principe. Ah ! combien de docteurs ès droit de village voudraient faire de la progression financière *aux dépens du voisin !...*

A la suite de ce dénombrement si tardif de la Fraternité, nous avons découvert un inventaire des possesseurs ou fermiers des fiefs appartenant au bassin de la table de l'œuvre (ou fabrique) de l'église Notre-Dame de Cazères. Par conséquent, notre église, qui célèbre aujourd'hui la fête de sainte Quitterie, *patronne de la ville,* se trouvait comme de nos jours sous le vocable de l'Assomption de Notre-Dame. En faveur de la même œuvre et à une date antérieure, le 13 juin 1773, nous trouvons aussi des reconnaissances de plusieurs fiefs consentis par divers tenanciers qui les avaient en fermage.

Nous venons d'entrevoir les difficultés de la Fraternité avec les procureurs aux finances royales. Les confréries de Cazères n'étaient pas seules à avoir des démêlés avec la justice ; les habitants eux-mêmes, surtout la partie féminine, ne reculaient point devant les ennuis et surtout les interminables longueurs d'un procès civil à cette époque. On pourra s'en convaincre quand nous dirons que le procès intenté par la dame Catherine Suberviolle, veuve de Jeannel Mourlan, au sieur Dominique Penent, tisserand de lin à Cazères, le 2 septembre 1730, durait encore en 1753. L'objet du litige était multiple ; c'étaient : 1° une servitude de passage dans un pàtus ; 2° un mur de clôture ; 3° une maison ; 4° un jardin ; le tout situé au quartier du Bourguet, confrontant à la grand'rue du Bourguet, à l'aspect du levant, entre deux rues perpendiculaires à la susdite grand'rue, et probablement à l'emplacement occupé par l'ancienne maison Soubira.

Le procès avait commencé avant 1730, car nous avons été mis sur sa trace par la découverte d'une requête aux trésoriers généraux de France, à Toulouse, par Dominique Penent, en raison du procès *pendant* entre lui et la dame Suberviolle relativement à la possession d'un pàtus en forme de cul-de-sac, sis au quartier du Bourguet. Ce Penent avait épousé une demoiselle Antoinette Serville, de Palaminy, le 4 décembre 1746.

A la date du 31 août 1750, nous trouvons une sommation d'audience pour dame Catherine Suberviolle contre Guillaume Penent, fils de Dominique. Après le père, le fils. Elle devait être agressive cette veuve Catherine Suberviolle !...

Pendant ces vingt-trois années, j'ai vu défiler sous mes yeux toute une série d'enquêtes judiciaires, contre-enquêtes, expertises, rapports d'experts, dires par écrit, inventaires, lettres, répliques, etc., etc. ; c'était long, plus long que ma patience qui finit par échapper. Fatigué de suivre nos deux enragés plaideurs depuis 1730 jusqu'en 1753, je les abandonnai à leur malheureux sort à cette date-là.

En disant un mot de cet interminable procès Suberviolle-Penent, nous avons voulu donner la physionomie rétrospective d'une action civile dans le cours de l'autre siècle. Puisse ce tableau dégoûter nos lecteurs de l'usage abusif des tribunaux civils, quoique le cours de la justice, toujours lent il est vrai, soit aujourd'hui plus rapide qu'autrefois !!!... C'est l'opinion d'un suppléant de paix.

Comme pour faire suite à la série de nos procès soit entre la Fraternité et les agents des finances royales, soit entre particuliers, voici venir une transaction notariée entre le sieur d'Uzès (François-Emmanuel de Crussol), seigneur de Cazères, et M. Alexandre Soulages, curé de la même ville, concernant maisons et biens, passée devant M⁰ Fauré, le 13 juin 1773, en l'hôtel de ville de Cazères, et dont nous allons donner l'analyse sommaire :

« Furent présents :

« MM. Paul-Gabriel Labadie, juge de Cazères, agissant au nom du duc d'Uzès, d'une part ;

« Alexandre Soulages, bachelier en théologie, curé de Cazères, agissant tant en son nom qu'au nom du chapitre de Rieux, ainsi que les deux marguilliers de l'église, Jean Soulages et Dominique Sarvans, et Mᵉ Bertrand Auguères, juge royal de Rieux, d'autre part ;

« Lesquelles parties intéressées dirent que l'œuvre (ou fabrique) de l'église parochelle possédait de toute ancienneté la seigneurie *directe* sur certaines maisons et pièces de terre situées dans la juridiction de la dite ville, dont l'œuvre avait dû faire dénombrement au Roy, mais que des différends étaient survenus entre Monseigneur le duc d'Uzès, propriétaire de l'universalité de la seigneurie justicielle et directe de Cazères, pour les 3/4 du chef de très puissante dame, Madame la duchesse d'Uzès née de Pardaillan-Gondrin, et du 1/4 restant comme ayant été acquis du domaine du Roy par les ancêtres de la dite dame, d'une part ; et entre les fermiers et les administrateurs du temporel de l'église, d'autre part ; ce qui aurait retardé la perception des droits de censive et droits casuels de la dite *directe*, et qu'en conséquence il y avait lieu de stipuler une transaction entre Monseigneur le duc et les administrateurs-marguilliers de l'œuvre, afin de permettre à ces derniers de faire rentrer les arrérages des susdits droits. A cet effet, un nouveau *terrier* des biens de l'œuvre fut dressé par les soins du sieur Saint-Pierre, géomètre de Toulouse, à l'exclusion de tous les biens appartenant à la seigneurie du duc. De leur côté, les fermiers du duc s'engagèrent à ne plus répéter la perception de droits légitimement dus à la *table* de l'œuvre et indûment perçus par le seigneur, sauf aux *ouvriers* de l'église à faire rentrer les arrérages non perçus par les fermiers du duc. »

Sous ces clauses et conditions, l'accord fut établi par-devant notaire entre les droits de l'œuvre et ceux du seigneur suzerain de Cazères.

Ces deux actes authentiques, la transaction d'Uzès-Soulages et l'inféodation Doniès-d'Uzès, que nous connaissons déjà, furent passés et même très correctement rédigés par Me Jean-Joseph Fauré, notaire royal à Cazères et grand-père de M. l'abbé Fauré, lequel notaire y exerça cette charge publique depuis 1760 jusqu'en 1790, pendant trente ans. Non seulement il fut parfois le mandataire urbain du duc d'Uzès, mais encore son correspondant épistolaire très fréquemment [1].

Confréries de Cazères.

Le moment nous paraît venu de dire un mot de ces trois associations ou confréries, dont nous avons si souvent prononcé le nom et dont nous devons essayer de donner un aperçu rapide, savoir : 1° la Confrérie de Saint-Jacques ; 2° l'Œuvre de Notre-Dame ; 3° la Fraternité-des-Prêtres.

1. Voir aux pièces justificatives une lettre du duc Duzès adressée à M. Joseph Fauré (autographe).

L'étude approfondie de ces trois associations et du rôle qu'elles ont joué dans la société de leur époque pourrait nous fournir comme une sorte de physionomie de la vie sociale des anciens temps de Cazères, dans laquelle l'influence religieuse se faisait puissamment sentir, au point que la société civile était pour ainsi dire moulée sur la société religieuse.

1° *Saint-Jacques (Monsieur)*.

Nous commencerons par la plus ancienne, par celle dont nous pouvons constater l'existence certaine en 1349, d'après des documents authentiques. C'était une société hospitalière et une œuvre de pèlerins, ayant pur but de secourir les confrères de Saint-Jacques nécessiteux ou bien les pauvres pèlerins qui passaient pour se rendre à Saint-Jacques de Compostelle en Espagne, dans la province de Galice, ou en revenir. Elle possédait à cet effet un hôpital au quartier de Saint-Jean et proche l'église de ce nom, dans le faubourg de las Caoüquères, entretenu par les libéralités des habitants qui avaient établi en sa faveur des fondations pieuses et des rentes en nature ou en argent. La Confrérie de *Monsieur* Saint-Jacques, selon le texte manuscrit, possédait en outre dans la rue Capsubran, grand'rue actuelle du 4-Septembre, une maison avec pâtus ou *sotoul*, qui ne serait autre que la maison de la veuve Caubet, pour les réunions en assemblée générale des confrères de Monsieur Saint-Jacques. Cette susdite maison provenait de la libéralité d'un nommé Dominique Darbonnio (Darbon), ha-

bitant de Valentine et premier bienfaiteur de la confrérie, qui l'avait donnée, ou mieux dont la donation avait
été approuvée par les seigneurs de Cazères le 10 décembre 1349. Les coseigneurs de Cazères, à cette
date-là, étaient noble Gaillard de Lisle et noble Pierre
de Naunarre, deux vassaux sans doute de Gaston Phœbus, qui était à cette époque suzerain de Cazères, quoi-
qu'il ne fût âgé que de dix-sept ans, ayant commencé à
gouverner sa comté à l'âge de treize ans.

Le second bienfaiteur de la confrérie, mais pour l'hôpital de Saint-Jean, fut un notaire de Cazères, M. de
Saint-Justin, qui garda sa charge de l'année 1569 à l'année 1595. Cet homme de bien légua, à titre de souvenir, une rente de 20 livres qui devait être employée annuellement par les prieurs de ladite « confrérie et
hospital pour acheter des fèves, devant être données et
distribuées chaque dimanche de carême à perpétuité
aux pauvres de Cazères, à côté de la chapelle Saint-
Jean, devant la porte de l'hospital Saint-Jacques, à la
charge par eux d'aller prier sur sa tombe ». Ce legs
philanthropique mais peu libéral est du 29 mars 1596.
Nous trouvons dans les mêmes documents qu'une pièce
de terre grevée du service de la rente des susdites fèves
des pauvres était possédée en 1682 par un nommé Laurent Solié.

Noble GASPARD DARBAS, *seigneur de Sana.*

En 1586, nous avons découvert une rente de 50 livres
devant servir pour achat de meubles pour le susdit hô-

pital, léguée à la « frairie » Saint-Jacques par noble Gaspard Darbas, seigneur de Sana, le 28 mai 1586[1]. Ces Darbas étaient trois frères : Gaspard, Joachim et Raymond, qui fut père de François, coseigneur de Cazères en son temps, de 1630 à 1641, et qui était lui-même petit-fils d'un autre Raymond (*Ramundus de Arbasio*), existant en 1523, et dont il sera parlé tout à l'heure. Il est aussi fait mention de Joachim Darbas et de son neveu François, ci-dessus nommé, dans le dénombrement de 1607.

Un autre bienfaiteur de Saint-Jacques — et celui-ci dans des proportions plus considérables — fut encore un autre Darbas, qui donna 600 livres de rente à la « frairie, qui ne sçavait cela que par la tradition; mais un article des statuts rappelait cela aux confrères, tout en leur disant la charge qu'ils en avaient..., savoir, faire dire une messe le lendemain de Saint-Jacques pour le donateur et aller prier Dieu sur son tombeau ».

« Les confrères avaient aussi appris ledit legs par le seigneur de Cazères, Mᵍʳ de Gondrin de Bellegarde, qui, ayant acquis la *seigneurie* et maison appartenant audit Darbas, les vendeurs ou héritiers Darbas auraient chargé ledit seigneur à payer une rente de 400 livres à la frairie, lequel dit Gondrin, pour s'en dégager, aurait vendu cette maison[2] à feu Gabriel Janséria, docteur en médecine, le chargeant de payer ladite rente à la frairie. »

« Les autres 200 livres, formant l'entière rente dudit

---

1. Par un testament absolument illisible.
2. Cette maison est celle de la famille Débant (Henri).

Darbas, sont payées annuellement par les héritiers de feu Baluet et sont affectées pour les achats nécessaires au service divin. » Cette seigneurie de Baluet, ci-dessus indiquée, était la propriété, en 1664, de noble Jean-François de Lamésan.

Pour compléter cette notice historique sur la famille Darbas, certainement la plus ancienne de Cazères, nous allons donner un extrait, traduit du latin, du testament de ce Raymond Darbas (*Ramundus de Arbasio*), l'aïeul de 1523 que nous venons d'indiquer, par lequel il léguait les revenus de sa métairie de Roudeille pour l'entretien du desservant de la chapelle Notre-Dame-de-la-Conception, construite à la suite de ses libéralités.

Testament de Raymond d'Arbas, « Ramundus de Arbasio ».

L'an du Seigneur mil cinq cent vingt-trois et le quatorze janvier, le prévoyant Raymond d'Arbas, négociant de Cazères, fit son testament en ces termes :

Le testateur susnommé, voulant veiller au salut de son âme, fit la fondation à perpétuité d'une chapelle. Cette chapelle, qu'il a fait édifier sur le territoire de la juridiction de Cazères en l'honneur de la bienheureuse Vierge Marie du Chapelet de la Conception, sera desservie par un prêtre bon et capable, que le testateur, sa vie durant, choisira selon sa volonté.

Le testateur a ordonné que la chapelle serait desservie par M. Guillaume de Gistres, prêtre, jusqu'à ce que Jean Bazon, fils de Mᵉ Jean Bazon, notaire de Cazères, soit ordonné prêtre ; et il a voulu qu'à compter de ce moment la chapelle soit desservie par Guillaume de Gistres et par Jean

Bazon, également ; et après la mort dudit de Gistres, qu'elle soit desservie par Bazon tout seul.

Il a voulu de même que ladite chapelle, n'ayant plus de chapelain par la mort dudit Bazon, il soit pourvu à son remplacement en la personne d'un prêtre capable, par le premier né dudit testateur et dans la suite par son successeur premier né, *portant le prénom du testateur*[1]. Il a voulu cependant que le choix du chapelain soit fait d'un prêtre capable et le plus rapproché dans la parenté.

Si, la charge de chapelain devenant vacante, il n'y avait aucun de ses successeurs de son prénom, le testateur a voulu que les fabriciens de ladite église paroissiale de Cazères choisissent eux-mêmes pour cette charge un prêtre capable dans sa parenté, s'il y en a, sinon un autre prêtre.

Pour doter et fonder cette chapelle, le testateur donne, lègue et assigne à perpétuité, à prendre dans ses biens : 1º la quantité de quinze setiers de froment et trois setiers d'avoine, que le testateur lui-même promet comme rente à perpétuité, et de plus la quatrième métairie et son territoire, située dans la juridiction de Lavelanet (Roudeille).

Le testateur a voulu que le prêtre qui desservirait la chapelle soit tenu de dire et de chanter, pour son âme et l'âme de ses parents, à perpétuité, deux messes par semaine, une le samedi en l'honneur de la bienheureuse Vierge Marie, l'autre le mercredi, de *requiem*, et le jour de l'Immaculée Conception, le 8 décembre, tous les ans, une messe chantée.

Le fondateur a encore légué au chapelain ci-dessus désigné pour son usage un calice d'argent, une chappe, un missel et d'autres ornements.

Ledit testateur a fait tuteurs, gouverneurs des biens et des personnes de ses enfants et pupilles, Mᵉ Jean Bazon,

---

1. Cette clause justifie l'insertion à cette place de ce document testamentaire, puisque nous venions de mentionner un Raymond Darbas, petit-fils du testateur.

notaire, Jean Darbas, fils de Arnal Darbas, décédé, et Raymond d'Arbas, fils de Jacques d'Arbas, de Cazères, tous trois solidairement.

Il a nommé exécuteurs testamentaires de son dernier testament les susdits Me Jean Bazon et Guillaume d'Arbas (*Guilhelmus de Arbasio*).

Encore de nos jours, la famille Darbas a conservé la tradition des libéralités pieuses.

Pour revenir aux bienfaiteurs de Monsieur Saint-Jacques, la confrérie avait encore reçu d'un cinquième donateur inconnu une rente de douze livres affectée sur une pièce, nature de vigne, située au *parsan* de la Grave, près Saint-Michel. Les confrères ne sachant par qui ladite terre a été donnée à la confrérie, à la charge par eux de prendre le drap mortuaire Saint-Jacques, et de s'enfermer dans le lieu de leurs réunions, rue Capsubran, et dire certaines prières pour le donateur.

Toutes ces rentes constituaient les revenus de l'hôpital Saint-Jacques, qui les employait à secourir les pèlerins de passage et les pauvres de la ville.

Les renseignements qui précèdent ont été tirés de documents assez volumineux provenant d'un procès, à la suite d'un édit du roi, de décembre 1672, qui octroyait certains droits sur les hôpitaux aux seigneurs de Saint-Lazare de Jérusalem et de Notre-Dame de Mont-Carmel, procès soutenu contre les susdits seigneurs, ainsi que contre les consuls de la ville de Cazères, à la date de 1682, par les quatre prieurs de la confrérie Monsieur Saint-Jacques. C'est à cette occasion que la confrérie dut faire un inventaire de ses biens et revenus, car elle ne voulait pas être astreinte à payer l'édit du roi, motif pris de ce que l'hôpital Saint-Jacques était dénué de ressources et qu'il n'était seulement que pour les pèlerins allant à Saint-Jacques de Compostelle. Ce procès fut instruit par M\e de Malapeyre, conseiller du roi, magistrat présidial de Toulouse et commissaire délégué aux affaires du Saint-Lazare en 1682. Ces chevaliers de Saint-Lazare eurent aussi des démêlés avec les consuls de Grenade (Haute-Garonne).

2° *Bassin de Notre-Dame.*

L'association de Notre-Dame était, ce nous semble, une sorte de fabrique ou conseil d'administration de l'église de Cazères, d'autant que l'on trouve dans les vieilles chartes la dénomination d'*ouvriers* de l'église, comme nous disons aujourd'hui *fabriciens*, de l'étymologie latine qui a le même sens, *opera* ou *fabrica*. On a pu voir aussi dans ce récit que parfois ils étaient qualifiés de *marguilliers*; on disait aussi parfois les *bassiniers* de la confrérie Notre-Dame. Nous voyons apparaître pour la première fois l'œuvre de Notre-Dame dans le commencement du seizième siècle (1528) au sujet du moulin de l'Hourride. Ce nom est revenu souvent sous notre plume depuis cette date. Quelquefois l'œuvre est désignée sous le titre de Bassin de la Table de Notre-Dame. Cette administration fut organisée très régulièrement et dut vivre certainement d'une vie autre que les deux confréries de Saint-Jacques et de la Fraternité. Ce conseil était composé de quatre ou six membres.

3° *Fraternité des Prêtres de Cazères.*

Cette dernière confrérie différait sans doute de ses deux sœurs, et ressemblait plutôt à une société de lettrés qu'à un conseil d'administration comme Notre-Dame, ou bien à une association de secours mutuels comme était la Frairie de Saint-Jacques. Elle était composée de prêtres plus ou moins nombreux, ordinairement douze, attirés les uns vers les autres par l'attrait et le commerce des belles-lettres, ainsi que l'étude de la littérature sacrée. Dans le sein de cette association fraternelle devaient se conserver les traditions littéraires et la haute culture intellectuelle. A l'appui de notre dissertation, nous dirons qu'il nous paraît infiniment probable que cet *associé étranger*, auteur de l'*Essay sur les origines de Cazères* en 1786, n'était autre qu'un membre *non-résidant* de la Fraternité cazérienne.

Une autre preuve confirmant notre conjecture qu'il n'était pas indispensable de porter la robe de clerc pour être reçu Fraternitaire nous est fournie par la demande d'admission, au 30 avril 1686, de M. César Tholose (fils de Dominique Tholose, notaire), docteur et avocat en la cour, notaire royal aussi comme son père, et habitant de Cazères. Cet homme distingué adressa à cette date une supplique à MM. les Prêtres de la Fraternité, désirant être reçu à cette confrérie pour profiter de ses grands biens et avantages et promettant en retour de faire gratis les fonctions d'avocat pour la Fraternité.

Nous avons constaté l'existence de la Fraternité pour la première fois :

En 1529 : Arnaud Rosio, seigneur de Picaïgne, fait une fondation d'obit à la Fraternité, avec rente annuelle et perpétuelle qui leur sera payée le jour de Saint-Cizy, 16 août.

1548 : Autre obit pour la Fraternité fondé par Pierre Bodil, suivant acte passé par M⁰ Labonne, notaire de Cazères.

1554 et 1559 : Fondations d'autres obits.

1565 : Pièce de terre appartenant à la Fraternité, vendue par édit du roi Charles IX à Bernard Cazanove avec les formalités requises par le juge mage de Toulouse qui en donna la sentence.

1626 : Legs pieux à la même confrérie par puissante dame de Gondrin-Bellegarde.

1709 : Achat du moulin de l'Hourride à Valentin d'André de Servolles par la Fraternité.

1789 : Nous rencontrons enfin les Fraternitaires pour la dernière fois le 6 septembre 1789, lors de la bénédiction des drapeaux de la garde urbaine, que nous lirons plus loin.

Société de Saint-Sébastien.

On trouve aussi en 1514 la fondation d'une association de négociants cazériens sous le patronage de saint Sébastien, dont nous avons vu les statuts, qui célébrait sa fête le 20 janvier de chaque année et à laquelle nous devons l'institution d'une messe de commémoration pour l'épidémie de suette pestilentielle de 1630 dont nous avons parlé. On célèbre encore la messe du 20 janvier; mais la Société s'est dissoute par voie d'extinction de ses membres actifs.

Temps modernes.

Après cette indispensable digression, il est temps de reprendre la suite de notre histoire pour la dégager le plus tôt possible de la période féodale et par conséquent un peu obscure.

L'industrie s'est beaucoup développée à Cazères depuis la grande Révolution de 1789. En effet, l'activité de notre ville contraste d'une façon très marquée avec la somnolence des autres centres d'habitation de la plaine. La population des campagnes, qui est aujourd'hui très civilisée, ne rappelle guère, par son extérieur et ses allures, cette peinture faite vers le milieu du dernier siècle, en 1744 :

« Il y a dans Cazères environ soixante artisans ou gens de métier, dont la plupart, lorsqu'ils manquent de travail, vont servir de radeliers ou de bateliers sur la Garonne, et presque tous sont obligés de recourir à la charité des fidéles dès qu'ils tombent malades[1]. »

1. *Questionnaire de 1744.*

A l'époque où les consuls de Cazères écrivaient ces lignes, on se plaignait que les privilèges et les droits du duc d'Antin, dernier duc et pair de son nom, seigneur haut justicier, moyen et bas de la ville de Cazères, y paralysaient, particulièrement ses droits de leude[1], l'activité commerciale des habitants. Un lieutenant de juge (*loco*), aussi appelé assesseur consulaire, y rendait la justice en son nom. Après la mort de ce duc, survenue le 13 septembre 1757 à Brême, Cazères rentra dans le domaine du roi, après environ cinq siècles d'aliénation, puisque la réunion du Languedoc à la couronne remonte à l'année 1271.

Ces ducs d'Antin ont dû laisser un mauvais souvenir dans la mémoire de nos pères, car nous surprenons nos consuls en contestation avec le père d'abord, Louis-Antoine d'Antin, en 1726, puis avec le fils, Louis d'Antin, en 1742. Néanmoins, le 18 mars 1726, il survint une transaction entre les parties intéressées, à la suite d'une consultation de l'avocat toulousain Miramon, à la date du 7 janvier 1726, qui mit fin au procès intenté par la communauté au seigneur suzerain et tracassier.

Toutes ces sortes de redevances nous obligent à mentionner un des modes spéciaux de perception de la taille pratiquée par les consuls de Cazères en 1678 et 1744.

2 février 1744 : « Devant la principale porte de l'église, à l'issue de la messe de paroisse, à la réquisi-

---

1. Droits de péage aux barrières, ou sorte d'octroi de nos jours.

tion des consuls, le bayle (précon) de la ville a crié par plusieurs et diverses fois le bail et collecte du livre de la taille des impositions qui doivent se faire la présente année à raison de 14 deniers[1] de rabais pour livre, au rabais et au moins disant. Cette même publication fut faite de la même manière les trois autres dimanches suivants. » A cette époque-là, l'impôt était affermé et la perception en était faite par des fermiers annuels.

1678 : De même en cette dernière année une semblable publication fut faite devant la même grande porte de l'église paroissiale, au son de trompe et à cri, par un ancêtre reculé du carillonneur actuel qui avait nom Jean Amans ; mais le rabais de la taille ne fut, a cette date-là, que de onze deniers par livre.

Mais le seigneur et les consuls urbains n'étaient pas les seuls à prélever des droits sur les habitants ; après eux venait le clergé et son impôt dîmaire. Cette dîme du clergé se partageait entre le curé de Cazères et le chapitre de Rieux, la collation de la cure appartenait à l'évêque du diocèse. Le battage du blé dîmaire se faisait à deux aires dépicatoires : 1° au Bourguet, dans le jardin de la maison Duffaut (Léon), surnommé « l'aëro de la rendo » ; c'était l'aire du chapitre de Rieux ; la dîme du curé de Cazères à la Tourette, sur le sol de Notre-Dame, qui n'est autre que le jardin Monthieu (Camille), dont le terrain fut acquis de la nation en 1792 par les sieurs Caubet (Laurent) et Fort (Pierre-Arnaud), et où se trouvent une porte

---

1. Le *sol* se composait de douze deniers.

intérieure, *dite d'Uzès,* parce que le linteau provient
de la démolition de la petite porte du château de
Cazères, ainsi qu'une gargouille de pierre de taille
rousse dont le dessin figure dans l'*Histoire graphique
de l'ancienne province de Languedoc.*

Cette dernière aire de Notre-Dame était dite « hors
ville » dans un acte de 1683. L'un des deux acqué-
reurs du terrain national (où l'on a trouvé beaucoup de
petite monnaie de cuivre), Caubet, avait été poursuivi
pour un autre jardin, à l'effet de payement de taille,
par le duc d'Uzès, seigneur de Cazères, le 20 décembre 1747. Ce Caubet était sûrement un entêté.

Les six faubourgs de Cazères.

Puisque nous venons de mentionner les noms de
Bourguet et Tourette, c'est le moment de nous étendre
un peu sur ces faubourgs de Cazères, qui constituent
la troisième ville, comme nous l'avons promis au commencement de notre travail.

Nous nous servirons, pour cette description, d'un
document manuscrit qu'on a eu l'obligeance de mettre
à notre disposition, document rédigé par cet *associé
étranger* (sans doute un membre non-résidant de la
Fraternité) sous le titre de *Continuation de la fondation
de Cazères, au diocèse de Rieux.* Ce même lettré était
l'auteur de *l'Essay, en 1786, sur les origines de la
même ville,* et vivait encore, je ne sais où, en 1823.
Évidemment, ce devait être un prêtre, car les diverses

propositions de sa notice sont posées absolument comme les parties d'une thèse théologique et tout émaillées de citations latines.

Nous commencerons par le faubourg de la Base, qui est un des plus anciens certainement, car la rive d'un fleuve a toujours le privilège d'attirer l'habitant qui, voulant échapper à l'enceinte fortifiée, cherche à fixer sa demeure au dehors. De nos jours encore, ne voyons-nous pas rebâtir à la même place des faubourgs entièrement détruits par la grande inondation de 1875? A Toulouse, par exemple, Saint-Cyprien, et à Montréjeau le Bout-du-Pont, deux fois renversé, en 1875 et en 1883. L'eau, sa fraîcheur et son murmure possèdent un charme fascinateur, quoique périlleux.

Ce faubourg de la Base est situé le long de la Garonne et en bas de la côte de la Tourette. Il est très exposé aux ravages des crues extraordinaires de la Garonne. Le nom de *Tourette* a été donné à la rampe qui y conduit, à cause d'une petite tour (*Tourette*) qui se trouvait construite en briques, dans ce quartier, en cul-de-lampe, sur la muraille d'enceinte fortifiée et au retour d'angle formé par le susdit mur entre les deux maisons Galy et Crocherie.

Vient ensuite le *Faubourg* proprement dit, qui forme un demi-cercle à l'entour de la ville et sur lequel débouchent trois portes des fortifications[1]. Sur la

---

1. En 1823, il existait, en effet, une troisième porte de ville, au-dessous de la rue de las Clottes (sur la place du Centenaire), qui n'a disparu que de nos jours, de même qu'en 1810 on voyait debout encore une deuxième tour sur le boulevard, en saillie sur

chaussée même du faubourg, dans les vingt premières années du siècle actuel, se trouvaient complantés, en double allée, quatre-vingts beaux ormeaux qui enfonçaient leurs racines dans le remblai des anciens fossés d'enceinte alors comblés, mais encore visibles en 1683, comme nous l'indique un acte de reconnaissance féodale (inventaire) passé à cette date devant M. François de Valet, juge à Rieux, et consenti par Jean Barus, curé de Cazères à cette époque.

Derrière ce second faubourg, il en est un autre appelé Villeneuve, dans lequel est situé l'hospice de Montserrat, dans le quartier dénommé la Case.

Au-delà du ruisseau l'Hourride, il y a trois autres faubourgs, dont l'un, appelé Tarascon, est fort petit. L'autre, nommé las Caoüiquères, est situé le long du susdit ruisseau et près d'un pont de pierre et briques (près l'hôtel du Midi), sur lequel on passe pour se rendre à Rieux. La chapelle Saint-Jean, l'hôpital de Saint-Jacques, démoli en 1753, et le cimetière qui y sont contigus sont près de ce faubourg. Enfin, plus bas, et près de la Garonne, est le dernier et le plus important faubourg, appelé le Bourguet, où résidaient tous les matelots. Au bout de ce faubourg, à la Croix de l'Olivier, existait une chapelle dédiée à Notre-Dame-de-la-Conception, dite chapelle de Darbas, du nom de son fondateur, dont nous avons vu le testament et pour le service de laquelle il y avait un *obit*, auquel était

le mur d'enceinte, à la hauteur environ de la maison Laurac, tailleur de pierres.

attachée une métairie, vendue en 1789 à un nommé
Cornus aîné, tisserand, originaire de Mondavezan. Elle
s'appelait la métairie de Roudeille. Après l'avoir achetée,
Cornus fit bâtir dans l'intérieur de ce bien une maison,
située à droite et au bord du chemin royal, un peu au-
dessus du bois des Nauzes, dans le territoire de Lavelanet, où ledit Cornus fait sa demeure et vit du revenu
de ce bien qu'il travaille lui-même. Les marguilliers de
l'œuvre de Notre-Dame étaient les collateurs de cet
obit.

Dans ce même faubourg, le chapitre de Rieux possédait une jolie maison et une aire fort spacieuse pour y
faire battre les grains de la dîme. Cette maison et cette
aire furent vendues par l'effet de la Révolution au nommé Duffaut (Pierre), médecin, originaire de Fabas-les-
Religieuses, venu pour s'établir à Cazères et y exercer
son état, deux ans avant l'explosion politique, vers 1787
ou 1788. Les deux immeubles sont contigus et les habitants de Cazères les appelaient, dans leur idiome vulgaire : « *L'aëro de la Rendo.* » Ledit Duffaut, depuis
son acquisition, en a fait son habitation et transformé
l'aire dépicatoire en un beau jardin. Avant sa mort,
survenue en 1819, la susdite maison et son jardin ne
laissaient rien à désirer sous le rapport de la commodité
et de l'agrément.

Il semblerait résulter de la venue, en 1787, de ce
Pierre Duffaut à Cazères, qu'il fut le fondateur de cette
famille dans notre ville ; c'est une erreur, car nous avons
trouvé deux Duffaut faisant partie du conseil politique
de 1719, savoir Louis et Pierre Duffaut.

Après cette promenade nécessaire à travers les six faubourgs de Cazères, il nous souvient que, dans le tableau des consuls du dernier siècle ci-dessus relaté, on voit apparaître soudainement deux noms, les gens de métier et les bateliers, qui prouvent bien que nos compatriotes sont adonnés depuis longues années au négoce et au commerce, puisque, à défaut de chemins de fer, ils utilisaient la voie fluviale pour le transport de leurs marchandises. L'occasion nous paraît bonne pour dire un mot des négociants et surtout des marins qui constituaient, au commencement de ce siècle, une corporation florissante.

Négoce.

Depuis un temps très reculé, les Cazériens sont adonnés au commerce. Déjà, au Moyen-âge, ils possédaient trois foires, ainsi que nous l'avons lu sur la charte d'affranchissement. La pétition des consuls de 1757 représente notre petite ville comme un entrepôt de grains et un centre commercial important; d'autres consuls y signalent, en 1744, l'existence de soixante artisans ou gens de métier, et nous trouvons enfin, dans une assemblée de commerce tenue à Toulouse en 1728, le nom d'un sieur Jean Déban, garde de la draperie de Cazères, de même que Sainte-Croix y était représentée par Joseph Charpentier, Carbonne par Jacques Dupau.

En résumé, les nombreux négociants de ce jour ne sont que les continuateurs du commerce de leurs pères.

Marine.

Quant à la marine, elle avait, au commencement de
ce siècle, une hiérarchie et une organisation particulières.
Le titulaire en était M. Seignan de Sère, qui demeurait
sur le rond-point du faubourg, appelé aujourd'hui place
Lafayette. Une douzaine de bateaux étaient amarrés au
port du Campet; chacun avait son équipage de matelots,
et chaque patron de barque était tenu à l'inscription de
son équipage au commissariat. Un syndic était à la tête
de tous les patrons. Comme on le voit, cette organisation hiérarchique rappelait vaguement le port de mer,
d'autant que tous les matelots étaient soumis à l'inscription maritime. Nos marins avaient adopté pour patronne
sainte Catherine[1] et en célébraient la fête le 25 novembre de chaque année avec grande solennité et force
divertissements. La chronique joyeuse prétend que ce
jour-là les marins devenaient hydrophobes[2].

Le commissaire de marine, M. Seignan de Sère,
quitta Cazères en 1825 pour aller habiter Marseille avec
sa famille, où il mourut peu de temps après, en 1829.
Il ne fut pas remplacé. C'était le frère de ce général de
Sère qui décéda dans la maison Monthieu, sur la place

1. La fête de sainte Catherine se célébrait à Cazères en 1520, de
même sainte Quitterie en 1749, puisque 18 livres étaient affectées
pour les frais des violons « le jour de sainte Quittairie, nostre patronne ».

2. Avoir horreur de l'eau.

de l'Eglise, et fut inhumé à Cazères en 1824, au vieux cimetière Saint-Jean. Les fils de notre commissaire de marine, M. de Sère, vivent encore à Aurignac. L'un, Charles, a été, sous l'Empire, conseiller général de ce canton, et le second, Louis, ex-capitaine d'état-major en retraite, y coule une verte vieillesse, peignant des aquarelles bien réussies, malgré ses quatre-vingts ans. Une sœur, veuve du comte de Castelbajac, habite le château de Beaulieu, dans le Gers.

Comme l'on voit, le commissaire de marine est parti depuis longues années déjà; puis le chemin de fer est venu avec sa rude et puissante concurrence, le nombre des marins cazériens a diminué de jour en jour[1]; mais la fête de la patronne céleste a survécu et au départ du commissaire et à l'établissement de la ligne ferrée, ainsi qu'à la diminution croissante des matelots; seule la terrible inondation de 1875 a pu avoir raison des derniers tenants de sainte Catherine et de la dernière barque de Cazères. Les principaux produits apportés à Toulouse par nos marins étaient le plâtre de Roquefort et le bois de chauffage de la rive droite du fleuve.

Il est temps de parler du point oculaire de notre bourg dont nous avons entrepris d'ébaucher une histoire par les monuments publics, je veux dire les ponts sur le fleuve, le château féodal, le mur d'enceinte fortifiée;

---

1. En juillet 1886, les derniers marins survivants étaient : 1º J.-J. Mourlan, doyen d'âge; 2º Mourlan, chanteur, son frère; 3º Sieutat, père de Sieutat-Mandrin; 4º Bergès, dit Pioulet; 5º Esterlé, dit Cachinole. En 1897, le dernier survivant est Esterlé (Louis), dit Cachinole, passeur du bac de Palaminy.

l'église paroissiale a sa place naturellement indiquée dans notre récit.

C'est un édifice remarquable par son architecture qui appartient au style ogival du quatorzième siècle, avec une jolie porte gothique. Cette porte n'est point placée dans l'axe de la façade, car elle est, pour le spectateur extérieur, portée à gauche. C'est une irrégularité voulue et symbolique en commémoration du Christ mourant sur la croix qui pencha la tête à droite. Le Christ est placé au chœur, et par conséquent regarde la porte d'entrée ogivale qui, pour lui et comme sa tête, penche à droite dans l'intérieur de la nef. De même pour l'arc doubleau de la voûte au-dessus de l'orgue, dont la naissance est abaissée à 1^m10. La concordance de ces deux faits dévoile certainement la pensée intime de l'architecte. La même irrégularité dans l'axe de façade se voit au portail de l'église du Taur à Toulouse.

La porte gothique de notre église fut assez maladroitement couronnée, dans le cours du dix-septième siècle, par deux étages de fenêtres romanes qui, naguère encore, détruisaient l'aspect primitif de la façade. Ces fenêtres masquaient la galerie des cloches qui se trouvait à découvert certainement avant cette addition malheureuse, comme l'indiquent d'une façon péremptoire les deux gargouilles placées au-dessous. Dans ce temps-là, les cloches étaient abritées par un encorbellement.

Mais cet anachronisme architectural vient de disparaître récemment, car il existait depuis le 23 mai 1882 un projet de restauration de la façade dû au crayon intelligent et exercé d'un enfant du pays. J'ai nommé

Démolie en Janvier 1886.
ETAT ACTUEL
1884.
Restauration parachevée
en
octobre 1896.
B
1.72
1.72
Façade sur la place
Coupe transversale
Echelle de 0,005. p. m.
Lib. Privat Toulouse.

M. Hector d'Espouy, jeune architecte plein d'avenir[1]. L'avenir a justifié nos pressentiments; M. d'Espouy a été proclamé grand prix de Rome, dans la section d'architecture, le 2 août de la même année 1884. Mais les travaux de restauration n'ont été complétés qu'en octobre 1890 et parachevés dans le cours de l'année 1896, sous le décanat de M. Achille Goudal, à l'exception des sculptures éventuelles des deux niches et du tympan du portail, dont l'exécution sera confiée, dit-on, à un autre enfant de Cazères, M. Tourte (Frédéric), jeune sculpteur auquel l'avenir sourit, car il aime, comme M. d'Espouy, le travail consciencieux[2].

1. Hector d'Espouy, aujourd'hui voué au culte des beaux-arts, est le descendant d'une vieille famille noble du Béarn, où elle possédait déjà au onzième siècle (1070) la terre seigneuriale d'Espouy ou Espouey, au diocèse de Lescar, sénéchaussée de Pau. Les armes des d'Espouy ont été enregistrées dans l'Armorial de France de 1696 (*Armorial général d'Hozier, généralité de Toulouse,* folio 125). Notre ancien pensionnaire de Rome est l'arrière-petit-fils de ce Sébastien d'Espouy, chevalier, seigneur de la vallée d'Oueil, possesseur du château de Saint-Paul dans la susdite vallée, et de celui de Cierp dans la vallée de Luchon, qui fut député à l'Assemblée de la noblesse du Comminges tenue à Muret en 1789, et le père de Henri d'Espouy, qui épousa à Cazères Catherine Milhas, d'abord, et Rose Bellecourt, ensuite. L'un des quatre fils d'Henri, Léon d'Espouy, occupa la magistrature de paix de Cazères pendant vingt-sept ans et fut le père d'Hector. Au reste, ce siège judiciaire a la spécialité de s'attacher aux personnes, car Cazères a l'honneur de posséder depuis quatorze ans M. Cabanes, le successeur immédiat de d'Espouy.

2. Fit recevoir au Salon de Paris du 5 avril 1899 un groupe intitulé le « Repentir », qui obtint une deuxième médaille, et exécuta les deux statues de la Halle : *Le Semeur* et *la Vénus fruitière.*

Non seulement M. l'abbé Goudal a fait exécuter la restauration de la façade de notre église, mais il l'a encore dotée d'un carillon complet. Passant sur cette terre comme un digne pasteur qui régit aujourd'hui notre paroisse, ce prêtre a su tout à la fois être homme intelligent et homme de bien. En 1901, il a été dignement remplacé par M. l'abbé Emile Espagnat, dont la plume facile et précise se plaît à développer avec méthode le sujet cazérien que nous avons choisi.

Dans ce projet d'Espouy, comme, du reste, dans la restauration du monument aujourd'hui exécutée, les deux tours étaient octogones et semblables, mais n'étaient pas couronnées par des flèches. Des toits peu inclinés en tuiles creuses les recouvraient. L'encorbellement ogival et la galerie des cloches étaient rétablis en briques et pierre pour relier les deux tours; et, en conséquence, les deux étages de fenêtres modernes disparaissaient ainsi que la maison carrée en briques fournissant le logement au carillonneur Amans et qui, avant la construction de la maison commune actuelle, était la mairie des anciens temps, servant tout à la fois de salle d'école et de prison, pour la partie du moins engagée dans la tour octogone, avec petite lucarne sur place. Nous avons trouvé, en effet, sur un vieux document que la communauté urbaine payait une location annuelle de 6 livres à la Fraternité pour la prison publique. C'est un fait accompli aujourd'hui et non plus un projet. Ce vestige municipal des anciens jours vient de disparaître à jamais dans le cours de l'année 1897, et sur son emplacement s'élève une croix de fer rappelant la Mission de 1806, au milieu d'un petit square, entouré d'une grille.

Sur la grand'rue du Bourguet, l'observateur aperçoit aussi une relique antique : c'est la croix de pierre qui était placée sur la porte d'entrée, au sud-est, de l'ancien cimetière Saint-Jean[1]. Elle est enchâssée dans le mur et surmonte une porte ogivale toujours fermée qui existe à la façade nord et près de l'angle nord-ouest de notre église. Dans l'intérieur de l'église, on peut remarquer une très jolie chaire en bois de noyer, habilement exécutée en 1884, sur les plans de M. d'Espouy, par les Martin, père et fils. Martin père manie le rabot et la plume avec autant d'aisance que le fils se sert du crayon comme chercheur industriel. Cette chaire est dans le style gothique du quatorzième siècle et affecte la forme d'une tribune rectangulaire ; quant aux statuettes en bois de noyer aussi qui la décorent, elles ont été exécutées à Paris, sous la direction de M. Hector d'Espouy.

Dans les fonts baptismaux on a conservé une élégante piscine de pierre délicatement sculptée dont la margelle porte cette légende en caractères gothiques : *Fuit illud vas completum ad honorem Domini et beatæ Mariæ, anno Domini MCCCXX, quarto die mensis Julii*[2]. Cette piscine était placée en 1754 dans la tour opposée à l'escalier du clocher. La date du 4 juillet 1320 assignée par ce monument à la consécration des fonts baptismaux

1. Le cimetière Saint-Jean existait en 1466.
2. « Ce vase a été achevé en l'honneur de Notre-Seigneur et de la bienheureuse Marie, l'an du Seigneur 1320, et le quatrième jour du mois de juillet. »

indique, à quelques années près, l'âge même de l'église. Elle a du reste tant d'analogie architecturale avec les églises de Rieux-Volvestre et du Taur de Toulouse qu'elle doit être leur contemporaine.

Quant à la spirale aiguë figurée sur la gravure ci-dessus et dont la silhouette ne pouvait échapper aux regards du voyageur, nous devons dire, pour la tranquillité des archéologues, qu'elle remontait simplement à l'an de grâce 1828. Elle remplaçait une des deux flèches d'ardoise qui surmontaient, avant la Révolution, les deux tours octogones de la façade, jadis à demi noyées dans une maçonnerie vulgaire, mais qui viennent d'être dégagées par l'exécution complète du plan de restauration d'Espouy.

L'église actuelle remonte donc aux premières années du quatorzième siècle; mais elle fut bâtie sur l'emplacement d'une beaucoup plus ancienne, dont la chapelle de Notre-Dame [1] aurait été le sanctuaire et celle du Sacré-Cœur la porte d'entrée. C'était là indubitablement l'église des premiers habitants de Cazères, des descendants relativement immédiats de ces Ibères colonisateurs qui vinrent fonder ou agrandir la petite Barrade au confluent du ruisseau et du fleuve. Elle était, comme la contemporaine du reste, sous le vocable de Notre-Dame. La ville de Cazères, au contraire, a pour patronne sainte Quitterie, comme l'indique cette vieille annotation : « La communauté de Cazères possédait, en 1749, 3,649 livres

---

1. En faisant des travaux de restauration à la chapelle du Sacré-Cœur en 1863, on mit à découvert l'arceau *roman* de la porte d'entrée donnant sur la grand'rue du pont du Bourguet.

de revenu, sur laquelle somme il était prélevé celle de
18 livres pour les frais de violons le jour de Sainte-
Quitterie, nostre patronne » d'origine espagnole.

C'est probablement en souvenir de cet antique sanctuaire et surtout de son auguste dédicace que la tradition religieuse avait conservé jusqu'à nos jours la dévotion locale des cierges le 8 septembre, jour de la Nati-
vité de la Vierge. Ce jour-là, en effet, voyait accourir
un grand concours de fidèles, voire même de pèlerins
étrangers, qui s'agenouillaient à l'entrée de la nef, près
du bénitier, et se traînaient dans cette humble posture
et un cierge allumé à la main jusqu'à la chapelle de
Notre-Dame où, leurs prières finies, ils déposaient leur
cierge et leur obole dans un bassin aux pieds de la
Vierge.

Au bas de cette chapelle de la Vierge et sur les bords
de la Garonne se trouve, dans une petite grotte, une
ancienne fontaine miraculeuse, ayant nom *Louliba* et
portant sur le linteau de son orifice la date de 1665 qui
est aussi rapportée sur le tableau à l'huile appendu dans
l'intérieur de la chapelle : 1665 ; autre date juxtaposée :
1684. La fontaine de Bourguet porte la date de 1562.

Récemment, cette dévotion et cette fontaine de la
grotte ont été restaurées et embellies par les soins de
M. le curé Goudal.

Sépulture de noble de Tournemire, escuyer.

Autrefois, on avait l'habitude d'inhumer dans l'intérieur des églises, et dans celle de Cazères en particu-

lier il existait un certain nombre de sépultures privées appartenant à des familles de la localité. Lorsqu'on abaissa le sol de la nef, il y a une trentaine d'années, le conseil de fabrique fit recueillir tous ces ossements humains pour les déposer dans un caveau creusé dans le chœur, devant le maître-autel. C'est l'inscription tombale d'une de ces sépultures, celle de noble escuyer de Tournemire, que le lecteur peut contempler sur la gravure ci-contre. Rachac était sa seigneurie. Le capitaine de Tournemire décéda en 1614 et fut inhumé dans la chapelle Saint-Crépin, au pied de l'autel. L'écusson armorial que l'on voit est sur champ d'azur, à la tour d'argent maçonnée et ajourée de sable, accompagnée de douze mouchetures d'hermine d'argent, posées en orle, au chef cousu d'azur, chargé de trois étoiles d'or. Couronne de comte. Supports : deux hermines (effacées sur la pierre).

Un autre de Tournemire, noble Antoine de Tournemire, escuyer, vivait à Cazères en 1683. Rachac était incorporé dans la commune de Saint-Cizy. Cette famille, originaire du Toulousain, a eu plusieurs fois depuis 1472 les honneurs du capitoulat. Elle fut maintenue dans sa noblesse, en ses différentes branches, par l'intendant de Languedoc de 1669. Un seigneur de Tournemire fut admis aux honneurs de la cour le 30 mars 1785.

Les seigneuries de cette noble famille étaient : Pouze, Novital, Raishac (actuellement la propriété de M. Pierre Duffaut, de Cazères), Lacroix-Falgarde, etc., etc. Ces deux dernières seigneuries furent dénombrées par Fran-

Longueur de la pierre _______ 2 mètres
Largeur _ d.° _ d.° _________ 0.^m80
Epaisseur d.° _ d.° ________ 0.16
Longueur de l'inscription ____0.94
___ d.° _ de l'écusson ______ 0.27
Largeur ______ d.° _________ 0.23

çois de Tournemire, devant les capitouls, le 23 janvier 1727. Il rendit aussi hommage pour ses deux autres terres.

Nous pensons que cette famille est éteinte aujourd'hui, ou du moins tombée en quenouille dans la maison Adoue de Sailhas.

Bénédiction des deux drapeaux de la garde nationale.

Nous venons de parler et de l'antique église de la ville Barrade et du sanctuaire actuel que M. d'Espouy vient de restaurer, avec le concours de Bernard Dubois, entrepreneur des travaux ; c'est le moment de raconter une cérémonie qui y fut célébrée au seuil de l'époque contemporaine. Ce fut un épisode local de la grande Révolution à son aurore, un peu belliqueux mais surtout religieux et patriotique dans la bonne acception du terme, c'est-à-dire la fusion des classes sur le terrain national ; nous allons décrire la bénédiction de deux drapeaux de la garde urbaine. Cléricalisme et laïcisme étaient inconnus et la maçonnerie était ombreuse.

Le 6 septembre 1789, dans l'intérêt de la tranquillité publique et pour bénir les enseignes de la milice bourgeoise chargée d'y veiller, eut lieu la cérémonie suivante dont des documents de l'époque nous ont conservé la relation :

« L'an mil sept cent quatre-vingt-neuf et le sixième jour du mois de septembre, jour de dimanche, à l'issue des vêpres, en la ville de Cazères, ont été assemblés sur la place d'armes, au-devant de l'église paroissiale, après avoir fait battre la générale, tous MM. les officiers composant la milice bourgeoise formée en ladite ville avec l'approbation de M. le Commandant de la province, savoir : M. le marquis de Montberaut [1], chevalier de Saint-Louis, général nommé de la dite milice ; M. Milhas père, colonel ; M. Maylin aîné [2], major ; M. Penent cadet, aide-major.

Première compagnie.

« MM. Doumeng, capitaine ; Penent aîné, lieutenant ; Pérès et Massol, sergents ; Philippe Monthieu [3] et Jean Laurens, caporaux, assistés de vingt hommes sous les armes.

Deuxième compagnie.

« MM. Darbas aîné, capitaine ; Besse, lieutenant ; Morère, sous-lieutenant ; Lagrange et Cabardos, sergents ;

1. Grand-père maternel de M. d'Ustou, bisaïeul de Mme de Courrèges, du château de Labernède, et syndic de la noblesse « terrienne » de bienstenants ; de même que nous avons trouvé en 1739 un noble Joseph de Bazon, seigneur de Montberaut, syndic de la noblesse de bienstenants, assister à la reddition des comptes de l'administration consulaire de 1730, composée des consuls Besse, Fauré, Pérès et Lahille. De Bazon signa : *Palaminy, sindic.*

2. Cette famille Maylin occupait un certain rang à Cazères. Le Bureau de bienfaisance compte au nom de ses bienfaiteurs un Maylin qui lui légua des bois assez considérables situés dans la commune de Fabas (Ariège) et dont M. le général de Saint-Paul devint acquéreur, par suite de leur aliénation par le Bureau des pauvres.

3. Frère de Laurent Monthieu et de Bernard Monthieu, et oncle de Hilaire-Bernard, aïeul de l'auteur.

Jacques Robert et Paul Lamezan, caporaux, assistés
de douze hommes sous les armes.

Troisième compagnie.

« MM. Darbas cadet, capitaine ; Lahille, lieutenant ;
Bernard Monthieu [1], sous-lieutenant ; Ferran cadet et
François Amans, sergents ; Sancan aîné et Baptiste
Boyer, caporaux, assistés de douze hommes sous les
armes.

Quatrième compagnie.

« MM. Débant, notaire, capitaine ; Bedel, lieutenant ;
Bernard Milhas, sous-lieutenant ; Paul Doumeng et
Thomas Cazabon, sergents ; Dumont et Joseph Abadie
Labailloque, caporaux, assistés de quinze hommes sous
les armes.

Cinquième compagnie.

« MM. Darbon, capitaine ; Ferran aîné, lieutenant ;
Germain, sous-lieutenant ; Débant Vidian et Baptiste
Lamezan, sergents ; Lacroix fils et Caubet-Garrabot,
caporaux, assistés de douze hommes sous les armes.

Sixième et dernière compagnie.

« MM. Soulages, capitaine ; Mayssent, lieutenant ;
Milhas fils [2], sous-lieutenant ; Baptiste Siadous [3] et Ar-

---

1 Bernard Monthieu, bisaïeul de l'auteur.
2. Fils du colonel.
3. Aïeul de Siadous (Bernard), le maire de 1888.

gut père, sergents ; Jean-Pierre Débant et Paul Desbiaux, caporaux, assistés de dix hommes sous les armes, et un peuple très nombreux sans armes.

« Tous les susdits officiers et hommes-citoyens[1] de la ville sous les armes sont entrés, rangés en bon ordre, dans ladite église, avec les sieurs Laye fils aîné, portant un drapeau, et M. Fauré, fils cadet de M. Fauré, notaire, portant un autre drapeau, tous les deux y ayant les armes de la ville, pour faire faire la bénédiction desdits deux drapeaux.

« Et étant parvenus au-devant du maître-autel de ladite église, tous lesdits officiers se sont rangés dans le sanctuaire et les hommes sous les armes dans la nef, lesdits sieurs Laye et Fauré tenant leurs drapeaux se sont placés, l'un à droite et l'autre à gauche de la première marche dudit maître-autel où est arrivé M⁰ Dubosc, *docteur en théologie*, curé de ladite ville, assisté de deux chapiers et de tous MM. les prêtres composant la Fraternité de ladite ville revêtus de leurs surplis. Ledit M⁰ Dubosc revêtu de ses habits curiaux, assis au milieu du marchepied dudit maître-autel, et, s'étant levé, a fait la bénédiction des susdits drapeaux, avec toute la solennité qu'exige une pareille cérémonie et les a pris ensuite et rendus aux sieurs Laye et Fauré et leur a donné le baiser de paix.

« Et après cette cérémonie faite, tous les susdits officiers et troupe de milice bourgeoise, toujours sous les armes, seraient revenus dans le même ordre sur ladite

1. Ce mot indique la transition d'une époque à l'autre.

place d'armes, accompagnés de MM. Laye, premier *consul-maire*, Débant, lieutenant du maire, Siadous[1] et Siurac (Paul), consuls en exercice, et après eux ledit M° Dubosc, curé, et lesdits prêtres de la Fraternité avec les deux chapiers qui s'y sont aussi rendus procession-nellement.

« En présence de tous lesquels assemblés et pour se conformer au verbal de l'Assemblée nationale du 10 août dernier et de la déclaration du Roy du 14 dudit, concernant le rétablissement de l'ordre et de la tranquillité publique, et en exécution de ladite déclaration et du susdit verbal, le sieur marquis de Montberaut, général de la milice bourgeoise, a prêté entre les mains du sieur Laye, premier consul-maire, le serment y énoncé, et en ce faisant chacun, hautement et publiquement promis et juré d'être fidèles à la Nation, au Roy et à la Loi.

« Et ensuite tous les susdits hommes-citoyens sous les armes formant les susdites six compagnies au nombre de 81 miliciens, du mandement dudit sieur maire, ont tous levé la main, ont hautement et publiquement promis et juré de ne jamais abandonner leurs drapeaux, d'être toujours fidèles à la Nation, au Roy et à la Loi, et de se conformer aux règles de la discipline militaire.

« Après le serment prêté, tous les susdits officiers et troupe bourgeoise, précédés de la croix de la paroisse, desdits sieurs prêtres et curés, et desdits sieurs maire-et consuls, sont rentrés dans ladite église dans le même ordre qu'ils en étaient sortis, où il a été chanté le

---

1. Bisaïeul de Siadous (Bernard), le maire de 1888.

Te Deum en actions de grâces, et de tout ci-dessus a
été dressé le présent procès-verbal, qu'en témoignage
de ce a été signé de tous les sachants et du greffier
consulaire (secrétaire de la mairie), les jour, mois et
an que dessus. Guillaume Surgès, secrétaire-greffier ;
suivent trois signatures de prêtres, celles des quatre
consuls, et vingt-six d'officiers ou sous-officiers [1]. »

Cette milice bourgeoise existait à Cazères depuis au
moins cent ans, puisque nous trouvons à la date de 1691
un capitaine de la milice ayant nom Camparant ; mais
elle n'a pas laissé de trace apparente dans nos annales,
tandis qu'en cette journée d'automne de 1789 elle offrit
un exemple d'union fraternitaire trop rare de nos jours.
En effet, ce 6 septembre-là, ces hommes-citoyens donnèrent à la ville de Cazères une leçon admirable de
concentration unitaire sur le terrain patriotique et religieux, concentration bien préférable à la formule de
conjonction parlementaiee et *hétérogène* de nos jours
préconisée par les Ranc, Pelletan et Bourgeois, sur le
terrain radical d'abord, et puis socialiste finalement, et
dont le résultat indéniable est de livrer aux radicaux le
gouvernement *occulte* et effectif, en même temps que
l'avantage de *l'opposition publique* dans le Parlement.

---

1. Nous possédons un siècle de procès-verbaux du *corps* municipal ; nos registres commencent à 1783 ainsi que quelques
comptes de la confrérie de M. Saint-Jacques. Enfin, les registres
de l'état civil commencent à 1631, tandis qu'à la mairie de Palaminy, notre voisine, il existe dans un parfait état de conservation
le Terrier relié en bois faisant mention du dénombrement de 1672.
avec les registres des délibérations des consuls datant de 1693.

En effet, une expérience déjà ancienne (1888), basée sur des faits d'observation, nous apprend que les radicaux ont toujours préféré se concentrer avec les socialistes qu'avec les républicains de *gouvernement*. Et en résumé, le 24 juin 1894 à Lyon, le poignard de Caserio a porté un coup mortel à la concentration radicale en pénétrant dans le sein du regretté président Carnot, l'élu de la concentration au Congrès de Versailles de 1887, pays légal de 900 électeurs à peine.

Dans ce temps-là, en 1789, on croyait en Dieu, on aimait la nature dans ses beautés, et on pensait aux Droits de l'Homme. Ils n'étaient pas loin aussi les croyants à la Patrie, les héroïques volontaires de 92 !!!... Et certainement, l'homme qui sait croire[1], aimer et penser est meilleur.

Monastère de religieux Capucins.

Si nous sortons de l'église paroissiale après cette cérémonie de la bénédiction des drapeaux, nous, chroniqueur errant, constaterons qu'avant la Révolution, Cazères possédait, outre la paroisse, un monastère de Capucins, fondé au commencement du dix-septième siècle, en 1619. La ville contribua pour trois mille li-

---

1. Voir plus loin une simple réflexion sur la croyance en Dieu, aussi nécessaire à l'Humanité que la République est nécessaire à la Liberté et César à l'Autorité, moins sympathique à la Licence que Liberté. Or, la Liberté est l'aimant qui ramène les sympathies à César.

vres à la dépense de cette fondation, qui ne fut achevée qu'après la peste de 1630, selon le vœu qu'en firent les habitants effrayés et décimés par la terrible épidémie. En 1792, cet établissement religieux subit le sort commun et fut vendu à l'enchère. Plusieurs honorables citoyens en devinrent adjudicataires pour le sauver de la destruction et conserver la chapelle dont le commencement de construction remonte à 1619. Ces hommes de dévouement étaient au nombre de quatorze, parmi lesquels nous trouvons les noms de Darbas (c'est traditionnel), Argut, Laye, Penent, Ferran, Milhas, Besse, Lougarre. Les propriétaires de cet édifice en firent don, en 1826, à la fabrique de l'église paroissiale, sous la condition expresse qu'elle l'entretiendrait et y ferait célébrer une messe tous les dimanches et fêtes. Dans un second acte de donation, à la date de 1846, les mêmes personnes abandonnèrent les bâtiments du cloître et du monastère suivant acte retenu par Me Lierre, notaire à Martres-Tolosane, suivi d'un autre acte à la date de 1859 retenu par Louis Penent.

La chapelle et le couvent des anciens Capucins, dont le dernier, l'abbé Mayssent, alla mourir curé de Couladère, sont aujourd'hui occupés par les dames du Saint-Nom-de-Jésus, qui tiennent un pensionnat de demoiselles. C'est en 1853 que l'antique monastère reçut la destination actuelle. Dans ce but, le conseil municipal vota une somme de 10,000 francs pour les travaux de restauration. M. l'abbé Charles Dupeyron est l'aumônier du couvent depuis quarante ans.

En ces années 1852-53, notre Cazères subit une transformation profonde ; il est saisi comme d'une espèce d'ardeur fébrile d'innovation et de destruction du passé. Le régime politique venait de changer, et une nouvelle municipalité, selon l'usage, voulut tracer un sillon personnel.

Dames du Saint-Nom-de-Jésus et Frères de la Doctrine chrétienne.

Pour donner l'instruction primaire aux enfants, on appelle les Frères et les Dames qui occupent le couvent ; on construit sur l'Hourride le Pont-Rond, qui a le mérite de la difficulté vaincue, et qui vient d'être supprimé, sous la municipalité Siadous, par une voûte allant du pont de 1600 à la maison Revel ; d'un autre côté, on fait la translation des ossements du vieux cimetière Saint-Jean au champ du repos actuel, et la commune enfin commet la faute irréparable de laisser démolir l'ancien château féodal qui aurait pu servir d'hôtel de ville ou mieux de caserne de gendarmerie. Perte à jamais regrettable !... et d'autant plus regrettable que ce château était le plus vieux monument de Cazères, et qu'il nous demeurait, après avoir franchi la tourmente révolutionnaire, comme un témoin immuable de tout un passé historique dont lui seul gardait le secret. Peut-être que notre brochure, venant au jour plus tôt, aurait servi à le préserver du désastre ! ! !

Nous ne voulons pas cependant arriver aux événements contemporains sans essayer d'esquisser à grands traits une sorte de notice généalogique sur les divers possesseurs de ce manoir féodal, que nous trouvons pour la première fois, en 1139, entre les mains d'un comte de Comminges-Aspet, et pour la dernière, en 1710, en la possession d'un duc d'Uzès, héritier de toute une lignée de nobles seigneurs.

Mais au moment de faire l'historique de toute une généalogie de grands seigneurs ainsi que de leurs alliances illustres, il nous paraît intéressant de mettre à profit une heureuse circonstance qui a mis sous nos yeux un manuscrit de 1679, je veux dire un contrat de mariage passé par Me Dominique Tholoze, notaire, et d'en donner un extrait analytique qui permettra à nos lecteurs de voir défiler devant eux toute l'aristocratie de la banlieue à cette époque déjà lointaine. Ce tableau sera tout à fait local, tandis que la généalogie de nos seigneurs suzerains est un peu exotique. En outre, ce récit aura l'avantage de compléter la série des réunions diverses dont nous avons voulu conserver la physionomie à nos descendants : 1º réunion agricole du Plan, sous la forme effacée de suppliants, pour exposer à un intendant les misères de l'agriculture dans les premières années du dix-huitième siècle; réunion absolument populaire de Palaminy, pour défendre les droits de la communauté; 3º réunion de milice bourgeoise à Cazères, pour prêter serment de fidélité à la nation et au roi; 4º enfin, réunion aristocratique et tout à fait exceptionnelle dans l'étude du susdit notaire Tholozé, qui, comme on va le voir, devait être encombrée de clients ce jour-là, 1er mars 1679.

Pactes de mariage d'antre Messire Pierre de Béon, seigneur de La Palu, et dame Jeanne-Françoise de Mauléon de Durban, 1er mars 1679. (Contrat de mariage.)

En l'étude de Mᵉ Dominique Tholoze, notaire royal, le 1er mars 1679, eurent lieu les pactes de Messire Pierre de Léon, seigneur de La Palu, fils de Messire Jean-Antoine de Léon et de Dame Anne-Marguerite de Mausencour;

Et de Demoiselle Jeanne-Françoise de Mauléon de Durban, fille de feu Messire Timoléon de Mauléon et de Dame Jeanne-Rose de Mauléon-Saint-Paul et Saman.

Les témoins de ce mariage, qui étaient tous présents, furent, pour Messire de Léon : Messire Rogé de Noé, marquis du dit lieu; Messire Gaston de Sirgan, seigneur vicomte d'Aire; Messire Jean Denis de Barrau, seigneur et baron de Benque et Parron, ainsi que du château de Picaïgne; Messire Rogier de Montaut-Saint-Civié, baron de Montaut; Messire Henry de Barrau, seigneur de Montagut ; Alexandre-François de Lasséran de Monluc, seigneur de Mausencour; Bernard de Castelbajac, sieur de Tajan; Jean de Barrau, Joseph de Léon, François de Rabaudy de Montoussin, et autres plus proches parents et amis, d'une part;

Demoiselle Françoise de Mauléon de Durban était assistée de Messire Jean-François de Mauléon, seigneur et baron de Durban, son frère; de Dame Anne de Mauléon de Durban, épouse du seigneur de Moncaup; Demoiselle Marie de Mauléon-Saint-Paul de Durban; Demoiselle Jeanne de Mauléon de Durban; Dame Catherine de Mauléon de Durban, épouse du seigneur de Binos, ses sœurs; Demoiselle Anne de Baudomour, épouse du seigneur de Mancioux; Demoiselle Françoise de Beaudomour de Taurignan; Jeanne-Anne de Génibrouse, épouse de Messire Nicolas de Rabaudy, conseiller au Parlement de Toulouse;

Messire François de Guy, seigneur de Moncaup; Messire Jean de Biros, son beau-frère; Messires Jean-François et Bertrand de Gabarret, seigneurs de Saint-Léon; Messire Jean-François de Commenges, seigneur de Mancioux; Messire Paul-Gabriel de Mauléon, vicomte de Couserans; Messire Bernard de Baudomour, baron de Taurignan; Messire Jean d'Ustou, seigneur de la Comère; noble Gabriel de Benque, prieur de Saint-Laurens, et leurs autres proches parents et amis, d'autre part.

Constitution de la dot de la jeune fiancée.

Le château de Baluet et Binos en dépendant, avec les bestiaux, cabaux existants et métairies d'une valeur d'augmentation et d'amélioration, semences et généralement tout ce que la demoiselle Jeanne Françoise de Mauléon, future épouse, y peut prétendre, sans réservation aucune, avec faculté au seigneur de La Palu de vendre ou *anguager*, à la charge par lui de reconnaître l'argent provenant de ces aliénations sur tous ses biens;

La future épouse se constitue, en outre, la somme de cinq mille livres pour le prix des meubles qu'elle apporte et qui ont été *aprétiés* à la dite somme; se réservant la dite Françoise de Mauléon que tous ses autres biens, avec les fruits qui en proviendront, lui seront paraphernaux.

La célébration du mariage n'eut pas lieu immédiatement, car, à la date du 29 avril suivant, survint un acte complémentaire du contrat ci-dessus, par lequel la future épouse se constituait un supplément de dot en argent de 6,000 livres provenant du reliquat de ses droits sur la succession de feue dame de Mauléon de Durban, sa mère, plus la somme de 2,500 livres provenant de sa tante, feue dame de Montoussin.

Témoins instrumentaires qui signèrent l'acte du 1er mars et le contrat d'ampliation du 29 avril.

Présans : Mes Jean Raymond de Laborie, docteur et advocat; Me Arnaud de Salvat, docteur et advocat en Parleman; Me Pierre Darbas, prêtre et curé de Gensac; Gabriel Mauri, prêtre et vicaire, et Guillaume Maïssent, marchand, habitant dudit *Caserres*; Me Jean Barus, prêtre et curé de Casères, bachelier en théologie; Me Arnaud Salvat, docteur ès droit, habitant de Saint-Lizier; Jean-Louis Barus, Dominique Durrieu et Jean Maillol, marchands, signés à la Cède, avec parties et moy, Dominique Tholoze, notaire royal de la ville de Casères requis, soussigné et réservé en icelles.

Ce château de Baluet a disparu depuis longtemps, mais son souvenir est resté parmi les habitants de la plaine, du côté de Mondavezan; il était situé dans le voisinage des deux métairies de la Bordegrosse et de Lachapelle, cette dernière appartenant à M. Léon Duffaut, ancien conseiller d'arrondissement et ex-capitaine de mobilisés en 1870. Ce nom de château trépassé éveille dans l'esprit de l'auteur la pensée d'une autre demeure seigneuriale de la plaine, existant encore à l'état de squelette de briques délabré et habité jadis par la famille de Hunaud, alliée aux de Vise, seigneurs de Couladère. Nous avons nommé le château de Larrouset, dont le seigneur possédait, au reste, une maison à Cazères. Le hasard, un peu aidé par nous, a placé entre nos mains le contrat de mariage de J.-Paul de

Hunaud, l'un de ses derniers possesseurs, et nous nous empressons de le mettre sous les yeux de nos lecteurs, pour faire le-pendant des actes matrimoniaux du seigneur Léon de La Palu, devenu propriétaire, par son alliance avec les Mauléon-Durban, du château de Baluet.

Mais au préalable nous devons intercaler le contrat de mariage du fils du notaire Dominique Tholoze, ci-dessus nommé, qui épousa, neuf ans après la réunion aristocratique du 1er mars 1679, l'une des assistantes, Marie de Biros, qui suit :

22 février 1688.

Actes de mariage de Maître Cézar Tholose, notaire, avocat en la cour, fils de feu Dominique Tholose, ex-notaire de Cazères, et de Marie Fournié. assistés de Jean-Jacques Tholose, bourgeois de Palaminy, son oncle paternel, de Dominique Fournié, prêtre et vicaire dudit lieu, des sieurs Gabriel et Nicolas Tholose, marchands dudit Cazères, ses cousins germains, d'une part ;

Et Demoiselle Marie de Biros, fille de Jean-Germain de Biros et Demoiselle Jeanne de Bugat, habitants de Cazères, père et mère de la fiancée, assistés des sieurs Jean et Charles de Biros, ses frères, noble Etienne de Comère, de Joseph de Carsalade, conseiller du roy, son procureur en la judicature de Rieux, M. Joseph Juncéria [1], docteur en médecine, et autres ses parents et amis, d'autre part ;

« Lesquelles parties, honorées de la présence de Messire Jean-François de Tersac de Montberaut, chevalier de l'ordre de Saint-Jean-de-Jérusalem ; de Messire Jean-André de Biros, seigneur du Jardin et autres lieux, et de

---

1. Fils de Gabriel Juncéria, médecin, propriétaire de la maison Débant.

Dame Catherine de Mauléon de Durban, mariés, promirent mutuellement de se prendre et unir en légitime mariage, etc. »

Ces fêtes de mariage, assez brillantes, eurent un bien triste lendemain, car après trois années écoulées, en 1691, César Tholose, notaire, avocat à la cour, eut des démêlés très sérieux avec dom Louis Montégut, premier de ce nom, syndic de l'hospice de Montserrat, au qurtier de la Case, et fut condamné, à la suite d'un procès retentissant, à dix années de bannissement en Espagne.

Contrat de mariage entre haut et puissant seigneur Jean-Paul de Hunaud, et Demoiselle Andrée d'Espagne de Ramefort.

1er juillet 1750.

L'an mil sept cent cinquante et le premier jour du mois de juillet, après midi, dans le château seigneurial de Ramefort, au diocèse de Comminges, sénéchaussée de Toulouse, devant Me Débant, avocat en Parlement et notaire royal de la ville de Cazères, au diocèse de Rieux, a été constitué en sa personne haut et puissant seigneur Jean-Paul de Hunaud, seigneur de Larrouset, des Caragnous[1], de Gousens et autres lieux, habitant dans son château de Larrouset, fils de défunt haut et puissant seigneur Jean de Hunaud, seigneur desdits lieux, et de haute et puissante Dame Jeanne de Bellissens de Durban, assisté de Messire Gaspard de Roquemaurel de Lisle, chanoine dignitaire de la cathédrale de Couzerans, vicaire général et official du même diocèse, habitant de Saint-Lizier, agissant comme

____

1. Les Gargailloux.

procureur fondé de ladite Dame de Bellissens, douairière de Hunaud, mère du futur époux ; de haut et puissant seigneur François-Joseph de Vise [1], seigneur de Couladère et autres lieux, et de haut et puissant seigneur François de Timbrune, comte de Valence, seigneur de Boussan, Terrebasse et autres lieux, d'une part ;

Et Demoiselle Andrée d'Espagne, fille de haut et puissant seigneur Joseph-André d'Espagne, baron et seigneur de Ramefort [2], Cassagnabère, Peyrouset, Seiglan, Saleneuve et autres lieux, et de haute et puissante Dame Françoise Dorbessan, assistée desdits seigneurs et Dame ses père et mère, de haut et puissant seigneur Charles d'Espagne, baron de Ramefort, habitants au présent château, de Messire Henry-Bernard le marquis d'Espagne, son frère, de Messire George-Gabriel d'Espagne et de la Dame son épouse, ses oncles et tante, de Messire Jean-Paul de Lamezan, cy-devant capitaine dans le régiment de Touraine, chevalier de l'ordre militaire de Saint-Louis et pensionné du roy, son oncle, de Messire Louis de Saint-Pastou, seigneur de Sallevin, de haut et puissant seigneur François Dastorg, seigneur de Montbartier, et de haute et puissante Dame Marie de Soulas, épouse de haut et puissant seigneur Bernard de Comminges, baron de Saint-Lary, seigneur dudit lieu, Sainte-Araille et Biane, chevalier de l'ordre royal et militaire de Saint-Louis et lieutenant-colonel de dragons au régiment de Carman, et Demoiselle Louise-Marianne Dupuy, et autres tous ses parents et amis, d'autre part.

1. Mari d'Augustine de Hunaud, sœur de Paul de Hunaud, le fiancé ci-dessus.

2. Château situé près de Cassagnabère (Haute-Garonne) ; c'était un rameau de la puissante race des Montespan.

Constitution de la dot de la jeune fiancée.

En contemplation dudit mariage, les père, mère et oncle Charles d'Espagne constituèrent en dot à la future épouse la somme de vingt mille livres, savoir : du chef de l'oncle, six mille livres ; du chef du père, huit mille livres et les six mille livres restantes du chef de la mère. Sur ce capital important pour l'époque, onze mille livres furent payées comptant au seigneur Paul de Hunaud, dont trois mille par l'oncle Charles et huit mille par le père Joseph-André d'Espagne, en vue du notaire et des témoins, « en espèces de quatre cent cinquante-huit louis d'or de vingt-quatre livres pièce, un écu de six livres et quarante sols monnoye », dont le seigneur de Hunaud se déclara satisfait, et fournit reconnaissance légale sur tous ses biens présents et à venir. Quant aux neuf mille francs restant dus, ils n'étaient exigibles qu'au décès de l'oncle et de la mère, Françoise Dorbessan, avec l'intérêt légal à partir du jour du contrat.

*Donation de la dame de Bellissens, douairière
de Hunaud.*

Dans ce même acte, la mère du seigneur de Larrouset fit donation de la moitié de tous ses biens et droits en faveur d'un des enfants mâles dont elle réserva la nomination, et par donation entre vifs du surplus et restant de tous ses biens en faveur du seigneur de Hunaud, son fils, à la charge par lui de payer à Jean de Hunaud, son frère, lieutenant au Royal-artillerie, au service de Sa Majesté, la somme de quatre mille livres « pour tout droit de légitime », mais après le décès de la mère. La donatrice réserva aussi un appartement convenable au château de Larrouset, du bois de chauffage, une femme de chambre, l'entretien suivant sa qualité de mère du seigneur du lieu et une pension annuelle de 120 livres, sa vie durant. En cas de séparation, le seigneur de Hunaud était tenu de laisser à sa mère la jouissance de son appartement, ainsi que celle de la métairie de Clarac et de la vigne située en Cazères, au quartier de Saint-Vincent. Le chanoine de Roquemaurel était le mandataire de la douairière de Hunaud.

Témoins qui signèrent à la Cède.

Fait, lu et passé en présence de Me François Dabeaux. prêtre et bachelier en théologie et curé du lieu de Cassagnabère, y résidant, et de M. Me Bertrand Dufaur, conseiller du roi, son juge en chef au siège de Boulogne, soussignés avec parties, assistants et nous notaire. Deux donations furent faites dans le même acte.

Dans le même contrat, M. de Hunaud estima tous ses biens à la valeur de 22,000 livres.

Voilà la série des mariages close. Sans sortir du milieu aristocratique dans lequel l'auteur a évolué pendant quelques heures, nous revenons aisément à la suite de notre sujet principal, en donnant l'historique sommaire de plusieurs familles ayant possédé le château de Cazères.

On a déjà parlé, au sujet du paréage, de cette branche de la famille comtale de Comminges, les Comminges-Aspet, qui donne certainement à l'écusson héraldique de Cazères les deux chiens passants qui forment un des côtés des armoiries de la ville; il ne nous reste qu'à rappeler que ce seigneur de Comminges-Aspet fut le premier possesseur historique, en 1139, de notre château, dont la construction est antérieure évidemment à cette date, 1119, puisque à cette époque il fut apporté en dot par une fille de cette maison au vicomte Roger de Béziers.

Ce dernier ne le conserva que quelques années, et à sa mort il fit retour à la famille de Comminges.

Le comte de Toulouse le posséda à son tour dans le cours du treizième siècle, de 1213 à 1223.

Dans le quatorzième siècle, il est devenu la propriété des comtes de Foix, et le brillant Gaston Phœbus y tenait garnison. Le chroniqueur Froissart et sire Espaing du Lyon y reçurent l'hospitalité d'un jour et d'une nuit, en 1388, de même qu'il avait dû abriter dans ses murs, quelques années auparavant, les vainqueurs par surprise du bourg cazérien, le comte d'Armagnac avec ses amis d'Albreth, Barbazan, *Roger-d'Aspet*, etc. Gaston de Foix sut bien, lors du siège de 1376, leur faire payer cher cette violation de sa demeure seigneuriale.

A la mort du fastueux Gaston Phœbus, survenue en 1391, le comté de Foix passa à son neveu Mathieu de Castelbon, fils de son cousin germain, descendant d'un des comtes prédécesseurs de Gaston. Est-ce à la suite de cet événement ou quelque temps après, ou bien encore à l'occasion de quelque mariage ultérieur entre les Foix et les Montespan, que le château de Cazères alla à la famille d'Espagne? Toujours est-il qu'à la fin du quinzième siècle, en 1466, nous le trouvons entre les mains d'un marquis de Montespan, qui était

seigneur du bourg lors de la confirmation des privilèges. En 1528, il est encore en possession de la même
famille, qui, voulant agrandir la sphère de ses bienfaits en faveur des habitants, avait essayé de construire
un moulin de bois sur la Garonne « entièrement
admené par les eaux en cette même année-là ».

Nous trouvons trace antérieure de cette famille dix
ans avant le siège de Cazères, *en 1366*, par la découverte que nous venons de faire dans une maison, sur le
linteau d'une porte intérieure donnant sur une galerie
à l'aspect du midi, du millésime de 1366, ainsi gravé
sur pierre de taille : 1366. Cette susdite maison Caubet, attenant à la mairie, du côté du couchant, est
encore surnommée par quelques-uns la maison *d'Espagne*.

Nous constatons aussi, dans la consultation de l'avocat Miramon du 7 janvier 1726, que le marquis de
Montespan fit à Cazères un séjour de cinq ans, pendant lequel il « nommait les consuls d'autorité ».

Un siècle plus tard, en 1626, mais cette fois par
héritage naturel, le manoir féodal tomba dans la famille
des Gondrin de Bellegarde, car il était la propriété à
cette date d'une dame Paule Zamet, veuve d'un Gondrin de Bellegarde, marquis d'Antin, mère de Jean-
Antoine de Gondrin de Bellegarde et aïeule de Louis-
Antoine de Gondrin de Bellegarde, que l'histoire dit
fils de la marquise de Montespan. Ce fut de sa grand'-
mère Paule Zamet de Gondrin que Louis-Antoine de
Pardaillan (Gondrin de Bellegarde, duc d'Antin, pair
de France) hérita du duché d'Espernon.

En 1671, comme on le voit ci-dessus, le château appartenait à Jean-Antoine de Gondrin, duc de Bellegarde, qui fut père de Louis-Antoine de Pardaillan-Gondrin, duc d'Antin, né à Paris en 1665, sous-lieutenant au régiment du roi en 1683, marié à Julie-Françoise de Crussol d'Uzès, en 1686, petite-fille du duc de Montausier, nommé colonel et menin[1] du dauphin. Il reçut son titre de lieutenant général en 1702 et mourut en 1736, ne laissant qu'un enfant mâle, Louis de Pardaillan de Gondrin, dans la personne duquel la branche aînée de cette famille s'éteignit en 1757[2].

Notre lieutenant général servit sous Louis XIV et Louis XV, fut gouverneur de l'Orléanais, directeur général des bâtiments à la mort de Mansart, membre du conseil sous Louis XV, et fit ses affaires dans le système de Law.

Nous lisons aussi dans l'histoire que la veuve d'un marquis de Gondrin, Marie-Sophie-Victoire de Noailles, épousa en 1723 Louis de Bourbon, comte de Toulouse, fils légitimé de Louis XIV et de Mme de Montespan.

La famille des Pardaillan-d'Antin s'étant éteinte en 1757, le château de Cazères passa par un mariage dans la famille des ducs d'Uzès, dont le chef, François-Emmanuel de Crussol, épousa la fille unique de Louis de Pardaillan-d'Antin, qui était la petite-fille d'une d'Uzès et, par conséquent, la cousine, issue de germain, de son

---

1. *Menino*, mignon.
2. Les d'Antin fusionnèrent en 1561 dans la famille des Pardaillan-Gondrin.

mari François-Emmanuel d'Uzès, en 1753, à l'âge de vingt-cinq ans, à Chantilly.

Cette famille des d'Uzès était fort ancienne et, comme l'on dit, de vieille souche aristocratique, alliée aux plus grands noms de France. On trouve une dame Louise de Crussol, veuve d'Antoine-Hercule de Budos, marquis de Portes, qui s'était mariée en 1634, et qui était fille d'Emmanuel de Crussol, duc d'Uzès, et de dame Claude Ebrard de Saint-Sulpice; elle mourut le 19 avril 1695 et institua pour son héritier le duc d'Uzès, son petit-neveu.

En 1696, le 18 janvier, Anne-Hippolyte Grimaldi épousa Jacques-Charles de Crussol, duc d'Uzès, fils d'Emmanuel de Crussol, deuxième du nom, duc d'Uzès, et de Marie-Julie de Sainte-Maure Montauban. Cette jeune femme mourut quatre ans après, le 3 juillet 1700.

Le duc d'Uzès, en avril 1721, portait le nom de Jean-Charles Crussol, et avait épousé Anne-Marguerite de Bullion. Le 4 janvier 1725, il maria son fils aîné, Charles-Emmanuel de Crussol, à demoiselle Émilie de Larochefoucauld.

Les d'Uzès furent élevés à la pairie par Charles IX et descendent directement de Jeanne de Lévis-Florensac qui épousa, par l'intermédiaire de Louis XI, Louis de Crussol d'Uzès. C'est un des plus anciens duchés de France.

Cette noble famille n'est pas éteinte de nos jours; elle est encore représentée par quatre enfants : Simone d'Uzès, mariée au duc de Luynes, Mathilde de Crussol, sa sœur, et un adolescent d'une vingtaine d'années,

plus un frère plus jeune qui, après la mort de l'aîné au
Congo, a épousé M{{lle}} de Luynes, sa belle-sœur par
alliance. Ce duc d'Uzès contemporain est donc l'arrière-
petit-fils du duc François-Emmanuel de Crussol,
d'Uzès [1]. Dernièrement, l'aîné, rejeton d'une grande

---

1. François-Emmanuel d'Uzès, notre dernier seigneur cazérien,
né le 1{{er}} janvier 1728, marié avec Madeleine-Julie-Victoire de
Pardaillan-Gondrin, née le 20 mars 1731, fille de Louis de Pardaillan, duc d'Antin, et de Gillette-Françoise de Montmorency-
Luxembourg. C'était le fils de Charles-Emmanuel de Crussol et
de demoiselle Emilie de Larochefoucauld. La bénédiction nuptiale
fut donnée aux époux le 8 janvier 1753, dans la chapelle du château de Chantilly (Oise). De nos jours, ce château princier a été
splendidement reconstruit par l'architecte, M. Daumet, d'après les
ordres d'un prince de la famille d'Orléans, Henri d'Orléans, duc
d'Aumale, son dernier possesseur, grand seigneur et protecteur
éclairé des arts et des lettres, qui vient de faire une généreuse
donation de ce château et de son parc de Chantilly à l'Institut de
France, c'est-à-dire aux cinq Académies, se réservant l'usufruit
jusqu'à sa mort survenue le 6 mai 1897. Ce prince était un grand
cœur, il aimait la France par-dessus tout. Ce fut pendant son dernier exil de 1886, à Bruxelles, qu'il fit cette donation princière,
prouvant ainsi à ses adversaires politiques qu'il leur était supérieur puisqu'il était meilleur que les proscripteurs, lui proscrit.
C'est de la grandeur d'âme préférable au *parallélisme* boulangiste du vicomte son neveu. Ce duc d'Aumale était un grand
Français; malgré ses traditions dynastiques, non seulement il
rendit hommage à la démocratie impériale en proposant l'entrevue
de Palerme, mais encore à la démocratie française en faisant la
donation de Chantilly, malgré sa proscription et sa dégradation
imméritées. C'était le vainqueur de la smalah d'Ab-el-Kader, en
Algérie, immortalisé par le pinceau d'Horace Vernet. Cette noble
existence princière se résuma dans cette belle formule morale :
l'idéal du bonheur dans le devoir, désirant toujours être supérieur
aux autres en étant meilleur qu'eux.

Un an avant sa mort, ce grand prince voulut réaliser la fusion
de l'orléanisme et du bonapartisme, ces deux fils de la Révolu-

race aristocratique, est allé mourir en Afrique dans un voyage d'exploration scientifique au Congo, dans la fleur de sa jeunesse, et sa mère, la duchesse d'Uzès, en a écrit la relation émouvante. Le père de dernier duc d'Uzès a été député à l'Assemblée nationale de 1871, et mourut tout jeune à Paris, le 28 novembre 1878, à l'âge de trente-huit ans. Comme ses ancêtres, il avait conservé la tradition des alliances illustres; il avait épousé une Rochechouart-Mortemart. Sa veuve vit encore à Paris et près de Rambouillet, où elle possède des tirés de chasse splendides, dans ses châteaux de la Celle-lès-Bordes et des Bonnelles (Seine-et-Oise).

C'est une Diane chasseresse intrépide qui a conservé de sa race cette passion aristocratique et noblement virile. Son veuvage prématuré doit y puiser une

tion, dans l'entrevue de Palerme (mai 1896) qui aurait pu avoir des résultats d'avenir autrement importants que la fusion du bourbonisme et de l'orléanisme cimentée à Frosdorff le 5 août 1873. Ce pacte aurait conclu l'unité de dynastie française. Le moyen proposé c'était le mariage du duc d'Orléans avec Lætitia Bonaparte, duchesse d'Aoste, sous les auspices du duc d'Aumale qui dotait son neveu, et de l'impératrice Eugénie qui aurait légué toute sa fortune à son neveu Victor-Napoléon pour le compenser de sa renonciation au trône plébiscitaire (mai 1896). Victor refusa par sa lettre au général du Barrail la fusion du *wallonat* orléaniste et du peuple napoléonien, datée de Bruxelles, du 11 juin 1896.

Conclusion : ou l'unité nationale républicaine, ou l'unité dynastique *panachée* servant de phare menaçant et préservateur à la République nationale pondérée. Dans les deux cas : électorat *politique* à vingt-cinq ans seulement et *double* vote aux pères de famille de trois enfants et au delà, avec les quatre ans de résidence, de vingt et un à vingt-cinq ans. Pour la grande Patrie française!!

avouable et peut-être consolante distraction, ainsi que dans le culte des beaux-arts, car la duchesse manie avec habileté le ciseau du sculpteur et la plume du littérateur.

En 1888-89, cette grande dame, à l'âme romanesque, fut compromise dans l'historique aventure boulangiste d'une façon absolument et princièrement généreuse. Elle valait mieux que son roi orléaniste et calculateur, dont elle défendait les prétentions à la couronne de France. Elle sacrifia pour les diverses élections Boulanger la somme de *trois* millions.

Le château d'Uzès, situé à Uzès, dans le Gard, est encore la propriété de la duchesse aux goûts artistiques; mais la grande fortune de la famille provient surtout de la grand'mère, femme d'un grand fabricant de vins de Champagne, qui a laissé à ses enfants et petits-enfants un million de rentes. Le voilà le capital irritant dans toute son attrayante horreur!... une rente d'un million!... Hé bien! malgré la mode du jour, nous devons déclarer impartialement que la veuve Clicquot avait gagné honorablement par le travail cette fortune princière. Beaucoup de charmantes Françaises s'étaient faites ses complices en lui achetant sa mousseuse marchandise. Puis, avec son or, l'heureuse commerçante arriva non seulement à la bourgeoisie, mais à la noblesse. C'était justice. Car enfin, qu'est le capital?... du travail accumulé par l'intelligence et l'économie. Qu'est le travail?... du capital en formation.

Qu'est la bourgeoisie à laquelle aboutissent fatalement le capital et le travail associés un jour?... C'est la personnalité qui travaille pour faire valoir un capital amassé, et si elle ne travaille plus, le capital courroucé s'en va. Au 25 février 1875, c'est le Wallonat. Elle est ce que les *autres* veulent être, et ce qu'ils l'empêchent d'être en même temps, car ils préfèrent être l'avenir que le passé.

Qu'est l'ouvrier, intellectuel, agricole, industriel?... c'est celui qui travaille pour amasser un capital, fuyant l'oisiveté comme un déshonneur, à l'instar de l'abeille, mais avec la pensée intime de devenir bourgeoisie ou noblesse greffée par approche, sans se laisser effrayer le moins du monde par l'épithète vulgarisée de *jouisseuse* qu'on a fixée aux deux termes précédents. Où se trouve d'ailleurs la frontière infranchissable qui sépare l'ouvrier de la bourgeoisie?... Combien de jeunes étourneaux nous voyons de nos jours devenir des ouvriers involontaires, après avoir divorcé volontairement avec le capital!!!

Disons donc en nous résumant que le château féodal de Cazères, aujourd'hui détruit, a été la propriété successive de six familles comtales ou ducales dont voici les noms par rang d'ancienneté : les comtes de Comminges, de Toulouse, de Foix, les marquis de Montespan, les ducs d'Antin de Pardaillan-Gondrin, et enfin les ducs d'Uzès.

Hospice de Montserrat à la Caze.

Cazères possédait aussi avant 1789, simultanément et postérieurement à l'hôpital Saint-Jacques qui disparut

en 1753, une maison hospitalière portant le nom de
Monserrat, habitée et dirigée par un religieux de l'Ob-
servance de Fontevrault, mais assujettie à la règle de
Saint-Benoît. C'était le syndic pour la France des Béné-
dictins de Catalogne, en l'hospice de Cazères, dont la
maison mère était en Espagne, à Montserrat, ville de
la Catalogne. Le dernier syndic avait nom dom Louis
Montégut[1], deuxième du nom, et payait 170 livres de
rente au roi et au seigneur de Cazères. Cette maison
hospitalière était située au quartier de la Case, en face
du logement des instituteurs laïques; ses écuries et
remises n'étaient autres que la grange appartenant à
la famille Bec et dont le vieux portail porte inscrit sur
son linteau le millésime de 1547 très apparent. C'est
probablement la date de la construction de l'hôpital lui-
même. Un autre vestige de Montserrat se trouve à la
Base; c'est un linteau de fenêtre du rez-de-chaussée
d'une maison sur lequel est gravé le monogramme de
Saint-Benoît (BB) ainsi que l'inscription suivante : *Deus
meus, sperantes in te*.

Cette vieille maison de Montserrat, qui recevait l'évêque de Rieux quand il venait à Cazères, ainsi que l'antique hôpital de Saint-Jacques, ont été remplacés pendant quelque temps par un établissement plus confor-
table, l'hôpital Saint-Prosper de Blancotte, desservi par
des Sœurs franciscaines de Lavaur. Il est situé à trois
kilomètres de la ville, près de la petite chapelle de Saint-

---

1. Décédé à Cazères le 6 avril 1741. Ce qualificatif de *Dom* suffirait, à défaut du monogramme BB, pour démontrer que ces religieux appartenaient à l'ordre de Saint-Benoît.

Cizy et au-dessus des lieux où repose l'antique Calagorris. Les pauvres nécessiteux des deux communes de
Saint-Julien et de Cazères y étaient recueillis quand la
Commission administrative jugeait leurs droits suffi-
sants. Comme jadis l'évêque de Rieux à Montserrat,
l'archevêque de Toulouse rend quelquefois visite à
Blancotte, dont ce prélat est devenu légataire par suite
de la libéralité de M. Prosper Besse.

Cet hôpital est aujourd'hui transformé en orphelinat
agricole, sous la direction des Frères de Saint-Viateur,
et recueille de malheureux orphelins, auxquels on donne
une éducation professionnelle tout à la fois théorique et
pratique.

De nos jours, Cazères possède une association de
secours mutuels, sous le vocable de Saint-Jean-Baptiste,
composée de plus de trois cents membres et dirigée par
un Conseil d'administration ayant à sa tête un président
et deux vice-présidents.

A la fin de mon récit, peut-être trop long pour l'intérêt du lecteur, je dois mentionner le beau groupe
scolaire qui vient d'être fondé en 1881 par les soins de
l'administration municipale, élue en 1878, et avec l'aide
de subventions considérables de l'Etat. Ce groupe d'écoles laïques comprend : 1° l'école de garçons, avec logement de l'instituteur et de ses trois adjoints, située à
l'avenue de Mondavezan et sur l'emplacement du jardin et de la maison Labarthe ; 2° l'école de filles,
3° l'école maternelle, avec logement de l'institutrice et
de son adjointe, de la directrice maternelle et son adjointe ; le tout situé au quartier du Bourguet, dans le

jardin et la maison de l'ancien établissement des Frères de la Doctrine chrétienne, partis de Cazères dans le cours de cette même année, le 22 octobre 1881 [1].

Nous devons signaler aussi deux projets étudiés simultanément par la municipalité et le conseil municipal de Cazères, l'un qui intéresse la salubrité et la propreté de la ville, l'autre son avenir commercial : j'ai nommé l'arrosage urbain et la construction d'une nouvelle halle aux grains. Nous allons commencer par le premier, qui nous paraît le plus urgent.

Évidemment, notre gros bourg laisse à désirer sous le rapport de la propreté des rues, malgré ou sans l'intervention de l'édilité, et il semble d'autant plus urgent de remédier à cet état de choses que la commune est obligée de payer à la compagnie du canal de Saint-Martory une prime annuelle de 500 francs. Cette redevance liquide, imposée pendant cinquante ans, n'a pu être utilisé jusqu'à ce jour qu'à la condition de jeter la quantité octroyée dans le lit de l'Hourride pour le purger des immondices qui l'obstruent pendant l'été. Aussi l'administration municipale, justement préoccupée des besoins et des deniers de la population, mais désireuse d'entrer dans la bonne voie de la sauvegarde de l'hygiène publique, a-t-elle déjà réalisé la construction de privés d'aisances à l'usage du public, et voulant utiliser autant que possible la faible quantité d'eau octroyée par le canal, elle a demandé, le 4 mai 1882 [2], à M. Roux,

1. En 1744, la ville de Cazères s'imposait de 150 livres pour les gages du régent des écoles.

2. Il est si rare pour l'agriculteur d'avoir une année complète

ingénieur civil, un projet d'arrosage urbain pratique et économique en même temps.

M. l'ingénieur Roux, après s'être rendu à Cazères et avoir étudié la question sur les lieux, a écarté de prime abord l'idée de servir l'eau pour boisson aux habitants, soit dans les maisons, soit dans les rues; motif pris de la proximité du fleuve et de l'existence de trois fontaines dans l'intérieur de la ville, ainsi que d'une foule de puits avec pompe et à eau potable. Restait donc la simple question d'arrosage des rues et d'utilisation à cet effet de la quantité d'eau fournie par le canal, quantité que l'on pourrait néanmoins augmenter en s'entendant avec l'administration du canal d'irrigation et en élevant la prime annuelle à 800 francs ou 1,000 francs.

Pour atteindre ce but, M. Roux prendrait l'eau à la rigole de la gare, l'amènerait, par une conduite d'amenée (dont le débit serait de 2 litres 1/2 par seconde pour la quantité actuellement disponible), jusqu'à un bassin réservoir où elle serait emmagasinée. Ce bassin serait situé à une extrémité de la place Saint-Jean, contiendrait 100 mètres cubes d'eau, et son niveau d'eau serait élevé de 2 mètres au-dessus du sol. Il serait couvert.

Au milieu de la place du Comté, qui est proche, il y

d'abondance, que nous avons voulu consigner celle de 1882 dans le canton de Cazères : cette année-là les trois produits agricoles, savoir la céréale, le vin et le fourrage, furent exceptionnellement abondants et se vendirent bien, concordance rare aujourd'hui. Depuis *vingt ans* l'agriculture n'avait pas obtenu un pareil résultat.

aurait un abreuvoir à ciel ouvert qui pourrait être utilisé soit en cas d'incendie, soit pour abreuver les moutons les jours de foire et dont l'écoulement servirait de déversoir au grand bassin-réservoir de la place Saint-Jean. De ce dernier bassin partirait tout un système de tuyaux de fonte combiné de telle sorte que l'eau serait amenée sur treize points divers et culminants, où elle serait épanchée par treize bouches d'arrosage dans les ruisseaux des rues qui, par les pentes naturelles, l'entraîneraient jusqu'à la Garonne ou l'Hourride. Ces bouches d'arrosage couleraient deux heures par jour et donneraient chacune un débit de 2 litres par seconde, la conduite d'amenée débitant, comme nous l'avons dit, 2 litres 1/2 par seconde.

La dépense totale, d'après le devis estimatif, est portée par M. Roux à la somme importante de 27,000 francs, mais avec une canalisation complète en fonte. La salubrité hygiénique de la ville mériterait bien, ce nous semble, cette dépense élevée mais de première nécessité, étant donné l'avantage incontestable d'un arrosage urbain.

Nouvelle halle aux grains.

Le second projet consisterait à construire une nouvelle halle aux grains au milieu de la place Saint-Jean, tout en laissant les marchands sous la halle actuelle qui leur serait exclusivement réservée. On n'enlèverait que les grains qui seraient transférés à la construction

neuve. Depuis plus de trente ans déjà, il est question
de ce déplacement des céréales, ou mieux de ce dédou-
blement de la halle, laissant à chacune sa spécialité : à
la halle du centre, la branche de commerce la plus élégante et la moins encombrante, et à celle de la circonférence la partie du commerce la plus gênante, soit à
cause des nombreuses charrettes qu'elle attire, soit
à cause des fardeaux assez lourds qu'elle emploie.
C'est une question d'avenir, incontestablement.

Nous savons, en effet, qu'avant le second Empire et
même sous le règne de Napoléon III, il a été question
de deux autres emplacements pour une halle aux grains.
Le premier projet consistait à acquérir à cet effet le
moulon où se trouvent situées les maisons Chêne
(Louis) et demoiselles Milhas, du boulevard de la Tourette à la rue Taillefer ; le second s'emparait de la
maison Caubet (de Castelnau), avec toutes ses dépendances, allant de la grand'rue au boulevard et suppri-
mant le café Caubet (Laurent).

Naturellement, la divulgation du susdit projet municipal n'a pu que soulever les intérêts et surexciter les
passions de tous ceux qui regrettaient ou désiraient.
Eh bien, nous devons l'avouer en toute sincérité, nous
croyons que l'émotion des adversaires et des partisans
de la nouvelle halle a été singulièrement exagérée. Les
uns ont cru perdre et les autres gagner beaucoup plus
qu'ils ne l'auraient fait en réalité. En effet, la vieille
halle aurait eu absolument le même personnel de marchands et d'acheteurs qui, après être allé vendre leurs
grains à Saint-Jean, seraient revenus au centre acheter

des objets de vêtement ou de consommation. Quant aux partisans de la halle Saint-Jean, ils auraient plutôt perdu que gagné, puisque les moutons auraient été poussés plus loin et les cochons déplacés pour être dirigés sur Bouchon peut-être, quartier totalement déshérité aujourd'hui.

Dans tous les cas, la réalisation d'un pareil projet aurait eu pour avantage incontestable d'attirer dans notre ville des commerçants plus nombreux, au plus grand profit des habitants.

Napoléon, Orléans, de Genoude
(Abbé universel).

On réfléchira de part et d'autre. Et la raison finit toujours par avoir raison, un jour!... Quand?...

La raison, en effet, a aussi sa force toute-puissante, qui n'est point la force de *la brutalité*, mais qui attend son heure dans l'impassibilité de l'histoire, soit municipale, soit nationale. Les Orléans (1830) et les Napoléon (1852) en savent quelque chose à leurs dépens. Ils liront l'histoire avec nous, notamment la date de 1873, qui fut fatale aux deux dynasties, en janvier et en octobre[1]. Ils seront effrayés aussi d'y trouver un feuillet nouveau : la Neutralité dynastique obligatoire,

1. Lettre du comte de Chambord à M. Chesnelong du 27 octobre 1873, affirmant que la restauration monarchique était inséparable du maintien du drapeau blanc, comme en 1815. Grande faute historique!!

conséquence lointaine mais rigoureuse de l'invention politico-sacerdotale du novateur abbé de Genoude, député de Toulouse en son temps. Nous n'hésitons pas à l'écrire, ce député de « l'en avant » toulousain de 1846 fut un monarchiste empirique, car, pour la monarchie, il fut l'inventeur inconscient du virus mortel, de même que, cinquante ans après, le cardinal Lavigerie en a été l'ange exterminateur (1890).

Au reste, la ville de Toulouse a toujours eu la spécialité des innovations politiques, à cette nuance près qu'au lieu de produire comme Wallon (le père de la Constitution de 1875) des voix *uniques*, elle les met au monde aujourd'hui par centaines, même à l'état de naissances clandestines, se ressentant un peu pour cette arithmétique prolifique du tempérament *universel* de son député clérical de 1846. En ce temps-là, on se contentait de donner des coups de boutoir; aujourd'hui, on y donne des coups de grattoir. C'est une mode nouvelle, c'est le cinquantenaire abbatial.

Nous venons de parler de l'administration municipale de Cazères; il est juste de donner les noms du maire et de ses adjoints, puisque nous avons indiqué plusieurs fois les noms d'anciens consuls de notre localité avant 1789; ce sont : MM. Penent (Louis), maire; Siadous[1] (Bernard) et Duffaut (Léon), adjoints. Depuis la chute de l'Empire en 1870, cette municipalité admi-

---

1. Deux noms de cette municipalité se trouvent associés dans une nomination de quatre consuls faite, sur liste de présentation, par le duc d'Uzès le 2 mai 1775: Bernard Siadous et Augustin Penent.

nistra Cazères, hormis pendant la période de compres-
sion et d'effacement républicain des 24-16 mai 1873 et
1877. Cette longue durée sous un régime démocratique
et avec la mobilité de caractère inhérente à notre race
témoigne évidemment en sa faveur et aussi en faveur
des idées républicaines qu'elle personnifie.

M. Penent mourut en 1886[1]. Aux élections munici-
pales de 1888, la municipalité fut composée de
MM. Siadous (Bernard), maire ; Duffaut (Léon) et
Monthieu (Bernard, adjoints. On peut écrire de cette
administration qu'elle fut une vraie ruche de travaux
urbains exécutés avec les ressources ordinaires du budget municipal. Notre ville fut embellie par l'exécution
de seize travaux divers ayant tous un cachet d'utilité et
quatre d'entre eux une grande importance. Cette édilité
disparut sans motifs, mais laissant un encaisse disponible de 12,000 francs.

Nous sommes en 1896, la nouvelle municipalité est
composée de MM. Adoue (Joseph), maire ; Crouzet
(Germain) et Sicardon (Gustave), adjoints. Aux hommes nouveaux il faut des nouveaux projets. Les anciens ont été abandonnés et remplacés par un vaste
projet, à double effet, d'éclairage électrique et d'arrosage urbain, car l'eau mal filtrée est inutile pour boisson. Les trois classiques fontaines indigènes sont
surannées, les eaux de la Garonne trop vagabondes et
trop insaisissables pour la main de l'homme. Il fallait
une puissante machine pour les dompter.

---

1. Voir aux pièces justificatives son éloge funèbre.

Le devis de ces travaux hydrauliques, selon la mode du jour, est moins modeste que dans l'antiquité et s'élève à la somme de 180,000 francs; lisons entre les lignes 200,0000 francs, avec ou sans l'incident de Couladère. Les travaux sont déjà en cours d'exécution, et notre chère Cazères ne tardera pas à briller d'une vive lumière. Soudainement notre fleuve pyrénéen, enchaîné dans ses caprices, est devenu habile, quoique involontairement[1], à produire des décharges électriques qui pourraient se transformer en charges fiscales, peut-être globales à nuance tonkinoise, genre Doumer, pour les nouveaux contribuables de l'avenir, ainsi modernisés comme le vil capital, soit par les communes, soit par l'Etat.

1. 15 octobre 1897. Depuis la dernière crue de la Garonne, l'avenir nous paraît menaçant pour le canal d'électricité. Le lit du fleuve s'est creusé visiblement au milieu de son cours. Deux points apparents l'indiquent à l'œil nu : la réapparition des pieux pilotins de l'ancien pont de bateaux de 1875 sur la rive gauche, et sur la rive droite l'embouchure du ruisseau de Tounis mise à sec sous la passerelle. De ce même point (passerelle), le courant, abandonnant la rive, se dirige obliquement vers le milieu du pont. Or, comme l'entrée du canal, *au fond rocheux*, ne peut être affouillée par le courant débordé, certainement un chenal plus profond se creusera au milieu de la rivière par la prochaine inondation et la prise d'eau se trouvera ainsi mise à sec à l'avenir. Le canal d'aval-usine, au contraire, sera toujours comblé par les eaux grossies du fleuve. Une des causes déterminantes et inévitables de la déviation oblique du courant, c'est le retour au point sus-indiqué du trop plein du fleuve débordé qui, s'extravasant au hameau des Pesquès, parcourt la vallée de Saint-Vincent et rentre dans le lit de la Garonne par l'embouchure du ruisseau de Tounis, au point où se trouve la passerelle, à angle droit par rapport au fleuve.

Certainement, nos édiles contemporains sont des disciples de noble de Freycinet, le grand promoteur des grands travaux ferrés et maritimes, et au décor Cornélius Herz.

Comme transition contradictoire, nous lisons sur un poussiéreux document que nos aïeux, les consuls urbains de 1673, n'avaient qu'un budget de dépenses annuelles de 753 livres. C'était l'ancien régime.

Dans le cours de cette même année 1881, nous devons signaler deux faits météorologiques qui ont vivement intéressé l'agriculture de nos contrées tout en lui faisant subir des pertes considérables et dont il est bon que les générations futures gardent le souvenir : je veux dire la gelée exceptionnelle de janvier et les chaleurs tropicales de juillet. Ceci s'adresse surtout aux viticulteurs de Cazères.

C'est dans la nuit du 16 au 17 janvier qu'eut lieu cette terrible gelée qui décima nos vignobles dans les deux vallées de la Garonne et de l'Ariège. Périrent aussi les haies d'ajonc, les figuiers, les lauriers et presque tous les rosiers. Environ un sixième des souches fut détruit dans les vignes vieilles.

Il avait neigé toute la journée du 14 : la terre en était couverte ; mais le dégel arriva dans les journées du 15 et du 16, et le soir du 16 survint un épais brouillard qui, vers les neuf heures de la nuit, couvrit tous les arbres et arbustes d'une couche de givre, alors que tous les pores du bois étaient dilatés par l'humidité du dégel, comme une éponge imbibée d'eau. Ajoutez à cela un abaissement subit de la température qui, depuis dix heures du soir jusqu'à deux heures du matin, descendit jusqu'à 16° au-dessous de zéro, et vous vous expliquerez comment le fléau fut si désastreux dans ses conséquences ; tous les tissus organiques des arbustes, sursaturés d'humidité et passant subitement à l'état de congélation, furent brusquement déchirés et frappés de mort. Le lendemain, le dégel recommençait, et les vignerons, pleins de sécurité, ne s'aperçurent de leur infortune que douze jours plus tard. Mais quel travail prodigieux pour la reconstitution de nos vignobles !...

Ce fut une véritable révision de nos plantations de souches à gobelet, une révision absolument radicale, nous rappelant bien involontairement la révision de notre Constitution politique de 1875, que le radical M. Goblet s'est donné pour mission spéciale de proposer au Parlement à jet périodique et sans jamais se lasser. De même que M. Doumer est l'apôtre de l'impôt global, M. Goblet s'est fait l'apôtre classique de la révision, qui aura toujours une amère saveur de boulangisme démolisseur, partant antirépublicain, comme Boulanger.

La révision viticole fut inexorablement accomplie par un accident météorologique, mais nous attendons toujours la révision politique, quoique les radicaux disposent de la majorité parlementaire dont fait partie le sénateur Clémenceau qui demandait jadis la suppression du Sénat à l'unisson de son ami Ranc, sénateur de la Corse, que le premier voulait donner à l'Italie en 1871.

Ce même M. Goblet écrivait plus tard une page magnifique sur la crise de l'antipatriotisme à l'école laïque, crise que les sectaires ont appelée hypocritement la *neutralité patriotique*. Ces derniers veulent faire, eux aussi, la révision, la révision de la patrie. Mais toute révision constitutionnelle aurait été inutile si M. Thiers avait adopté le principe plébiscitaire républicanisé dès le début de sa présidence en 1871. Lui, *l'historien national*, aurait dû comprendre et s'assimiler le vote national, mieux autorisé en cela que M. Goblet et même que Paul Déroulède. C'était le vrai moyen d'écarter l'Empire déchu par la défaite militaire !!

Pour remédier aux conséquences désastreuses de cette révision météorologique de nos vignobles, nous recommandons surtout une méthode de provignage, si pareil malheur se reproduisait à l'avenir : c'est le provin, en coude prononcé, ramené au pied de la tige de l'arbuste.

Toutes les fois que le vigneron de 1882 ne trouvait sur la couronne qu'un seul sarment, il l'abaissait au pied de la souche dans un auget, et, après lui avoir fait traverser les racines, il en relevait l'extrémité du côté opposé le long de la tige qui lui servait de tuteur. Ce n'était ni le *recépage*, ni le *recouchage*, mais c'était une méthode préférable. En effet, elle avait sur le recépage l'avantage de conserver la vieille tige et n'avait pas l'inconvénient du recouchage, qui ne la conservait qu'à la condition de l'enterrer à jamais et d'occasionner à ce sujet un travail difficile, long et par suite coûteux. Ses avantages, au contraire, étaient les suivants : 1° une plus grande célérité dans la besogne et, comme résultat, un travail s'effectuant dans le même laps de temps sur un nombre de sujets double ; 2° un produit plus abondant la première année puisque la marcotte ci-dessus décrite produisit à deux points différents : à l'extrémité du sarment et à l'endroit où il formait l'arqure en se détachant de la couronne ; 3° enfin, l'avantage de conserver debout les vieilles souches qui, dans tous les cas, servaient de piquets et possédaient aussi la possibilité de reformer leur couronne. C'est ce qu'ont fait les huit dixièmes dans les trois années qui se sont écoulées depuis la fatale nuit du 17 janvier 1881. Quant aux deux dixièmes restants, on peut aujourd'hui les remplacer au moyen des provins coudés et développés assez pour permettre de supprimer la tige-mère. Actuellement, en 1883, toutes nos vignes sont repeuplées, en attendant l'invasion du phylloxéra qui nécessitera la replantation de nos vignobles en plants américains greffés de cépages français.

La greffe de la vigne la plus communément répandue est la greffe en fente pleine ordinaire ; néanmoins, quelques viticulteurs ont essayé de la fente anglaise, plus longue à exécuter. Les plants américains les plus vulgarisés dans l'arrondissement de Muret sont : le Riparia-Portalis et le Rupestris-Monticola. A la troisième année de greffage, on forme les greffons, sur trois fils de fer, à la taille Guyot, ou mieux à la taille Cazenave, qui a pour effet de produire un cordon horizontal permanent et, par conséquent, une meilleure qualité de vin, puisque les coursons à fruit sortent tous du vieux bois. Les meilleures variétés à greffer sont, parmi les plants gros : Mérille ou Bordelais, Valdiguier (l'Aramon indigène), Tannat (12°) Jurançon noir (9°), et parmi les plants fins : Villemur ou Négret Gamay, petite Sirali (9°) et Sémillon blanc [Médoc-Sauterne] (13°).

Le Tannat est un gros raisin qui donne un vin *très noir*, mais assez ordinaire comme qualité, préférable cependant au Grand-Noir ; sa force alcoolique est d'environ 12° ; ses grains sont serrés, d'une forme un peu ovale et coulent beaucoup. Il n'est guère servi comme raisin de table à cause de son goût un peu âpre, mais il résiste beaucoup aux maladies. On en récolte un peu aux environs de Pau, c'est-à-dire sur les coteaux de Jurançon, mais on le trouve en plus grande quantité du côté d'Orthez et aussi de Lambège. Le propriétaire qui en cultive une certaine quantité le met à part et s'en sert ordinairement pour faire des *coupages*, mais il ne choisit jamais cette qualité pour mettre en bouteille parce qu'il ne se conserve pas longtemps. Il garde plutôt le Mauzenc (Mauzac) rouge, qui lui est supérieur, tant par sa qualité que par sa force alcoolique (13°) ; le rendement de ce dernier cépage est aussi plus grand. On doit cependant, pour les coupages, préférer le Tannat au Grand-Noir, dont le vin est trop épais et trop plat, ne pesant que 6°, mais aussi noir que le Tannat.

Ces cépages fins représentent, les trois derniers le Médoc, les Côtes du Rhône et le Bourgogne, et le premier, Négret de Villemur, rappelle notre terroir local.

Quant au Jurançon noir, classé par nous parmi les gros cépages, il est recommandable, malgré la petitesse de sa grappe, par la densité abondante de ses grains qui chevauchent les uns sur les autres. Le fruit est fin de goût. Tous ces cépages existent dans le vignoble de Mme Mathilde Metgé, à Fornex (Ariège).

Pour compléter son éducation viticole, le vigneron devra savoir faire le vin avec ces cépages de choix. Pour ne pas produire des vins de macération, il devra procéder à des décuvaisons, plutôt hâtives que tardives, ouiller ses fûts après l'emplissage et les transvaser deux fois, en novembre et au printemps, et les rincer à la chaîne après la vidange. Il faudra aussi apporter la plus grande propreté et un soin méticuleux à la conservation des tonneaux, les préserver de la piqûre et surtout de la moisissure, car le vin est un produit des plus délicats que le moindre mauvais goût déprécie. Le chai exige, en effet, une plus grande surveillance que le grenier. Que de maladies atteignent les vins!!! tandis que le blé en magasin n'a guère à redouter que le charançon.

On devra aussi savoir fabriquer les vins blancs mousseux. Notre Mauzac français les produisait naturellement.

En un mot, le vigneron et l'agriculteur sont tenus, surtout après les récoltes, à surveiller assidûment et le chai et le grenier, sous peine d'éprouver des déceptions, et ne doivent pas oublier que les vapeurs de soufre sont aussi nécessaires au grenier qu'aux tonneaux du chai. Il faut aussi aérer les piles de blé à la pelle deux fois par mois, à la suite du battage.

Mais si les tonneaux du chai ont été négligés, nous indiquerons pour les liquides avariés les palliatifs suivants : Pour les vins piqués, il faut les vendre au droguiste comme vinaigre ; livrez les vins tournés à l'alambic. On peut modifier les vins ombreux, moisis, par un fouettage à l'huile d'olive ; et, quant aux vins légèrement atteints, on les rend moelleux par l'immersion d'une poupée remplie de poudre d'iris. Le fût moisi peut être guéri à la lotion d'acide sulfurique, 5o grammes par hectolitre, étendus dans un litre d'eau. séjournant et s'agitant deux jours, et puis rincés à grande abondance d'eau fraîche à la chaîne. La durée ordinaire de la cuvaison des vendanges varie de douze à quinze jours : 120 grammes de plâtre par comporte.

En nous résumant, le viticulteur doit savoir sélectionner ces cépages dans son vignoble, de même que l'agriculteur doit renouveler, totalement ou partiellement, ses semences de blé trié chaque trois ans et les sulfater avant de les confier à la terre, pour préserver les moissons du charbon de l'épi. N'oublions pas, en effet, que le rendement du blé peut être modifié par le choix judicieux des semences d'une façon sensible.

Néanmoins, nous reconnaissons volontiers qu'il existe deux moyens de sauver un vignoble français déjà créé de l'invasion phylloxérique : la submersion hivernale et les insecticides avec addition d'une forte fumure pendant l'hiver suivant. De ces deux méthodes, nous préférons la seconde, surtout avec l'emploi du sulfo-carbonate de potassium. La submersion hivernale, en effet, ne convient pas à tous les terrains et ne peut pas être mise en pratique dans certaines conditions du sol[1]. Quant au sulfure de carbonate, il ne peut agir que comme poison insecticide, sans addition d'eau. Le sulfo-carbonate de potassium, au contraire, a l'eau pour véhicule, puisqu'il ne pénètre dans l'intérieur du sol qu'avec 3o litres d'eau par pied de souches. C'est la combinaison des deux éléments destructeurs du phylloxéra, le poison liquide et l'eau, laquelle agira aussi comme stimulant de la végétation pendant les fortes chaleurs de la fin juin. Nous recommandons donc l'emploi du sulfo-carbonate de potassium[2]. Le vigneron arrosera à haute dose ses souches, comme le jardinier ses légumes, en attendant l'arrêt fatal.

Du reste, la vigne est un arbuste vieilli, malade, qui donne des signes de caducité incontestables. Comme toutes les espèces végétales décrépites, elle est envahie par une foule de parasites qui se disputent sa sève appauvrie. C'est l'oïdium qui, par droit de priorité, détruit ses fruits quand la pyrale les a respectés à leur floraison, sans oublier l'antrachnose (charbon de l'Alicante-Bouschet) et la noctuelle ; puis vient, s'attaquant aux feuilles aux mois de juillet et d'août, le péronospora ou mil-

---

1. La métairie de Paillac possède encore, en 1899, deux bassins à submersion de vignes françaises de 4o ares de superficie chacun, l'application de ce traitement ayant commencé en 1889. Ce sont les derniers vestiges, dans notre canton, de nos beaux vignobles français.

2. Contenant 16 °/₀ de sulfure de carbone, 21 °/₀ de potasse, 3o grammes par souche.

dew, de récente importation, qui détruit sûrement la qualité de nos vins ; et enfin, pour clore la série, le terrible phylloxéra, qui supprime l'arbuste lui-même, passivement défendu.

L'arbuste français est donc condamné à mort, et aurait-il une volonté agissante propre, qu'il devrait succomber à ses maux si nombreux. Il en est autrement dans l'espèce humaine où la volonté du caractère peut modifier le tempérament physique de l'individu jeune encore. En effet, le caractère de l'homme se calque toujours sur le tempérament ; mais le tempérament peut être modifié par le caractère, c'est-à-dire par un régime physique ou médical imposé par la volonté. Toute la difficulté pour le docteur ou l'éducateur consiste à développer la volonté du sujet, surtout quand les passions de l'âme ne sont pas encore en éveil pour agir sur la volonté. Souvent le jeune homme périt, comme la vigne, par défaut de volonté. Il se laisse bercer par le mal et repousse le bien, car il oublie trop facilement qu'à côté de la loi de plaisir il existe la loi de travail et de sacrifice qui rehausse l'homme par la souffrance, ce creuset purifiant. Le travail douloureux vivifie ; l'oisiveté jouisseuse tue. Les éducateurs de Sorèze et d'Arcueil en savent quelque chose, et leur habileté traditionnelle les a fixés souvent à ce sujet.

A tous ces fléaux s'ajoute souvent l'inclémence des saisons. Il nous souvient qu'en 1879, après cet hiver si humide, si pluvieux, que la plupart des caves de Cazères s'emplirent d'eau, les bourgeons de la vigne étaient si peu développés à la fin mai, que, *le 27 dudit mois*, il n'avaient atteint qu'une longueur de 5 centimètres. Beaucoup d'hirondelles périssaient de froid. Pareil fait météorologique s'est reproduit à peu près en 1885. Le 15 mai, après six semaines de pluie continuelle, les bourgeons de nos vignes n'avaient que 5 centimètres de longueur, et, comme en 1879, les hirondelles périssaient de faim et de froid. A la date de ce jour-là, il gela à glace.

L'hiver de la présente année 1897 a été encore beaucoup plus pluvieux que celui de 1879, car la pluie n'a pas cessé de la Toussaint 1896 au 15 mars 1897. Beaucoup de terres, dans le terrefort et même dans la plaine, n'ont pu être ensemencées de blé. Néanmoins, les caves de nos maisons ne s'emplirent pas d'eau comme précédemment ; mais beaucoup de vieux arbres de nos métairies furent arrachés par six cyclones de vent successifs (Carolin du vivier à Paillac).

Ces intempéries anormales des saisons sembleraient d'ailleurs devenir la règle annuelle depuis une trentaine d'années environ. Il nous revient, en effet, à la mémoire que depuis la date de 1860 ou 1862 les saisons, surtout l'été, ont tout à fait changé leurs cours régulier. L'été ne commence que dans la première quinzaine de juin, mais il dure, pour ainsi parler, jusqu'à la fin de novembre. Il convient d'ajouter, pour être exact, que les orages de grêle sont moins fréquents qu'autrefois, où les mois de mai et de juin étaient si redoutables pour l'agriculture. C'est une compensation appréciable à l'absence de chaleur qui nous fait défaut pendant les **mois d'avril et de mai.**

A cause de cette irrégularité des beaux soleils d'été, les agriculteurs ont dû abandonner le battage de leurs céréales avec le classique fléau en bois de houx et le remplacer à tout jamais, vers 1861, par la moins surannée machine à battre, soit à manège soit à vapeur. Cette innovation a coïncidé avec l'abandon dans notre plaine du métayage ou système de colonage partiaire, qui était un terme moyen entre l'exploitation directe du propriétaire par l'intermédiaire du maître-valet et la dépossession volontaire du sol patrimonial par la combinaison du fermage devenu obligatoire en 1897.

Cette modeste figure d'agriculteur pratique, exploitant lui-même son héritage paternel, va disparaître à jamais, emportée par les événements et les nécessités de cette vie *américaine* que nous impose la venue atrabilaire et peu artistique du vingtième siècle. Avec cette personnalité inaperçue, mais utile, disparaîtra aussi l'attachement natif à la petite patrie provinciale, ainsi que l'indépendance du caractère, inhérente à sa situation agricole, qui lui permettait de prendre part sans hésitation aux luttes politiques pour la conquête des libertés publiques. C'était l'homme des désirs limités, puisque les revenus des champs étaient modiques, obligé d'avoir l'esprit d'ordre, de prévoyance et de la suite dans les idées ; — c'était une nécessité non pas facultative, mais obligatoire ; — il aimait, en outre, par habitude rurale, la fidélité au foyer domestique [1],

1. Et ce foyer domestique, il se plaisait à l'embellir en faisant travailler les ouvriers des différents corps d'état du bâtiment, parce que l'agriculteur se savait fixé au sol natal. Pour preuve,

mais par-dessus tout il pouvait conserver la dignité de
la vie privée que lui assurait son indépendance de caractère professionnelle comme travailleur en plein
soleil.

Puis, ce primitif au cœur vaillant, le teint hâlé,
vieilli, mourait comme il avait vécu : simplement, presque toujours dans la naïveté de sa foi chrétienne, après
avoir été utile à sa famille et à la société, et entouré à
son lit de mort par sa femme et ses enfants.

Il existerait bien une autre solution de la question de
l'exploitation rurale qu'on pourrait appeler « association du capital et du travail avec payement en nature
progressif », qui consisterait à supprimer au maître-
valet et au vigneron une certaine surface de terre à tar-
divaux, leur laissant cependant un jardin usager, sauf
à la compenser, pour le premier, par un certain nombre de moutons à bénéfice entier, et pour le second,
par une augmentation annuelle d'hectolitres de blé, le
tout progressivement jusqu'à la limite de cinq années,
de façon à n'obtenir le maximum de gages qu'à cette
date-là. On escomptait un peu l'avenir, mais on ratta-
chait ainsi le travailleur à la métairie par l'espoir d'un
salaire graduellement élevé. Nous fîmes cette proposi-
tion à notre personnel agricole de Paillac en 1895,

l'auteur de ce livre a dépensé en constructions diverses à sa maison du rond-point Lafayette, au jardin de la Tourette où à sa
métairie de Paillac la somme de 25.000 francs. Libéral et Libéralités !!!... et comme activité, il a réalisé au Lherm, à Auterive, à
Carbonne, à Lavelanet et à Cazères 500.000 francs d'affaires dans
toutes sortes de transactions notariées sur la propriété personnelle
ou familiale.

lequel, préférant l'indépendance présente à l'amélioration progressive, repoussa notre offre d'association
péremptoirement. C'est humain.

Naturellement, le payement progressif était appliqué
en sus des gages ordinaires. C'était de la coopération.

Après le grand froid de l'hiver 1881, nous eûmes à
supporter les chaleurs sénégalesques du 17 juillet.
Dans les journées des 16 et 17, même quantième que
pour la gelée, le thermomètre monta dans les cham-
bres à 28° nuit et jour, tandis que l'on constatait
dehors, à l'ombre et à l'air libre, 37° centigrades, et
au soleil jusqu'à 45°. C'était raide et pour l'agriculture
et pour les travailleurs des champs!...

Le souvenir seul de cette température est assez puissant pour alanguir notre main et nous contraindre au
repos, non sous l'orgueilleux laurier d'Apollon, mais à
l'ombre modeste de ce rustique hêtre où le poète latin
chanta, dans son cher héritage paternel, le patriotisme
et l'honneur; nous souvenant aussi, dans notre retraite
accueillante, de cette belle parole d'un de nos célèbres
qui, après avoir tout perdu dans une bataille livrée à
Pavie, non loin de ces champs jadis virgiliens, aujour-
d'hui italiens, se croyait encore chevalier parce qu'il
lui restait l'honneur, comme au poète.

Dans le cours de ce timide essai historique, nous
avons tâché de ressusciter tour à tour le Cazères *gaulois*, modeste bourgade contemporaine peut-être de la
conquête romaine[1], avec un coup d'œil rétrospectif sur

1. Ce *mons Jovis* (la Montjoie), de même que le camp des

l'antique Calagorris des Convènes; le Cazères *féodal* et agrandi, avec son château seigneurial, que nous voyons figurer dans le dénombrement fait au roi en 1263, ainsi que le château de Saint-Michel du mont Saboth, par le comte de Foix, Roger IV, dit Rotfer, à la veille de la réunion du Languedoc à la couronne accomplie en 1271, et surtout avec le siège du comte d'Armagnac et du comte Gaston de Foix, duquel Froissart nous a laissé la narration que l'on sait; puis la *commune* du Moyen-âge, relativement libre et jouissant de certains privilèges avec l'histoire de ses ponts; dernièrement, enfin, *celui* de la scène patriotique et religieuse du commencement de l'époque moderne à l'aurore de la grande Révolution. Peu à peu, nous sommes arrivés à la petite ville *chef-lieu* de nos jours, acquise en majorité à l'idée et à la forme républicaine, c'est-à-dire à la pratique d'une sage et viable liberté sur le terrain national, *impersonnel* et obligatoire (comme le vote électoral) de la réconciliation ou mieux de la fusion lente, mais *inévitable,* malgré les volontés, des partis politiques en équilibre instable depuis 1789, résultat auquel elle semblait prédestinée depuis le jour déjà très lointain où les rois la jugèrent digne d'une charte d'affranchissement.

Passé comme noblesse oblige : Cazères ne saurait abuser d'un bien qu'elle a su fortement vouloir et dignement mériter!... Ses générations changent, mais

Roumeys (oppidum de Serres), ne sont-ils pas une réminiscence lointaine du passage des conquérants romains??...

l'honneur reste, et elles ont pour devoir rigoureux de se transmettre intact ce métal familial de bon aloi, moins fugace et moins vénéneux que l'argent, d'ordre moral *non brogliste*, de se transmettre cet héritage, disons-nous, soit à l'état d'individus, soit à l'état de communauté, en attendant l'aurore resplendissante de la *Fédération* nationale et fraternitaire, comme la concentration cazériene du 6 septembre 1789. Aimer vaut mieux que haïr! l'amour rapproche, la haine sépare.

Avant de briser ma plume, qu'il me soit permis, si j'ai pu être assez heureux pour faire jaillir une étincelle patriotique dans l'âme de quelqu'un de mes lecteurs, d'en être fier et de faire hommage de ce résultat à tous mes concitoyens, en leur disant :

Pour la patrie aimée !

Pour la terre des pères !

Pour la famille française du passé et du présent !

PIÈCES JUSTIFICATIVES

CONFIRMATION

DES

PRIVILÈGES ET LIBERTÉS DE CAZÈRES

29 JANVIER 1466 (V. S.)

*Sentence confirmative des privilèges de la ville
de Cazères et de leur teneur.*

« Le judi prochain advenu auquel les parties étaient assignées qui estoit le vingt et neuvième jour du mois de janvier susdit en la ville de Cazères et en la place commune du dit lieu devant le dit juge et commissaire sont veneus et compareus, c'est à savoir Jaques Désabanthinan plus vieux, Doumeng Vingt, Jean Ducroc, et Arnaud Seuba, conseuls, et honestes personnes, Mᵉ Guillaume Arroy, notaire et Syndic du dit lieu de Cazères avec plusieurs habitants du dit lieu de Cazères, d'une part ;

« Sont aussi compareues, discrètes personnes Mᵉ Jean Cestars, procureur du Roy, Guilhem de Tribus Cazis, procureur des nobles personnes, M. Mathieu de Yspania, serviteur de M. de Montispan, conseigneur du dit lieu de

14

Cazères, et M. Jean Arriby, procureur de M. le vicomte de
Couserans, conseigneur du dit lieu, d'autre part ;

« Et eux esté comparus, la partie des consuls et sindic
du dit lieu ont demandé humblement au dit juge et commissaire qu'il luy pleut donner et proférer sentence sur la
confirmation et vérification des privilèges et libertés de la
ditte ville et issus (iceux) privilèges maintenir et confirmer
de l'authorité et puissance à lui baillée ce qu'aussi ont
demandé les dits procureurs et lors le dit juge et commissaire a prononcé sur la vérification et confirmation des dits
privilèges, tout près ayant devant lui les saints Évangiles,
afin le jugement et santance viene de Dieu et que sur ce
Dieu veuille les aider et secourir, se signa du signe de la
sainte Croix en disant : *In nomine Patris et Filii et Spiri-
tûs Sancti. Amen :* et va procéder sur la vérification et
confirmation des dits privilèges en disant ainsi qu'il s'en
suit :

« Nous juge et commissaire susdit, veus et bien regar-
dez les privilèges et franchises susdits et devant nous
alléguées et sur vos délibérations et conseils pour ce qui
nous appert bien ce deuement (dûment) l'intention des
conseuls, sindic, et de tous les habitants de la dite ville,
lesquels ayant la cause contre discrètes personnes, le procureur du roy de notre jugerie et les autres procureurs
des conseigneurs du d' lieu, suffisament avoir été fondés
et non autrement et qu'à Dieu ne plaise, pour ce après
avoir tout veu, leu et considéré, ce qui m'a incité et doit
inciter tout bon juge, nous aurions prononcé et déclaré les
conseuls, sindic et habitateurs de la ditte ville avoir ecu et
avoir privilèges, libertés et franchises, les usages et consuétudes qui s'ensuit :

Consulat.

« 1° Ont privilège et licence d'avoir consulat en la ditte
ville et ce pour bien régir et gouverner la ditte ville et les
consuls qui seront présents seront tenus d'y élire huit
hommes de bien du dit lieu, habitans, et inscrire le nom
des dits huit en une lettre et l'élection qu'ils auront faite
sera bien et diligemment fermée et close et icelle être gar-
dée jusques au lendemain de Noël ; en l'absence des dits
conseigneurs dud. lieu et eux absens, deux des conseillers
dud. consulat se transporteront au lieu accoutumé et pren-
dront les noms des dits huit éleus, et l'élection faitte par
les dits conseuls et de ces huit, seront teneus les dits
conseillers en prendre quatre *des plus gens de bien* et
de ceux qui sont pour mieux régir et gouverner la chose
publique du dit lieu, et ce fait bailler au bailli du Roy où
à celui qui tient la baillie, si d'aventure ils suffisent. Si
non, en élire un qui soit sufisent, lequel avertira les dits
éleus, auxquels éleus les anciens conseuls fairont prêter
séremant et iceux qu'ils garderont bien le profit et utilité
de la chose publique, aussi le droit tant du Roy que de la
ditte chose publique et des conseigneurs dud. lieu, lequel
séremant fairont ainsi qu'ils ont accoutumé de faire. Et les
conseuls ainsi créés et éleus avons dit avoir puissance
avec le bailli du Roy, ou celui qui tient la baillie, de
conoistre et terminer de toutes choses tant civiles que criminelles[1] non privilégiées à nous et aux officiers régis réservées, et aussi avoir puissance de tenir la ditte ville

---

1. Connaissance des matières civiles et criminelles non réservées au
juge de Rieux.

fermée et close avec murailles et faire maisons et autres
clausures, fossés et autres choses nécessaires, aussi de
tenir bari (barrio) et fauxbourgs dehors les dittes murailles
et fossés, tenir bien et bone réparation et pour le profit et
utilité et conservation desdits habitants dud. lieu.

« 2° Aussi avoir puissance les dits conseuls et habitans
de faire ponts, fonts, chemins publics et autres choses,
tout tenir en bon point et bien en ordre, les dits conseuls
pouvoir compeller les dits habitans pour réparer les dittes
choses; aussi avoir puissance de juger les dommages et
intérêts que pourront faire les dits habitans sur les pièces
les uns aux autres, et ce pour mieux garder, régir et gouverner la dite chose publique.

« 3° Et aussi avoir licence de faire marché une fois la
semaine et ça le jour du samedi, aussi foire trois fois
l'année, c'est à sçavoir l'une, le lendemain de saint Thomas, apostre, et l'autre le lendemain de saint Philippe et
saint Jaques, et le jour de saint Sabin, qui est au mois
de juillet, et en ces trois foires tous et chacun puvent
venir et aussi le jour dud. marché, acheter et vendre sans
que aucun leur peut faire aucun empêchement, en payant
leur leude et autres drois, sauf le droit de nostre Sire le
Roy; aussi de tenir une place pour mesurer tant bled que
autres grains, qui est la barbecane, et aussi tenir nette
une place et pour en ycelle tenir ce qui sera nécessaire et
aussi d'ycelle louer les tauliers et émoluments provenant
d'ycelle place pour réparer les dites places.

« 4° Aussi avoir licence de faire et bâtir four chacun en
son plaisir et volonté en ses maisons ou en autres places
convenantes et en iceux fours cuire chacun son pein et à
son plaisir pourveu que les dits fours ne portassent aucun
dommage à tous autres habitants de la ditte ville.

« 5° Et aussi avoir licence de construire un pont sur Garonne de bois fustes et bien sûrs afin qu'il y peut passer gens tant à cheval qu'à pied et aussi toute condition de bétail tant de poil que de laine et ledit pont estre construit.

« Si par avanture, par fleuve d'eau ou autrement défaillait, avoir une nef bonne et commode pour passer les gens tant à cheval qu'à pied, aussi toute condition de bétail, comme dit est, et de chacun homme ou bétail qui en passeront payeront ainsi qu'il s'en suit : 1° de tous hommes à pied qui passeront par ledit pont, un denier tournois, combien qu'ils passent plusieurs fois par jour par ledit pont, et un homme à cheval un denier toulsa, et pour chacune bête tant bœuf que cheval ou jument avec leur nourriture, si y en a, un denier toulsa et pour chacune bête de laine un pogès, cy autrement ne s'accordent avec les conseuls au Rentier du Pont, pouvoir contraindre tous à payer, pourveu que ne soient gens d'église, nobles, officiers du Roy ou autres gens privilégiés, et ledit pont arranter à personnes solvables et gens de bien, au plus offrant et dernier enchérisseur, sans faveur ni fraude et y mettre quelque homme pour lever ledit tribut pour la réparation dudit pont ou nef, si y en avait, et quand adviendrait que ledit pont serait réparé, appliquer l'argent qui demeurerait, pour autres besoins et affaires communes dudit lieu.

« 6° Et aussi arrenter les lieux publics pour paistre les bestiaux tant les lieux féodés que inféodés et les non inféodés, inféoder, et aussi renter la messegarie une fois l'an quand leur semblera opportun et bon, au plus offrant et dernier enchérisseur en la manière accoutumée, et le profit de cela avenant pour la réparation des murailles ou autres choses nécessaires et communes.

« 7° Et aussi avoir licence de tenir mazel (boucherie)
en la place commune de ladite ville pour vendre cher
(chair), et aussi ont dit avoir un pré commun appelé la
Base, et quelque place commune derrière l'église de Saint-
Jean, cimetière des morts de ladite ville, et aussi avoir un
autre pré commun, appelé le Pratlaqua, confirmation ainsi
que dit est dessus, et du profit venant tant de la tonsure
des Landes qui estaient en ladite Base que autres émolu-
mans provenant de ces lieux, comme est dit en ladite Base
et Pratlaca, que de la tonsure des arbres estants aux dits
lieux, yceluy profit appliquer au profit de ladite ville ; mais
quand est du profit provenant dudit lieu de derrière
l'église Saint-Jean sera pour la réparation de l'église dudit
Saint-Jean et non ailleurs ; nous ont aussi dit les dits
conseuls, sindic et habitans, eux être teneus aux coseigneurs de ladite ville pour la lauze, de leur bailler à eux
et aux faurés pour chacun homme labourant avec une
paire de beufs ou vaches, ou plusieurs pareils, pour chacun an, six cartiers bled et trois avoine, quand est de
tout homme qui laboure avec un pareil de chevaux ou
mulets, était teneu de payer un quartier de bled et un
d'avoine combien qu'ils en labourent peu ou beaucoup.

« Et de tous lesdits privilèges nous avons connu, en-
tendeu, lesdits habitants user jusqu'à l'heure présente sans
contradiction ni empêchement de personne.

« Pour ce est-il que nous *voulons*, *disons* et *déclarons*,
et *prononçons* que lesdits conseuls, sindic et habitans qui
sont et seront dores en avant, usent et jouissent des dittes
libertés, franchises et consuétudes, libéralement franchi-
sement, sans aucun trouble ni empêchement, ainsi qu'ils
ont accoutumé, par cy devant et en cela les maintenons
par les présentes lettres, faisant défance et prohibition

aux procureurs du Roy, nostre Sire, aux procureurs desdits coseigneurs et à tous autres, tant aux présents que autres absents à qui appartiendra rien en connoistre, qu'ils n'ayent à perturber ni empêcher lesdits conseuls, sindic et habitans, qui sont et seront dorénavant, pourveu que lesdits conseuls payent une livre tournois aux dits coseigneurs ou à leurs officiers, chacun an à Toussaints finis. Signé : Pierre Vaxis, judex. Feut donnée la présente sentance par le susdit juge et commissaire, l'an mil quatre cent soixante-six et le vingt-neuvième jour du mois de janvier, régnant très puissant prince et Roy, nostre sire le roy Louis XI, et ce en présence d'honnettes personnes, M. Jacques de Saléris et M. Martin Debèze prestre de laditte ville, Aymer Aurioly de Couladère et plusieurs autres, tant dudit lieu que de Couladère, nommés pour témoins et de moy Vidian Nicolas, notaire royal, greffier à cette affaire, qui en tout ay esté présent et de tout en ay retenu ce présent procès requis par les parties et me suis signé du dessoubs de mon seing manuel, Nicolay. — Ainsin signé à l'original escrit en neuf feuillets papier attaché avec un extrait des privilèges et coutumes de ladite ville de Cazères escrit en parchemin, tiré des registres des arrêts de Messieurs les trésoriers généraux de France en Toulouse, le premier article desquels est de teneur.

« Extrait d'un livre écrit en parchemin, couvert de basane rouge, contenant le procès-verbal de la réunion et réformation du domaine du Roy en la jugerie de Rieux fait par Me Paul de Vaxis en son vivant juge, en ladite jugerie et commissaire député par Messieurs les trésoriers généraux de France à l'effet de ladite réformation, ledit livre étant dans les archives royaux de la trésorerie de Toulouse auquel ont été réunis les privilèges et coutumes de la ville de Cazères insérées dans ledit procès verbal et au soixante-dix-huitième feuillet d'ycelui dont la teneur suit.

« Et au dernier article d'yceux privilèges est escrit : collationné sur lesdits registres par nous Simon de Cabalier, controlleur du domaine du Roy et garde des archives de sa Majesté en la sénéchaussée de Toulouse, soussigné le trentième jour de may mil six cent, de Cabalier, collationné Amiel, ainsi signé aux extraits collationnés.

« Collationné sur l'original et au surplus sur l'extrait, par moy conseiller notaire et secrétaire du Roy, maison et couronne de France, contrôleur en la S^{ée} de Languedoc, Carrière ainsi signé.

« Extrait et tiré l'original de six livres en latin et en francès et de deux autres dudit extrait des privilèges de Cazères, collationné par moi notaire, tabellion royal de Toulouse, soussigné, le tout exhibé et retiré par Cazeneuve, marchand et Conseul la présente année dudit Cazères, le vingt-deuxième novembre mil six cent six. Marcilhac ainsi signé.

« Du mandement des sieurs conseuls,

« B. MAYSSENT, secrétaire. »

LETTRE DU DUC FRANÇOIS-EMMANUEL DE CRUSSOL
D'UZÈS

A M. JEAN-JOSEPH FAURÉ
PROCUREUR FISCAL DE LA JURIDICTION DE CAZÈRES.

« A Paris, ce 17 avril 1771.

« J'ai reçu, Monsieur, votre lettre du 24 du mois passé. M. Delassus m'a fait part depuis du refus qu'ont fait les nouveaux associés pour la ferme du moulin d'acquiescer à mes propositions; ainsy c'est une chose à laquelle il ne faut plus penser, il faut seulement s'occuper très soigneusement à entretenir les ouvrages tels qu'ils sont, et à les faire surtout assez promptement pour que les dégâts ne deviennent jamais trop considérables, et c'est à quoi je vous prie de veiller avec la plus grand soin, et de vous concerter pour cela avec M. Delassus.

« Vous me ferez plaisir de faire passer vos comptes à M. Delassus tout le plutôt que vous pourrez, afin de le mettre en état de me rendre le sien.

« Je vous suis obligé des démarches que vous avez faites pour me procurer la modération des vingt^{es} de l'année dernière et j'espère que vous ferez encore celles qu'il conviendra pour obtenir celle de la présente année.

« Vous ne devez pas douter que je n'aie beaucoup d'empressement à vous obliger quand je pourrai le faire, et je ne négligerai rien au moins pour vous prouver, Monsieur, ma reconnaissance et la parfaite estime que j'ai pour vous.

« Le Duc Duzès.

« *M. Fauré.* »

Une autre preuve incontestable de la situation de M. Fauré comme mandataire du duc d'Uzès, c'est le reçu autographe ci-dessous :

« Je soussigné *procureur fondé* de Mgr le Duc Duzès reconnais avoir reçu du sieur Guillaume Sicardon la somme de deux livres quatre sols trois deniers pour le montant du bordereau ci-dessous dont le quitte à Cazères ce 25me août 1766.

« Fauré. »

ÉLOGE FUNÈBRE DE LOUIS PENENT

MAIRE DE CAZÈRES.

Cazères, le 16 avril 1876.

Cazères vient de perdre une personnalité locale bien en vue; elle s'apprête à lui faire de magnifiques funérailles, car c'était un homme de bien, de cœur et surtout de dévouement. Il vient de nous être rapidement enlevé par la Faucheuse impitoyable, qui moissonne tout, même les meilleurs. En perdant Louis Penent, notre petite ville voit s'en aller un de ses citoyens distingués, ainsi qu'un homme intelligent, utile à son pays. Il réunissait en lui toutes les qualités : celles de l'homme privé et celles de l'homme public. Louer les morts a toujours passé pour une tâche très ardue; elle nous sera rendue très facile, car il nous suffira de raconter la vie du regretté défunt.

Sans trop insister sur la vie privée de Louis Penent, qui n'a connu dans le canton l'aménité de son caractère, la bienveillance naturelle de son esprit (ce qui n'excluait pas la finesse et la prudence, même vis-à-vis de ses amis) qui le poussait toujours à se mettre au service de ses concitoyens, et enfin la bonté sincère de cœur qui avait survécu chez lui à des malheurs de famille irréparables? Car cet homme-là avait tout perdu, son fils unique, son seul espoir, une épouse aimée, sa spirituelle compagne, dans l'espace d'une année. Et son cœur était resté bon; il possédait même cette qualité à l'excès, il était trop bon. D'autres diront comment la population a su lui témoigner sa reconnaissance. Il n'appartient pas à un ami de s'étendre longuement sur tous les détails de la sépulture d'un ami.

Quant à sa vie politique, elle est une du commencement à la fin. Il fut toujours le défenseur des libertés publiques. Dès ses débuts, sous l'Empire, en 1863, il lutta contre les candidatures officielles et impérialistes, mais nécessaires à l'Empire, sut organiser l'opposition dans Cazères et en fut nommé maire quelques années plus tard. Les préfets de l'Empire autoritaire, qui n'aimaient point les allures trop indépendantes et pressentaient déjà, sous l'étoffe du libéral, le cœur loyal d'un républicain, ne tardèrent pas à révoquer le maire de Cazères, qui avait le tort grave à leurs yeux d'être trop sympatique à la population. La démocratie couronnée, semblable en cela à cette démocratie partielle ou partiale qui ne veut ni couronne, ni autorité, n'aime point l'indépendance de caractère.

Cette révocation fut le prétexte d'une grande manifestation en faveur de Penent, qui emporta dans sa disgrâce administrative les regrets de ses concitoyens. Des journaux de Paris (à cette époque, la presse avait le respect d'elle-même et d'autrui), *les Débats* et *l'Avenir national*, prirent la défense de la victime du bon plaisir préfectoral. C'était à la fin de 1867.

Dans sa retraite, Penent se recueillit en attendant des jours meilleurs, dont l'aurore commençait à poindre. L'Empire, qui avait commis la faute de ne plus être autoritaire, sous l'impulsion néfaste du *rallié* Emile Ollivier, s'ébranlait sur sa base, et l'explosion républicaine de 1870 n'était pas loin. A la chute des Napoléon, il fut réélu maire et le resta jusqu'au retour offensif de la réaction pendant la période du 24 mai. Révoqué de nouveau, ce républicain convaincu ne revint au pouvoir municipal qu'après l'écrasement de la seconde tentative avortée du 16 mai, c'est-à-dire en janvier 1878. Singulière destinée que celle de cet homme public!... Toujours abattu par la réaction, il s'est toujours relevé, porté par le flot populaire et républicain qui submergeait ses adversaires politiques.

A l'instar de la famille de Rémusat, dont il resta l'ami résolu jusqu'à la mort, Penent fut un des fermes tenants du libéralisme républicain dans toutes les circonstances de sa vie publique. Absolument dévoué à son pays natal, il l'a servi comme conseiller municipal, conseiller général et maire pendant vingt-cinq ans. La croix de chevalier de la Légion d'honneur fut la récompense de son dévouement. Bien rarement pendant sa vie (il était si modeste) le ruban rouge a orné sa boutonnière, il parera du moins son cercueil.

Non seulement Penent était maire de Cazères, conseiller général du canton, mais il faisait encore partie de la Commission départementale de permanence du Conseil général, où tous ses collègues avaient remarqué son assiduité, son esprit pratique et sa grande expérience des affaires dont la connaissance lui était rendue facile par sa situation d'ancien notaire. Il était aussi président depuis de longues années de la Société de secours mutuels Saint-Jean-Baptiste, et enfin, il était, pour ainsi parler, le fondateur de la Ferme-Ecole de Castelnau-les-Nauzes, dont il était membre du comité de surveillance.

Voilà bien des places dignement remplies par lui!... Voilà bien des vacances établies par sa mort!... Il sera plus facile de le pleurer que de le remplacer.

K.

LETTRES ADRESSÉES A L'AUTEUR

LETTRE DE M. DE PALAMINY

Approbations, après une critique fort courtoise et instructive pour l'auteur :

« Palaminy, 18 août 1884.

« MONSIEUR,

« Veuillez recevoir tous mes remerciements pour votre souvenir et pour les bons moments que m'a fait passer votre ouvrage. Votre charmant chroniqueur Froissart avait pu traverser la Garonne « ès bateau la rivière, non sans courir moult dangiers »; comme lui, Monsieur, vous avez heureusement traversé les âges, et si « dangiers » il y avait, l'ami lecteur ne saurait s'en apercevoir.

« Si vous voulez bien me permettre une petite méchanceté politique pour terminer, laissez-moi vous dire : Non, ne brisez pas encore votre plume.

. . . .

. . . .

« Veuillez, Monsieur, recevoir l'assurance de mes plus distingués sentiments.

« G. PALAMINY. »

LETTRES DE M. EDMOND CABIÉ

« Roquesérière, 10 janvier 1886.

« Monsieur,

« Une blessure que je m'étais faite à l'un de mes doigts et qui m'empêchait presque d'écrire, puis les affaires que j'ai à régler au premier de l'an m'ont fait depuis quelque temps retarder un peu mes correspondances, et en particulier la réponse que je vous avais promise. J'ose espérer cependant que vous ne m'en voudrez pas trop en sachant que ce retard est tout à fait involontaire. J'avais songé un instant à vous faire moi-même un résumé des arguments que l'on peut faire valoir en faveur de l'opinion qui substitue Cazères-de-Marsan à votre propre patrie dans les épisodes de 1376; mais je crois qu'il vaut mieux que je vous communique les divers articles qui ont été publiés à ce sujet. Ces articles ont paru dans la *Revue de Gascogne,* volume XXII, et vous les trouverez successivement aux pages 53, 264, 387, 392 des livraisons de ce recueil que je vous envoie par la poste en même temps que cette lettre.

« Quoique je sois plutôt porté à placer les exploits de Gaston dans le Marsan que sur les bords de la Garonne, je ne veux pas prétendre que l'on doive repousser absolument dès aujourd'hui le récit de Froissart; seulement on m'accordera et vous m'accorderez au moins que, dans l'état actuel, on ne peut pas, comme on l'avait fait jusqu'ici, admettre son récit sans faire quelques réserves. J'avais espéré que la nouvelle édition de l'*Histoire de Languedoc* aurait tranché la question en mettant au jour quelque nouveau document ; mais M. Molinier, à qui j'avais signalé la difficulté, ne paraît pas avoir été beaucoup plus heureux, comme on le voit par la table du volume X, qui se borne à traduire le Cazères du texte par « Cazères-sur-Garonne *ou bien* Cazères-de-Marsan ». Il semble donc qu'il faut toujours attendre quelque nouvelle découverte pour vider d'une manière sûre ce petit problème géographique.

« Puisque vous vous intéressez à l'histoire de votre région, je crois vous être agréable en vous envoyant en même temps une autre livraison de la *Revue de Gascogne* (t. XXVI, p. 206), où je me suis occupé du théâtre d'un autre fait d'armes remontant à la guerre des Albigeois et que je n'hésite pas pour ma part à placer cette fois dans vos parages. Vous pourrez lire les arguments que j'ai employés pour soutenir cette opinion, et je serais content si vous les adoptiez à votre tour.

« Prenez votre temps pour lire les quatre livraisons que je vous envoie en communication ; mais quand vous les aurez suffisamment parcourues, soyez assez bon, je vous prie, pour me les renvoyer par la poste. Vous comprendrez sans difficulté que je tienne beaucoup à conserver au moins des publications que j'ai faites moi-même et dont l'absence dépareillerait ma collection de la *Revue de Gascogne*.

« Permettez-moi, je vous prie, une autre observation avant de clore cette lettre. J'ai vu en lisant votre notice que vous adoptez le système du regretté Gantier, qui fait du Camp de Serres un établissement *celtibérien* antérieur à la conquête romaine ; il avait suivi lui-même en cela les opinions de Barry, qui avait cru pouvoir faire remonter jusqu'à ces temps reculés les débris fournis par les fouilles de M. Gantier. Mais autant Barry était épigraphiste distingué et un connaisseur autorisé en fait d'antiquités romaines, d'objets d'art, de meubles, etc., autant il était peu versé dans la connaissance de l'outillage et surtout des poteries grossières de nos populations dans la première moitié du Moyen-âge. Depuis lors la science a progressé ; divers membres de la Société archéologique de Toulouse, M. Lartet entre autres, ont fouillé des tumulus, des fosses, des camps que l'on croyait antiques, et tous ces monuments ont fourni les mêmes débris que l'oppidum de Serres, débris que l'on s'accorde aujourd'hui à reconnaître comme postérieurs et non antérieurs aux Romains. J'ai moi-même fouillé un emplacement de même date dans Buzet et j'ai rendu compte de ces fouilles dans une brochure que je vous adresse. Or, nous avons pu constater avec M. Gantier, qui avait vu chez moi l'outillage de Buzet, que cet outillage, quoique moins abondant que celui de Serres, était cependant identique et de la même époque. J'avais étudié chez M. Gantier et sur l'emplacement même de Serres ces poteries et autres débris de cette localité, et je n'hésite pas à déclarer pour ma part que nous sommes là en présence d'une station de la première moitié du Moyen-âge, c'est-à-dire de l'époque mérovingienne ou carlovingienne, si vous voulez. C'était là une de ces petites places fortifiées, un de ces forts, une de ces *Salvetats* où les populations rustiques et incultes de l'époque barbare ou féodale se réfugiaient avec leur mobilier dans les temps de trouble et de guerre. Un acte du *treizième siècle, publié par M. Dubourg,* fait du reste mention de la Salvetat de Serres, et cela s'accorde avec la destination et l'âge que j'attribue à ce monument, qui devait être encore utilisé à cette époque.

« Ce que vous avez de plus solide en fait de preuves de l'ancienne colonie de Calagorris établie à Cazères, ce sont

les monnaies ibériennes que MM. Gantier et Revel ont
trouvées dans la plaine de Saint-Cizy. Bientôt cette bourgade ne tarda pas à devenir une petite ville romaine assez
importante, comme le prouve l'étendue qu'occupent les
débris de tuiles à rebord dans la plaine de Saint-Cizy et
les *nombreux sarcophages* de sa nécropole. Tracer avec
soin le périmètre de l'ancienne ville romaine et indiquer
sa largeur et sa longueur approximatives serait un service
précieux que vous pourriez rendre aux études archéologiques. M. Gantier a bien indiqué ce contour dans la planche qui accompagne sa brochure, mais cette planche n'ayant
pas d'échelle, on n'y peut retrouver les chiffres que je demande, et d'ailleurs il y aurait lieu de vérifier si le périmètre qu'il a donné ne doit pas être élargi sur quelques
points. Je n'ai pu lors de mon passage en ces lieux que
reconnaître que le travail serait facile à faire ; mais le temps
me manquait pour l'entreprendre. Il serait d'autant plus à
souhaiter que quelqu'un le fît, que ce serait le seul moyen
d'entrevoir ce que pouvait être réellement, sous la domination romaine, ce centre de population qui paraît, après le
chef-lieu des Tolosates, avoir été la principale ville de la
contrée.

« En souhaitant, Monsieur, que vous continuiez à étu-
dier les documents historiques et archéologiques de votre
localité, qui, comme la plupart de nos diverses villes de
départements, réservent encore tant de découvertes aux
travailleurs persévérants, je vous prie de me croire toujours
votre dévoué et respectueux,

« Edmond CABIÉ. »

15

Réponse de l'auteur.

« Cazères, 20 janvier 1886.

« MONSIEUR,

« Je vous remercie beaucoup des intéressantes communications contenues dans votre aimable lettre du 10 janvier et je suis très flatté de la bonne grâce que vous mettez à entrer en relations épistolaires avec moi. Je vous affirme que j'y trouve tout profit.

« Permettez-moi néanmoins, tout en m'inclinant devant votre expérience et votre science archéologique aussi profonde que variée, de vous soumettre quelques modestes observations sur le siège de Cazères-sur-Garonne de 1376. Elles sont sincères.

« En outre des indications contenues dans le texte du chroniqueur Froissart, qui sont très précises, — notamment les points suivants : rupture du pont de bois de *Palaminy* presque sous les yeux du chroniqueur ; rentrée le soir même à Montesquieu-Volvestre et retour le lendemain matin à Cazères-sur-Garonne ; traces de maçonnerie fraîche visibles aux yeux de Froissart et d'Espaing du Lyon, onze ans après le siège, sur la muraille d'enceinte ; etc., — il reste, selon moi, deux considérations importantes tirées des productions locales du sol qui militent en faveur de l'hypothèse du siège de Cazères-sur-Garonne :

« 1° La grande quantité de bûches dont on se servit, sur l'ordre de Phœbus, pour barrer les portes de la ville.

« 2° La quantité de vin qui restait aux assiégés au moment de la reddition de la place.

« Or, pour que Gaston eût songé à amonceler contre les portes des bûches plutôt que des cailloux ou autres matériaux, il devait savoir que le bois était très commun aux alentours de Cazères (ce qui est encore vrai de nos jours) puisque les coteaux de la rive droite du fleuve pyrénéen en étaient pourvus abondamment et qu'il était possible de le passer par le pont de bois de *Palaminy* sur la rive gauche. Au contraire, je suis convaincu que la même abondance ligneuse ne régnait pas à cette époque autour de Cazères-de-Marsan, située au milieu des Landes, non encore complantées de pinèdes comme aujourd'hui.

« Nous avons écrit que le vin restait aux assiégés en assez grande abondance après *quinze jours* d'investissement. Depuis des siècles, le territoire de Cazères a produit des vignes ; par conséquent ses habitants récoltaient une certaine provision de vin. Peut-on en dire autant de son homonyme des bords de l'Adour située au milieu des sables landais ?... Je ne le pense pas. La vigne devait y être inconnue en 1376.

« 3° Enfin, l'argument le plus topique est fourni, d'après moi, par le fait d'une marche militaire de trois jours accomplie par les soldats de Phœbus pour se rendre de Pau à Cazères... lisez sur Garonne, car la distance qui sépare Cazères-de-Marsan de Pau n'est que de 55 kilomètres !... Deux jours de marche !...

« Je termine par une simple hypothèse : L'*Histoire de Gascogne* écrit à la date du siège *1367* au lieu de *1376* ; n'y aurait-il pas là une transposition erronée de chiffres ?...

« Daignez agréer, Monsieur Cabié, avec l'expression de ma vive gratitude, l'assurance de mes sentiments dévoués et très distingués.

« C. MONTHIEU. »

« Roquesérière, par Montastruc, 1er février 1886.

« MONSIEUR,

« J'ai reçu les livraisons de la *Revue de Gascogne* que je
vous avais communiquées, et je n'ai qu'à bien vous re-
mercier de votre scrupuleuse exactitude. Comme je vous
l'avais dit, vous n'aviez cependant pas besoin de vous
presser pour prendre une entière connaissance de mes
articles. Si, dans tous les cas, il vous arrivait d'avoir de
nouveau besoin de quelque petit renseignement qui fût en
mon pouvoir, je serais trop heureux de vous l'adresser.

« Je vous remercie également, Monsieur, de la bienveil-
lante approbation que vous donnez à mon travail sur le
combat de la Salvetat[1]. Cet assentiment est d'autant plus
précieux pour moi que, connaissant mieux que personne
la disposition des lieux, vous étiez bien à même de constater si mon système n'était pas inconciliable avec les conditions topographiques, évidemment essentielles dans le
problème.

« J'ai lu avec plaisir toutes les autres observations que
vous voulez bien me communiquer sur la Motte de Buzet
et sur l'oppidum de Serres, et je me félicite surtout de ce
que nous soyons d'accord sur l'âge identique des poteries
de ces deux stations. Cela ne veut pas dire que toutes les
autres questions que soulève l'étude de ces monuments
soient faciles à résoudre; mais avec de la bonne volonté, et
surtout en cherchant à s'éclairer au moyen des observa-

---

1. C'est le nom d'une métairie située entre Salles et Saint-Julien et
appartenant à M. Fauré, habitant de cette dernière localité.

tions que fournit l'archéologie comparée, étendue à toute notre région, je crois que nous parviendrons à éclairer beaucoup de points encore obscurs.

« Si mes occupations ne m'absorbent pas trop, je tâcherai avec la belle saison d'aller passer un jour à Cazères, et si j'avais le plaisir de vous y trouver libre pendant quelques heures, nous pourrions causer un peu de ces sujets et faire avancer sans doute les solutions d'une manière plus rapide et plus facile que par lettres.

« En attendant, permettez-moi d'espérer que vous continuerez d'employer vos loisirs à notre histoire locale, et que vous vous convaincrez de plus en plus que dans ce champ, comme dans beaucoup d'autres, ce n'est pas la matière qui manque, mais bien les travailleurs.

« Veuillez agréer, Monsieur, l'expression de mes sentiments dévoués et respectueux.

« Edmond Cabié. »

LETTRE DE Mme L. DE C. M.

« Villeneuve, 18 avril 1897.

« Mon cher Monsieur,

« Je n'ai pas encore acquitté ma dette de remerciements. Vous avez bien voulu me communiquer une lettre de votre ami M. D... au sujet de votre Notice sur Cazères. Elle sera bien ce que je pensais, et j'étais bien sûr que vous ne

produiriez que quelque chose de bien, comme tout ce que
vous voulez faire. Il va me tarder d'être aux grandes vacances pour la lire ; bien que je ne sois pas votre compatriote de fait, je le suis trop par le cœur pour ne pas être
vivement intéressée à connaître ce pays qui est le vôtre, où
vous ne comptez que des amis, où vous jouissez de l'estime de presque tous.

« Vous auriez dû, par un détour quelconque, insérer
dans l'Appendice votre article si patriotique et si coura-
geusement républicain de mai 1876 (alors que les Radicaux
étaient prudemment résignés à céder le pas aux Libéraux)
sur l'Alsace-Lorraine, ces deux belles provinces perdues,
et auxquelles la patrie des Hoche et des Kléber, trop souvent interpellée par les Rhéteurs, n'a plus le temps de
penser. Il est, en effet, d'une rhétorique plus indépen-
dante d'oublier Metz et Strasbourg (où se trouve le tombeau de Desaix) que de s'oublier soi-même, surtout quand
on est Noble, Verrier. J'avais remarqué cet article à sa
date sur le *Progrès libéral*, signé K. Vous y approuviez
l'institution du suffrage universel, qui est en effet très respectable quand il est respecté par le pouvoir régnant et
n'est ni despotique, ni anarchique, entre les mains de
César ou de Clémenceau, comme enfant du capacitaire de
Genoude.

« C.-M. L... »

LETTRE DE M. JACQUES PIOU

« Tustal, par Créon (Gironde), 22 juillet 1903.

« Cher Monsieur,

« Je vous remercie bien vivement de votre gracieux envoi ; je vais lire votre dernier ouvrage avec le même intérêt que j'ai mis à lire le premier.

« Votre lettre me prouve qu'une évolution s'est faite dans votre esprit. Vous me paraissez ne rien espérer de la liberté.

« J'avoue qu'en dépit de tous les crimes commis en son nom, je la crois moins dangereuse encore que le despotisme. Encore faudrait-il savoir ce qu'on entend par « liberté ». Je ne l'ai jamais comprise comme les opportunistes ; et je reste convaincu que personne ne lui a plus nui qu'eux.

« Pour s'entendre, il faudrait commencer par définir.

« J'ai été heureux de recevoir de vos nouvelles et vous serre cordialement la main,

« Jacques Piou. »

MÉLANGES

I. — PHILOSOPHIE

LA CROYANCE EN DIEU.

Non seulement la croyance en Dieu a été admise à toutes les époques par l'humanité intelligente, mais nous ajouterons qu'elle lui est indispensable pour la rendre meilleure. En effet, si dans la fougue exubérante de la jeunesse les passions sont tout pour l'homme de vingt-deux ans, tandis que la raison seule n'est rien, Dieu (cette grande chose) et la religion lui apparaissent être quelque chose dans ses courts instants de retour sur lui-même ; mais au fur et mesure qu'il avance dans la vie, la raison se développe et suffit parfois pour lui démontrer l'existence de Dieu. Même sans le point d'appui de la foi, si vous dites au plus impie que l'homme est le dieu de la terre, il vous croira.

En effet, que deviendrait la terre si l'intelligence humaine n'était pas là pour la gouverner ? Les campagnes elles-mêmes resteraient en friche, couvertes de ronces et de chardons, si le laboureur ne les travaillait et ne les fécondait de son industrie. Que deviendraient les chemins de fer, les aérostats, la navigation maritime, les nombreuses applications de l'électricité à la mécanique industrielle, sans la direction de l'homme?... Toutes ces découvertes admirables de la science moderne disparaîtraient avec le dernier homme fuyant notre globe maudit. Ça serait le chaos!...

Et l'on ne voudrait pas qu'il y eût un Dieu pour diriger ces milliers de mondes qui peuplent les espaces infinis, pour les empêcher de se choquer dans leurs révolutions immenses et si régulières pourtant?... Un Dieu pour défendre de s'éteindre à ce *beau soleil* qui réchauffe notre planète?... « Ce soleil, comme dit Frayssinous, suspendu à la voûte céleste, comme une lampe de feu, et placé à la distance convenable pour éclairer, échauffer la terre, sans l'embraser de ses ardeurs!!... » Un Dieu, pour régner sur ces *étoiles innombrables* qui éclairent nos belles nuits d'été?... Ah! Dieu existe, et de même que l'homme est le dieu de la Terre *habitée*, Dieu, le vrai Dieu, est l'homme géant, l'homme tout-puissant qui, supérieur à l'humanité entière, dirige et gouverne les mondes, dont chacun a ses lois et ses distances propres.

En présence de la négation et comme conséquence rigoureuse, il faudrait admettre que des trains lancés à toute vapeur sur nos voies ferrées pourraient circuler, sans se heurter, en l'absence de mécaniciens humains pour les diriger et les chauffer. Cela nous paraîtrait sur notre planète incontestablement absurde. Or, ces milliers de mondes célestes ne sont que des trains *express* lancés à toute vapeur dans les espaces infinis du domaine de l'Eternel [1],

---

1. D'après Flammarion, la vitesse de la terre est soixante-quinze fois plus rapide que celle d'un boulet de canon. Lune épouvantable, elle traverse sans arrêt le champ de la vision effrayée, roule sur elle-même et s'enfuit comme l'éclair dans les profondeurs béantes de l'espace. — Quel

à cette nuance près qu'à la place de rails, ils ont le vide immense pour se diriger ou être dirigés. Et ce besoin natif qu'éprouve l'homme à se survivre à lui-même ! ! Le matéria liste lui-même cherche à se créer, par les actes de sa vie, une immortalité sociale. Mais nous sortirions du cadre étroit que nous voulons donner à ces réflexions, sans aucune prétention, pour entrer dans des considérations d'ordre moral que nous ne voulons pas imposer à nos lecteurs indulgents.

K.

est l'artilleur cosmique qui a lancé ce boulet électro-rapide? Ce n'est pas un homme. Pour ne pas nommer Dieu, Flammarion le terrien répond : c'est la *divine nature*.

II. — POLITIQUE

OPINION DE TROIS HOMMES ÉMINENTS

SUR LA FORME RÉPUBLICAINE

LAMARTINE EN 1849.

(Le défenseur du drapeau tricolore français
dans un jour d'héroïsme civique)

« Le seul moyen de fonder une République durable en France, je vais vous le dire en un seul mot :

« C'est que cette République appartienne à tout le monde et non à quelques-uns; à la nation et non à un parti. C'est que cette République soit la grande communauté des droits, des intérêts et des opinions de tous ceux qui ont le pied sur le sol de la Patrie.

« Hors de là point de salut, ou du moins point de paix pour la République.

« République veut dire chose publique, chose publique veut dire chose de chacun.

« Si la République n'est pas, en effet, et dans la proportion juste, la chose de chacun, elle n'est plus la République. Elle est un monopole, c'est-à-dire la propriété particulière de quelques-uns au préjudice de tous. Cela s'appelle un privilège. Tout privilège, pour se défendre, a besoin de constituer autour de lui une tyrannie. La République, si vous en faites un privilège d'opinion, sera donc une tyrannie de quelques-uns contre tous, au lieu d'être la Liberté. »

Voilà un écho lointain de la République de 1848, durant laquelle on ne perça pas des isthmes américains par des canaux célèbres, et cet écho fut répercuté par le néant historique.

A la suite de Lamartine, voici ce qu'écrivait un autre membre du gouvernement provisoire, natif de Saint-Gaudens, Armand Marrast, le spirituel et désintéressé rédacteur de la *Tribune* et du *National*, le Président de la Constituante :

« Je veux, je veux pour tous et non pour mes amis seulement, je veux la liberté de penser, de parler, d'écrire ; la liberté d'agir, de s'associer, de s'habiller à sa guise ; la liberté d'enseigner, de croire et de manifester sa foi *politique* et *religieuse*. »

EMILIO CASTELAR EN 1898.

« Une conviction raisonnée et forte est comme le drapeau de la personnalité humaine; les vaillants qui le tiennent haut et ferme, soldats de toutes les grandes causes, doivent constituer une garde d'honneur de l'emblème sacré qui porte dans ses plis toutes vos gloires et toutes vos espérances.

« Jeunes, écoutez un vieillard que les vieillards écoutaient quand il était jeune. Renoncez à l'idée de fonder une République avec les républicains seuls et pour les républicains seuls ; la République, comme le soleil, doit être pour tous les Espagnols la forme suprême de la liberté et du droit. »

Voici la pensée contemporaine du grand tribun Espagnol, de celui que beaucoup de Français ont surnommé le Gambetta de l'Espagne, un demi-siècle après la pensée de Lamartine. On doit ajouter que ces deux brillants orateurs ont été aussi deux hommes de gouvernement dans leur pays respectif, et portés aux honneurs, comme les Napoléons plébiscitaires, par le suffrage universel Franco-Espagnol. Tout le peuple est préférable à tout le Parlement. Paul de Cassagnac avait raison d'écrire qu'il ne redoutait pas la déchéance napoléonienne votée par le Parlement en 1871 et non plébiscitée.

Opinion sur le même sujet d'un membre du Clergé de France, par le P. Dominicain DIDON, érudit et docile, avant et après, aux instructions officielles du Pape Léon XIII.

Corbara (Corse), 15 janvier 1881.

« CHER MONSIEUR,

« Votre lettre m'a causé une joie profonde. Je vous en remercie. Elle m'a révélé un ami inconnu et un ami en communion d'idées avec moi sur ces graves sujets qui, dans notre pays, divisent si violemment les hommes. Il ne faut pas m'admirer : je n'ai fait que mon devoir. Le devoir était dur, il m'a demandé tous les sacrifices à la fois : je les ai accomplis. Tout homme de cœur qui ne veut rien trahir eût fait de même, il n'y a rien de meilleur que de souffrir, indomptable, pour une grande cause. Et la nôtre est grande, cher monsieur, je dis la « nôtre » puisque vous êtes, comme moi, un « moderne » et un « ancien »; moderne par l'intelligence de notre temps, ancien par cette foi qui nous rattache à l'Eglise et au Christ. Je suis plus que jamais convaincu que le devoir urgent des hommes qui partagent nos convictions est de mettre en harmonie nouvelle le catholicisme et la Société moderne. Nous souffrons tous de l'antagonisme qui sépare et qui met aux prises ces deux puissances, et nous ne trouverons la force, l'équilibre, la prospérité qu'à la condition de les mettre d'accord.

« Je n'ai pas d'autre but dans ma vie, que celui-là. Il commande tout en moi : mes pensées, mes travaux, mes écrits, ma parole publique, mes sacrifices... et c'est pour le servir que je n'ai pas hésité à venir ici, dans un tombeau, m'enchaîner, m'enfermer, comme un mort vivant.

« Je n'ai rien voulu trahir et je me suis dit : ce drapeau de l'accord entre le catholicisme et la société moderne, je mourrai dans ses plis... mais je ne l'outragerai point. Or, je l'eusse outragé en n'acceptant point le devoir héroïque de mon obéissance religieuse. Il y a, dans la vie, de ces fatalités-là.

« Ma foi en l'avenir ne s'est point affaiblie dans ma solitude : la retraite ne détruit rien, elle renforce tout ce qui est noble, sentiments et convictions. Je crois donc plus que jamais à un accord possible, et je le crois plus que jamais urgent. Il faut à tout prix que nous entrions dans ce monde nouveau que la science, la liberté, la démocratie font fermenter; il n'y a plus à regarder en arrière, mais en avant. Ce qui est passé ne revient pas ; il faut être à ce qui est, à ce qui vit.

« Or, ce qui est, ce qui vit, ce qui nous remue, ce qui s'impose, c'est le monde moderne avec sa science, son culte de la liberté, son aspiration démocratique. Pour ma part, je sens en moi le culte de ces choses divines, je suis né dans leur tourbillon, et elles font partie de moi-même.

« La foi me remue à d'autres profondeurs. J'ai travaillé depuis vingt ans à ce grand problème, savoir si un croyant peut être en toute loyauté et en toute plénitude un homme de science, de liberté et de démocratie. Il le peut : j'en ai acquis la conviction absolue. Et c'est pourquoi je m'efforce de la communiquer à d'autres.

« Tant que ces grandes idées de concorde supérieure n'auront pas prévalu, nous nous agiterons en France dans un antagonisme stérile.

« Les hommes de gouvernement doivent comprendre cela comme nous le comprenons ; et quelles que soient leurs idées religieuses personnelles, il est impossible qu'ils ne voient pas la grande œuvre de conciliation à tenter aujourd'hui dans notre pays. La République a besoin de se rallier l'élément religieux ; et nous-mêmes, croyants, nous avons besoin de nous rallier l'élément moderne républicain et démocratique. Si cette œuvre s'accomplissait, la coalition des partis réactionnaires serait brisée, car c'est l'élément religieux qui en fait le nœud, et nous croyants, nous prêtres, nous entrerions en paix avec ce monde vivant qui nous traite en ennemis parce que nous nous sommes faits les alliés de tout ce qui est mort et déchu.

« Assurément, cher monsieur, un des moyens les plus efficaces pour arriver à ce but, ce serait pour le gouvernement d'introduire dans le haut clergé des hommes comme vous, comprenant les nécessités et résolus à agir selon ces nécessités. Aussi, je fais des vœux sincères pour le succès de votre candidature à l'un des évêchés vacants. Les prélats de notre pays peuvent seuls, en se concertant, amener une ère nouvelle en France pour la religion. Malheureusement les évêques français n'ont ni le talent, ni les convictions, ni la fermeté requis. Il faut d'autres hommes, des hommes nouveaux, qui ont à la fois la prudence et l'élan, qui sauront attendre mais qui auront « l'audace d'oser ».

« Pour moi, je travaille sans trève, et je regagne, du fond de mon exil, ce champ de bataille d'où l'on m'a brusquement retiré, tressaillant chaque fois qu'une lueur d'espérance, de victoire apparaît. Vous m'avez été, cher monsieur, une de ces lueurs bienfaisantes.

« Si les catholiques continuent, en France, cette alliance avec les partis du passé, s'ils ne savent comprendre ni le passé qu'ils veulent follement restaurer, ni le présent qu'ils ne veulent pas se concilier, ni l'avenir qu'ils entravent, ils seront publiquement et de plus en plus écrasés.

« Eh bien! cher monsieur, faisons mieux, nous, ne regardons pas en arrière, le vieil ordre des choses est tombé, les institutions politico-religieuses du Moyen-âge sont finies, comprenons et aimons notre temps en pardonnant ses faiblesses, en corrigeant ses préjugés... et préparons vaillamment l'avenir, c'est-à-dire une Eglise française qui s'honore par sa haute culture scientifique, par son respect des institutions politiques libérales et par son dévouement à la démocratie.

« Les vertus et la sainteté ne perdront rien : elles n'acquerront qu'un nouveau relief.

« Je vous demande pardon de cette longue lettre : je vous ai parlé et écrit comme on parle et comme on écrit à ceux qu'on estime et qu'on aime... et pourtant je ne vous connais que d'hier. Mais l'âme se lève plus vite que le soleil, et il suffit d'un mot pour la manifester.

« Ce mot, vous me l'avez dit, je vous en remercie encore et je vous assure de mon affection en pressant vos mains cordiales.

« H. DIDON. »

Ce père dominicain était né en 1840 et mourut en 1900; il fut tout à la fois écrivain, orateur et éducateur à la tête du collège d'Arcueil; il fut le précurseur du cardinal Lavigerie, qui a été le promoteur autorisé du ralliement catholique à la République. Didon fut aussi l'ami fidèle du savant Claude Bernard. Comme le dominicain Savonarole, il aima la République qui vient d'offrir à ses frères religieux, à titre de prime d'encouragement, non le bûcher florentin, mais le chemin angoissant de l'exil, de même qu'au patriote Déroulède, le chantre du soldat et le banni de France.

Qu'est devenue la philanthropique trilogie de Jules Simon? Dieu, Patrie, Liberté!!!... Cette devise immortelle flottera-t-elle, comme un drapeau vainqueur, sur nos monuments publics, ou bien sera-t-elle gravée sur un tombeau allemand comme une épithète Jaurésienne? Sera-t-elle décevante dans sa beauté pendant la vie et ne brillera-t-elle d'un vif éclat pour notre belle France qu'après certaine mort dramatique et émancipatrice comme celle de Robespierre sous la Terreur de 1794???... O Liberté cruelle, trop loin de Dieu et trop proche du rouge couperet, tu préféras alors terroriser par l'épouvante de la mort plutôt que d'apaiser par l'union de la Patrie, et tu préparas ainsi, selon les lois fatales de l'histoire, l'avènement de César-le-

Grand dont s'accommodèrent, par analogie, beaucoup de ses sectateurs, parmi les plus ardents !!!

César a laissé des Césarions qui seront de la race des Constantins. Cette race-là ne commettra pas le crime de tromper le peuple en le flattant, car si on ne peut pas tromper la mort, on ne doit pas tromper le peuple, et si on veut être respectable, on doit respecter les autres et non leur mentir et les flatter, ce qui est une preuve de défiance ou de mépris. Le passé servira de leçon de choses à l'avenir, qui certainement ne sera pas la République de Lafayette, par lui appelée « la meilleure » en 1830.

Ces trois grands personnages : Léon XIII, le P. Didon et le cardinal Lavigerie, figures historiques illustres, ont fixé à jamais dans l'histoire contemporaine la trace indéniable du *ralliement* sacerdotal à la forme républicaine en France :

Le premier, comme Souverain-Pontife spirituel et non plus temporel ;

Le second, comme prêtre du clergé régulier et des plus éminents ;

Le troisième, comme prêtre du clergé séculier, le grand apôtre africain et le brasseur d'idées patriotiques et humanitaires.

M. l'abbé Lamennais, survivant en 1892, eût été fort surpris et bien désillusionné de voir que son propre parti républicain repoussait l'adhésion constitutionnelle de la papauté de Léon XIII, alors que lui, le précurseur de 1834, reprochait à la Papauté d'alors de ne pas vouloir réaliser ce rapprochement politico-religieux. Après l'excommunication pontificale, il aurait peut-être encouru de nos jours l'excommunication maçonnique.

LES MÉFAITS DE LA POLITIQUE

LECTURE ANNOTÉE APRÈS L'ACHÈVEMENT DE NOTRE TRAVAIL EN 1904.

« Si l'on se représente tout un peuple s'occupant de la politique et, depuis le premier jusqu'au dernier, depuis le plus éclairé jusqu'au plus ignorant, depuis le plus intéressé au maintien de l'état actuel jusqu'au plus intéressé à son renversement, possédé de la manie de discuter sur les affaires publiques; si l'on observe les effets que cette maladie produit dans l'existence de millions d'êtres humains; si l'on calcule le trouble qu'elle apporte dans chaque vie, les idées fausses qu'elle met dans une foule d'esprits, les sentiments pervers et les passions haineuses qu'elle met dans une foule d'âmes; si l'on compte le temps enlevé au travail, les discussions, les pertes de forces, la ruine des amitiés ou la création d'amitiés factices et d'affections qui ne sont que haineuses, les délations, la destruction de la loyauté, de la sincérité, de la politesse même, l'introduction du mauvais goût dans le langage, dans le style, dans l'art, la division irrémédiable d'une société, la défiance, l'indiscipline, l'énervement et la faiblesse d'un peuple, les défaites qui en sont l'inévitable conséquence, la disparition du vrai patriotisme et même du vrai courage, les fautes qu'il faut que chaque parti commette tour à tour, à mesure qu'il arrive au pouvoir dans des conditions toujours les mêmes, les désastres et le prix dont il faut les payer; si l'on calcule tout cela, on ne peut manquer de se dire que cette sorte de maladie est la plus funeste et la plus

dangereuse épidémie qui puisse s'abattre sur un peuple,
qu'il n'y en a pas qui porte de plus cruelles atteintes à la
vie privée et à la vie publique, à l'existence matérielle et à
l'existence morale, aux nations et à l'âme, à la conscience,
à l'intelligence, au progrès et, qu'en un mot, il n'y eut
jamais de despotisme au monde qui ait pu faire autant de
mal que le despotisme des aigrefins *beurrés* et des flatteurs
corrompus du peuple. »

Ecrit par l'historien Fustel de Coulanges en 1871, avec
une vue prophétique.

TROIS GRANDES FAUTES

Trois fautes capitales ont été commises, dans le cours
du dix-neuvième siècle, par les trois régimes du gouvernement en France :

Première : Les Royalistes, sous les ordres de l'abbé de
Genoude et de la *Gazette de France* dont il était le rédacteur et le député toulousain, ont eu le tort de demander,
en 1846, le suffrage universel qui est la négation de la monarchie et de son principe héréditaire ; M. de Genoude
anobli par la Royauté, voulut la démocratiser, il la bona-
partisa ; le cardinal Lavigerie, sous l'inspiration directe et
persuasive du pape Léon XIII, a eu tort, au point de vue
royaliste, de conseiller au clergé de France de se *rallier*
docilement à la République en 1890. Ces deux prêtres, par
leur intervention effective, ont tué la monarchie déjà affaiblie par l'orléanisme, ce vainqueur des barricades de Juil-

let mais ce vaincu des barricades de Février. Quant à Ledru-Rollin, il n'a été que le père putatif du suffrage universel.

Après avoir noblement refusé en 1830 d'abandonner la dynastie bourbonienne, après avoir manqué maladroitement et décisivement l'occasion historique de se rallier à la dynastie orléaniste et tricolore au 27 octobre 1873, sous le Mac-Mahon rehaussé du fier drapeau de Magenta, les Royalistes modernisés devraient passivement accepter les Napoléons et faire, en sens contraire, la fusion proposée à Palerme, en juin 1896, par le duc d'Aumale, qui voulut, ce jour-là, par son mariage politique, réaliser l'unité dynastique orléano-napoléonienne, après l'acceptation du vote publiscitaire par le comte de Paris lui-même. — L'Aigle doit dévorer le Coq. Mais Dieu lui-même a refusé et refuse des enfants au comte de Chambord et au duc d'Orléans actuel, acculé ainsi à l'adoption ou au divorce. Quant à cet Henri d'Aumale-Chantilly, il a été avant tout Henri de la France, qu'il aima dans ses malheurs comme dans toutes ses gloires, même après un exil immérité.

Deuxième : Les Napoléons ont commis la faute, incompatible avec ce régime plébiscitaire, d'abandonner, en janvier 1870, le principe d'autorité pour instituer, avec le léger et *rallié* Émile Ollivier, l'Empire Libéral qui reniait ainsi ses origines autoritaires et traditionnelles. L'Empire Libéral était une déclaration de guerre entre l'Autorité et la Liberté, cette éternelle antinomie[1]. L'Empire napoléonien tomba dans un épouvantable tumulte guerrier en 1870 et mutila la France dans sa chute tragique.

1. L'Empire *Libéral*, c'est fatalement la République; et la République *conservatrice*, c'est l'Empire avec épithète, car les Puritains n'ont voulu ni de la République de Thiers, ni de la République de Ferry.

Troisième : La République légale de 1871 a commis la grande faute, la faute irréparable de ne pas faire voter un Plébiscite initial sous l'impulsion enthousiaste et immédiate du gouvernement de la Défense nationale, avant l'élection de l'Assemblée nationale et de son chef, M. Thiers, « l'Atlantique », pour demander à la France si, *oui* ou *non*, elle voulait rétablir l'Empire. On devait faire pour la France ce qu'on avait fait pour Paris le 3 novembre 1870. La réponse n'était pas douteuse. Il fallait arracher cette arme populaire aux Napoléoniens et la républicaniser; elle est encore intacte entre leurs mains. L'Empire, c'est le Plébiscite natif, sympathique et compatible avec le suffrage universel intangible, devenu la loi cinquantenaire du pays. L'Empire est tombé; il peut renaître un jour de ses cendres par le Plébiscite, ce scrutin de liste national et non toulousain, qui émane *directement* du suffrage universel tout en le dominant; mais cette domination même est de la déférence vis-à vis du souverain populaire-héréditaire et indépendant des préfets devenus des semeurs de haines..., déférence proclamée par le comte de Paris lui-même après la mort du comte de Chambord. En résumé, c'est un moyen légitime d'élever les petits, mais ce n'est pas abaisser les grands dont on augmente le nombre démocratiquement. Murat, le roi de Naples, était né palefrenier, et le plébéien Junot disait spirituellement : « Je suis l'ancêtre de ma race, tandis que cet aristocrate-là est le descendant de la sienne. » Abaisser les grands n'est pas l'équivalent de s'élever jusqu'à eux, qu'ils s'appellent Bourbons passés ou Napoléons futurs! L'envieux est certes plus méprisable que l'ambitieux qui peut ne pas être haineux.

Les Puritains de la République, aidés en haut lieu et à la suite de Ranc et de Brisson, ont repoussé la concentration nationale fondée sous l'impulsion patriotique des Piou, Aynard, Ribot, Deschanel, Méline; donc, la France dilapidée, désorganisée et ramenée à la *barbarie,* devra subir la concentration des deux formes de la Démocratie, la républicaine et l'autoritaire, sous la direction couronnée d'un Napoléon[1] Les Jacobins ont toujours été les précurseurs de César, lequel César leur donnera à opter entre le ralliement volontaire et ancestral ou le bannissement involontaire et internationaliste appliqué aujourd'hui aux hommes de prière dont la dépouille a été promise aux retraites ouvrières et sera allouée aux avocats et liquidateurs. Les Puritains seraient-ils plus intangibles que les lois inviolables qu'ils modifient eux-mêmes après les avoir proclamées intangibles, notamment la loi militaire et la loi scolaire?... Il n'y a que deux choses intangibles : la France, notre patrie, immortelle comme le catholicisme, et le suffrage universel, bien supérieur au suffrage congressiste[2], ce fils bâtard des Censitaires orléanistes en 1830 et *wallonnants* en 1875. F. Faure plébiscité n'eut point commis la faute organique irréparable de Juin 1898, après l'échec des Ribot, Peytral et Sarrien!! Il fallait refuser la démission de Méline ou bien jeter dans le plateau de la balance son siège présidentiel, étayé par la France plébiscitaire, à laquelle les Puritains refusent aujourd'hui le nom de patrie.

1. Chef plébiscité et partant accepté et *responsable,* même sans l'appel du pugilat des soixante parlementaires puritains de 6 décembre 1902. C'est le roi-soldat, républicain par son origine plébiscitaire, et monarchiste par sa destinée impériale, c'est la République napoléonienne.

2. « Pays légal » de 900 parlementaires environ.

LETTRE AU RÉDACTEUR DU PROGRÈS LIBÉRAL

21 avril 1879.

« Monsieur le Rédacteur,

« Permettez-moi quelques rapides réflexions : Je vous transmets une petite étude comparative de ce qu'on appelle la politique modérée, pour ne pas dire opportuniste, du centre gauche et de la gauche, sa loyale alliée, avec la politique intransigeante que l'extrême gauche a mise à la mode d'aujourd'hui.

« Je ne serai pas long, ni agressif ; j'exposerai quelques faits avec certaines dates, et le lecteur attentif, sans parti-pris, jugera par les résultats. Je commence par la droite de la République, par cet abominable centre gauche, composé de politiciens à la face pâle, sentant l'orléanisme d'une lieue, et dépensant leur vie et leur argent (*pour rétablir la royauté des écus*) à fonder les institutions républicaines. Que faire? Chacun comprend les choses à sa manière. Les uns jugent qu'il est peut-être raisonnable de médire de la raison, les autres estiment que cela est plus facile à dire qu'à faire. Dans tous les cas, il est de bon ton, en ce moment, de critiquer la modération. Il est plus facile de critiquer que d'imiter. Les Girondins l'apprirent à leurs dépens.

« Je veux être bref, et j'arrive sans délai à la citation de quatre dates historiques toutes récentes et qui font honneur à la politique opportuniste du centre gauche :

« 1º Le centre gauche était, à l'Assemblée nationale, le seul groupe de *gauche* qui reconnût aux députés le pouvoir constituant; or, la Constitution républicaine a été votée par l'Assemblée à Versailles, le 25 février 1895, à une voix ;

« 2º La fermeté républicaine du centre gauche fit échouer les manœuvres orléano-légitimistes de la fusion, en octobre 1873, avec son drapeau blanc ;

« 3º En février 1875, le vote était manqué et la Constitution était rejetée en entier sans la présentation de l'amendement Vautrain-Wallon, encore deux membres de ce pauvre centre ;

« 4º Enfin, en décembre 1875, lors de la nomination des soixante-quinze inamovibles du Sénat, la fermeté inébranlable de ce groupe, qui n'a pas de convictions, dit-on, fit passer toute la liste de gauche à l'exclusion de la liste monarchique de la droite. C'est ainsi que ce groupe sauva la République quatre fois des embûches de ses ennemis. J. Simon traite avec La Rochette.

« Le lecteur impartial jugera cette politique par ses actes dans le passé et ses conséquences actuelles.

« Je passe maintenant à la politique intransigente des radicaux :

« 1º Son premier acte fut l'élection du 27 avril 1873, à Paris. M. Barodet fut nommé par les républicains de la capitale contre M. Charles de Rémusat, traité lui aussi de *candidat officiel*. Quelques jours après, M. Thiers était renversé et la monarchie faillit être restaurée [1] ;

« 2º Hier, Toulouse préférait laisser arriver au conseil

---

1. Ce succès radical contribua à la formation du groupe Target, détaché du centre gauche au nombre de quatorze dissidents, qu'on appela dans les journaux le peloton d'exécution de M. Thiers au 24 mai 1873. Gambetta eut peur de son avant-garde et à son tour fit peur aux plus timorés de la frontière républicaine.

départemental l'orléaniste Amilhau plutôt que le républicain Ebelot, qui eût été la gloire de cette assemblée ;

« 3° Aujourd'hui Paris a nommé le bonapartiste Godelle au détriment du républicain Clamageran ; Bordeaux a préféré Blanqui à l'honnête Lavertujon, et enfin l'arrondissement de Muret a élu le bonapartiste Niel et non point le républicain Penent, auquel ses ennemis eux-mêmes n'avaient rien à reprocher. D'ailleurs n'avions-nous pas entendu à la réunion de Carbonne des républicains radicaux crier : « *Plutôt Niel que Penent !...* » Voilà la politique intransigeante ; et si l'on va jusqu'au bout de cette intransigeance... hé bien ! le bout, c'est l'empire. L'empire, c'est le péril du moment, et le péril galvanisera certainement les républicains. On pensera alors à cette momie du centre gauche, composée de vieillards radoteurs et non pas d'*hommes nouveaux*. Et cet incorrigible orléaniste sauvera la République pour la cinquième fois. C'est là, paraît-il, une naïveté de vieillard. Naïveté !

« Je conclus en disant que la politique opportuniste n'amènera pas le triomphe de l'orléanisme, j'en réponds sur l'honneur ; mais l'avenir nous apprendra quelle est la conséquence extrême de la politique intransigeante des radicaux !...   Milès ».

LETTRE AU DIRECTEUR DU PARTI NATIONAL

CONCENTRATION NATIONALE OU BLOC FRANÇAIS.

Caz...., 15 juillet 1888.

« Au lendemain de la Fête Nationale, qui sera un jour, nous l'espérons, la fête de tous les Français, permettez,

Monsieur le Directeur, à un de vos abonnés militants, de conter ce que l'on pense en province de la concentration radico-républicaine, selon la formule de MM. Ranc et Pelletan, par opposition à la fusion démocratique et nationale, forme de concentration plus française, vu qu'elle consacre le droit d'asile patriotique pour les vaincus sincères.

« Autant la première combinaison nous paraît chimérique, peu honnête dans la pratique, une vraie duperie en un mot, puisqu'elle ne signifie pas autre chose que l'absorption sans conditions de l'élément modéré par les radicaux, autant la seconde formule revêt tout le caractère d'une conception libérale, dans les saines traditions de la démocratie, et surtout éminemment nationale. Quoi de plus national, en effet, que cette pensée de rallier tous les Français sur le même terrain de la neutralité dynastique et sous un même drapeau dont les plis tricolores seront assez larges pour envelopper tout le corps de la Patrie !... Or, ce terrain-là après tant de trônes successivement brisés, avec tant de fractions de partis se déchirant entre eux et détruisant ainsi tout le prestige inhérent à l'idée monarchique, ce terrain ne saurait être que celui d'un gouvernement *impersonnel*, de la République par son nom, mais la République non cantonnée dans une Secte, un Groupe, ou une Ville, la *République française. Tout pour la douce France !*... comme disait le valeureux Roland, poétisé pour sa mort héroïque. C'est difficile, mais c'est possible avec de la bonne volonté réciproque. Avec cette conception-là, on obtiendrait le résultat immense de supprimer à tout jamais le malentendu d'une dynastie entre le peuple si mobile et les autres groupes de la nation.

« Il nous est bien pénible de voir des hommes raisonnables mais impuissants (*les 24 mai 1873 et surtout 16 mai*

1877 sont là pour attester la fidélité de leurs illusions, nonobstant le vote peu chimérique de l'un d'entre eux, M. de la Rochette, sénateur inamovible, qui contribua à la fondation de la République en 1875. Ce Vendéen, avec ses amis, s'étaient souvenus du mot vengeur et antiorléaniste de Berryer et préféra voter pour cinquante-sept inamovibles républicains à la place de cinquante-sept orléanistes) ne pas comprendre une vérité si élémentaire. Cela ressemble à de l'entêtement. Les prétendants meurent (1879-1883), et la ténacité reste. Quand elle est justifiée on la respecte ; quand elle n'est que dynastique, on fonde la République et on est fier de l'avoir fait, malgré les moqueurs d'en haut et les méfiants d'en bas. La rude leçon des faits a été instructive en effet pour certains esprits observateurs : la Monarchie sous toutes ses formes, même la plus plébéienne, est tombée, chaque quinze ans, sous nos yeux ou ceux de nos pères. D'autres observeront... peut-être trop tard. Aujourd'hui, après un Bourbon, on se laisse séduire par un Boulanger! De même la Rome impériale, après les Césars, acceptait des Césarions. Il fallait laisser aux duchesses seules le soin de rendre la couronne de France, à qui? à un Orléans!... En attendant ce succès féminin fort lointain, la République s'est constituée, et dure encore malgré les conservateurs, sans eux et contre eux, selon la prédiction des Thiers (1872), Gambetta (1881), Raoul Duval (1885), et nonobstant la résistance *doctrinaire* des trois Ducs orléanistes, sous le Mac-Mahonat Brogliste, *moralement ordonné.* Ah ! la véritable misssion des Conservateurs est d'organiser et non de démolir.

« Il serait temps de clore en 1889 ce siècle des révolutions prédit par le philosophe Rousseau, et de fêter le centenaire de notre magnifique élan libéral de 1789 dans la réconciliation voulue des partis. Mais pour cela il faut que la République soit absolument supérieure par son ampleur à tous les autres gouvernements; c'est, d'après nous, son unique raison d'être. Toute autre conception républicaine ne saurait être que la formule d'un parti, et il était inutile, dans ce cas, d'imposer à la France des révolutions si nombreuses pour n'obtenir qu'un gouvernement de parti, la République du peuple (la *chose* de beaucoup mais non de tous). Or, la République doit être la *chose* de tous les Français, d'après son extrait de naissance authentique au nom de la Liberté, de la Justice et de l'Economie.

« Que si la démocratie populaire veut un gouvernement à elle et pour elle, la démocratie donne raison du coup aux classes aristocratiques qui avaient leur roi à elles, à la bourgeoisie qui a eu le sien, et à l'armée qui avait eu son empereur glorieux. Nous le répétons, la République doit être nationale, comme l'Armée, voire même un peu paysanesque dans son honnêteté, *ou elle ne sera pas*. Or, la France ne peut plus offrir à la Monarchie qu'une légende ou un tombeau dont le suffrage universel est le gardien jaloux, en vrai fils ingrat mais légitime du monarchiste de Genoude, rédacteur en chef de la *Gazette de France* en 1846. Par conséquent, c'est presque un crime de lèse-Patrie de refuser son concours à l'unification politique de notre beau pays, qui lui est peut-être plus indispensable que son unité territoriale déjà séculaire. Il faut que la date constitutionnelle de février 1875 soit comme une synthèse chronologique dans notre histoire et un creuset ardent où fusionneront dans un amalgame intime toutes les fractions dynastiques et plébéiennes de la grande famille française.

« Le radicalisme actuel ne veut pas tenir compte des trois millions et demi d'électeurs qui votèrent pour la droite en 1885. Hé bien! qu'on continue à décourager les modérés, les meilleurs républicains de *gouvernement*, puisqu'ils veulent unir le passé au présent de la France; que les radicaux les découragent, comme on le fait depuis deux ans, et leur simple abstention en 1889 suffirait pour faire passer la majorité à droite; je n'ai pas dit leur défection, car ils sont incapables d'une forfaiture doublée d'une maladresse.

« Ce résultat, mieux que des arguments, ferait comprendre aux radicaux la nécessité du Sénat républicain, qui contiendrait ou dissoudrait une Chambre réactionnaire. M. Carnot lui-même aurait le devoir de choisir son ministère dans le Sénat. Or, l'abstention par le bulletin *nul* leur sera commandée par leurs convictions les plus intimes si le ministère Floquet est au pouvoir, car le vote devrait être obligatoire comme l'Ecole et le Régiment.

« La colère des radicaux sera grande. La colère, dit-on, elle est la succédanée de la violence et l'équivalent d'une opinion! Et néanmoins, ces hommes-là n'auront agi que d'après leur conscience. Ce qui n'empêchera pas les premiers de crier à la trahison accoutumée des modérés, oubliant volontiers que ceux-ci sont abandonnés fréquemment par leurs députés qui passent à l'ennemi avec armes et bagages. D'ailleurs, les radicaux ne viennent-ils pas de nous prouver récemment, dans divers collèges électoraux, en se moquant impunément de la *discipline* républicaine, que l'ennemi pour eux c'était l'opportunisme? Exemple : au Congrès de Versailles en 1887, élection Reinach à Pontoise, élection Gaillard dans l'Isère, plus tard Bepmale-Cruppi à Saint-Gaudens. Qui se douterait que par trois fois les radicaux ont occupé le pouvoir, sous les trois cabinets Brisson, Goblet et Floquet!... Il leur était donc possible de prendre une attitude gouvernementale à la place de l'état de colère ohronique. C'eût été trop orthodoxe. Ils ont préféré faire le Boulangisme initial, si affectueusement commandité par le *Prophète radical* qui, lui aussi, voulait avoir son Mac-Mahon, ou mieux son Saint-Arnaud. Ce dernier aurait eu le triste courage de ne pas reculer après l'élection *parisienne* du 27 janvier, proclamant Boulanger.

« La conclusion de mon article, M. le Directeur, la voici : Pour pouvoir faire un jour la concentration démocratique et nationale il faut renverser le ministère Floquet. Il fallait même le faire tomber lors de l'interpellation Flourens, ce diplomate apprécié par l'Europe orientale, qui nous devient clairement sympathique malgré les dénégations des monarchistes et les antipathies héréditaires des Napoléons. Si cette éventualité s'était produite, les radicaux et les réactionnaires n'auraient point dit à l'unisson qu'il n'y a plus d'opportunisme. En province, cette assertion nous paraît exagérée. Il serait en effet aussi exact de dire qu'il n'y avait plus de Droite à la Chambre, mais rien que des opportunistes et des radicaux, quand la Droite soutenait de ses votes *opportunistes* le cabinet Rouvier en 1887. Il semblerait de bonne guerre d'user les opportunistes (Gambetto-Ferrystes), comme on l'a fait pour les libéraux menés par le vieux républicain Dufaure. C'est dans ce même ordre d'idées que les plus puritains radicaux ne datent l'avènement de la République que de l'arrivée au pouvoir de M. Grévy, le 30 janvier 1879. Et néanmoins l'avenir parlementaire réside dans l'alliance des Opportunistes et des Libéraux *anciens* et *nouveaux*.

« Si le ministère Floquet fait les élections de 1889, l'élément républicain modéré sera écrasé, et j'ose l'écrire, la République perdue et la France épiée par l'Allemagne. M. de Cassagnac ne me démentira pas, lui qui disait que si

Jules Ferry, le *Tonkinois* et le *Tunisien*, avait été élu Président en 1887, les droitiers seraient revenus cinquante à la Chambre de 1889.

« M. Floquet promettra aux démocrates du Centre, mais son parti l'empêchera de tenir ses promesses qui pourraient déplaire aux socialistes, alliés plus ou moins occultes. Or, les socialistes ne seront jamais que les lieutenants de César, *nationalisant*, comme lui, les biens des proscrits. Comme César, ils courtisent la flatterie et ils aiment la guerre, à cette nuance près que les uns la voudraient sociale et l'autre européenne, mais tous *barbare*, car la mélinite se trouve dans les boulets de l'autocrate ainsi que dans les bombes de l'anarchiste, ce socialiste *fin de siècle*. Et pourtant c'est la démocratie du Centre (*sans épithète*) qui a réalisé les réformes politiques et historiques les plus importantes : 1789 et 25 février 1875 ; — *voix décisive de Wallon.* — A elle l'avenir, car l'avenir sera un triomphe de raison et une réconciliation!... Les partis croient à la brutalité de la force ; le Centre national croit à la force de la raison, cette souveraine impérieuse, souvent répudiée mais toujours reprise. A notre manière, imitons les Anglais de 1688 (ce que d'autres ne surent pas faire en temps utile, même en octobre 1873)[1]. Pour sauver la monarchie, ils changèrent la

---

1. Si, après le 27 octobre 1873, les amis éclairés de M. le comte de Chambord avaient su lui imposer l'abdication ou bien passer outre, la monarchie aurait été légalement restaurée par l'Assemblée nationale à 28 voix de majorité, proclamant M. le comte de Paris, fusioniste depuis le 5 août 1873 et arborant le drapeau tricolore de la France et non celui de Froshdorff anachronique. Cette lettre d'octobre du Comte rétrograde à M. Chesnelong fut, sans le vouloir, la justification tardive mais décisive du mouvement antibourbonien désordonné de 1830, mais à la mode anglaise. Elle fut le chant du cygne blanc qui n'est plus de son époque mais qui n'a rien oublié.

dynastie ; pour sauver la France, changeons les générations, mais conservons la *République française*, qui seule
peut ramener l'unité politique dans notre chère Patrie (*la
terre des pères*).

« MILÈS. »

A J. B...

AU « PARTI NATIONAL » NON BOULANGISTE, PARIS.

Mai 1888-89.

« Parlez à un radical de l'*indiscipline* des radicaux, surtout de celle qu'ils ont affichée obstensiblement, à la face
de la France entière, au Congrès de Versailles, le 3 décembre 1887, pour le scrutin Freycinet-Ferry-Carnot, le Radical vous répond que M. Carnot y a eu plus de voix que
Jules Ferry. Cela est vrai pour le premier tour de scrutin
au *Congrès*, mais cette assertion est fausse pour la réunion plénière de Versailles, qui décidait du choix du candidat présidentiel, et dans laquelle J. Ferry, au troisième
tour encore, obtint plus de voix que Carnot et Freycinet.

« Mais tout mauvais cas est niable, disent les avocats
de la chicane, au palais.

« Que peuvent donc répondre les radicaux pour leur indiscipline notoire dans les élections de Pontoise, de l'Isère et
de Saint-Gaudens (Haute-Garonne), qui ont été plus clandestines ? A Pontoise, Joseph Reinach, opportuniste, fut
battu par un réactionnaire, parce que les radicaux de 1888
ne voulurent point voter au deuxième tour pour Reinach,
vainqueur du premier tour ; de même à Saint-Gaudens,
dans la lutte entre Cruppi-Bepmale-Piou, ils préférèrent

voter pour Piou (encore peu connu) que pour Cruppi ; de même à Grenoble, dans l'Isère, en mai 1888 : Girerd, opportuniste, ayant obtenu au premier tour plus de voix que Gaillard, radical, a été battu au deuxième tour par ce dernier, qui n'a pas voulu se désister en faveur de Girerd. Toujours l'indiscipline radicale!!!

« Examinons maintenant la *logique* impeccable des radicaux. En octobre 1885, ils traitèrent le cabinet Henry Brisson, l'homme des loges et des socialistes, de naïf, d'incapable, parce qu'il avait recommandé à tous ses fonctionnaires la neutralité électorale absolue au premier tour de scrutin ; c'était correct. Ce faisant, l'oublieux Brisson se rencontrait avec l'empirique libéral E. Ollivier qui, lui aussi, promettait aux Martel, Simon et Gambetta d'abandonner la candidature officielle et d'observer la neutralité électorale, au grand effroi des Cassagnac et Rouher. En février 1888, le radical Le Hérissé n'a pas hésité à faire une interpellation à la Chambre, parce que, a-t-il dit, le ministère Tirard fait de la *candidature officielle* dans les Hautes-Alpes en faveur du ministre des affaires étrangères, M. Flourens, devant la capacité relative duquel l'Europe s'est inclinée. Peu importe aux radicaux l'Europe, et l'indiscipline, et la logique!!... C'est là une réminiscence lointaine d'une autre élection de ministre des affaires étrangères, de celle de M. Charles de Rémusat, battu par Barodet, à Paris, en 1873, avec la complicité imprévoyante de Gambetta.

« Que dire aussi de l'*engouement* natif des radicaux pour un généralat militaire docile?... Se souvenant que Napoléon III avait trouvé un Saint-Arnaud au 2 décembre 1851, M. de Broglie un Mac-Mahon au 24 mai 1873, ils ont essayé d'abord du général Thibaudin, puis ils ont cru trouver leur homme dans le légendaire Boulanger, que la diplomatie rusée de M. Constans fit s'évader à Bruxelles[1]. Le sabre est une bonne chose quand il est entre les mains radicales, de même que la *discipline* quand elle est pratiquée comme dans la légendaire Toulouse, la Cohniphile électorale, à la mode sémite.

« Nous rencontrons parfois certains opportunistes répétant ingénuement : Pourquoi ne pas laisser prendre le pouvoir par les radicaux ? Pour deux raisons... : 1° parce que nous n'avons pas, comme en Angleterre, deux partis rivaux, mais constitutionnels ; la monarchie seule hériterait des radicaux ; 2° parce que le radicalisme mène sûrement à la dictature militaire ou civile ? Ce serait une faute irréparable[2], non pas naïve, mais coupable et mortelle. »

1. Il était réservé à M. Waldeck-Rousseau de rencontrer plus tard ce triste soldat, ce républicain *Oriental*, dans la personne du général André, l'introducteur protocolaire de la délation dans la « Grande Muette » nationale, je veux dire l'Armée, et le giflé publiquement par Gabriel Syveton. Faisaient aussi partie de ce ministère apostat, le socialiste Millerand et le protéiforme Georges Leygues, atteint d'*unité morale* universitaire, comme sous Louis XIV. André avait pour complice le général Peigné et pour adversaire irréductible le commandant Cuignet. Et voilà à quoi, c'est-à-dire au socialisme, a abouti cette manœuvre politique que quelques-uns ont appelé la « **concentration à gauche** ».

2. Elle a été commise en juin 1898 par M. le président Félix Faure dans le sens contraire de l'intervention pacifique du cardinal Lavigerie en 1890 et du pape Léon XIII en 1892. Ces derniers voulaient rallier et unifier les Français, tandis que le premier a agi en cette occurence comme un sectaire antiparlementaire pour diviser le parti républicain, sans réconcilier la douce et aimable France, qui ne demandait qu'à se donner et non à divorcer Cette faute irréparable est indiquée ostensiblement, en la comparant à la faute de Thiers Ier en 1871, au fronton de mon livre Cazérien. Deux fautes graves!!! Les Napoléon en bénéficieront-ils ? En 1904, Déroulède vient de tâcher de réparer par son programme plébiscitaire la faute censitaire de Thiers en 1871, lequel, pour ne pas être plébiscitaire, lui qui fut plébiscité dans vingt-six départements, préféra demeurer bourgeois impénitent et s'associer, sans le

LETTRE A M. JULES FERRY

PARIS (RÉPONDU).

« Permettez à un simple rural, mais bon Français, de vous adresser quelques réflexions au sujet de la polémique récente qui vient d'être échangée entre le porte-drapeau du radicalisme parlementaire, j'ai nommé M. Clémenceau, et le coryphée du boulangisme intransigeant, je veux dire M. le marquis de Rochefort-Luçay, qui lui, du moins, veut rester fidèle à Boulanger. Cette polémique, instructive pour les spectateurs, me confirme dans l'opinion que j'avais déjà et que je vous ai manifestée au mois d'avril dernier, savoir : de même que M. Constans a été l'homme nécessaire pour triompher du boulangisme, cette association de royalistes, de napoléniens et de radicaux dévoyés, de même M. Jules Ferry est l'homme indiqué, l'homme providentiel, dirais-je si j'étais monarchiste, pour enrayer le radicalisme, cet auxiliaire-né du boulangisme, cette secte républicaine qui ne sait qu'affirmer, pontifier et démolir, et dans laquelle le Césarisme ou la Révolution sociale recrutent leurs meilleurs soldats, d'autant meilleurs qu'on ne se méfie pas d'eux. Lisez l'histoire.

« A M. Constans, l'honneur historique d'avoir détruit le

savoir, à la capitulation lointaine de juin 1898 à la chute de Méline, ce glas *conventuel* d'agonie lente, mais fatale. Thiers eut peur du peuple ; F. Faure eut peur de la congrégation maçonnique desservie par les métalliques adeptes du radicalisme-socialiste. Le premier, doctrinaire et méfiant, après avoir traversé l'Atlantique, fut trop craintif ; le second, malgré sa fréquentation de l'autocratie russe, ne fut pas assez audacieux. Congressistes, l'un fut le cheval de renfort censitaire, l'autre fut le cheval de renfort sectaire, formant tous deux un équipage mal assorti.

Boulangisme; à M. Jules Ferry le rôle fatalement indiqué de contenir le radicalisme, ce péril républicain[1]. L'histoire vous réserve encore cette page blanche, se souvenant aussi que, le premier, vous avez traité Boulanger de « Saint-Arnaud de café-concert ».

« Et s'il pouvait rester dans mon esprit l'ombre d'un doute, ou la moindre hésitation, il n'y aurait plus place aujourd'hui que pour la lutte énergique. M. Clémenceau lui-même m'y incite. Sa réponse à Rochefort, qui veut avoir les allures d'un démenti superbe, n'est tout simplement qu'un demi-aveu, et son adversaire blasonné d'outre-Manche a parfaitement raison de lui riposter qu'il ne nie point le rendez-vous dans les bureaux de la « Justice » où l'on a parlé du *général Eudes*, raison aussi d'ajouter que si on a parlé de ce dernier ce ne devait être que pour *appuyer* ou *empêcher* les décisions du Congrès de Versailles, avec l'aide de trois cents blanquistes.

« Ah! J. Ferry, accomplissez donc votre destinée jusqu'au bout, je vous l'ai dit plus d'une fois, entrez au Sénat en 1891, et, quand vous y serez, souvenez-vous, comme nous tous, que le chef parlementaire du radicalisme, M. Clémenceau, a tout fait, en 1887, pour empêcher votre élection

---

1. Au début, l'évêque Dupanloup l'avait intitulé le *péril social*, et Jules Ferry lui-même a dit plus tard que « le péril était à gauche », parce que la droite était absolument vaincue, et malgré les affirmations sectaires des Ranc et Henri Brisson qui soutenaient, comme les périlleux socialistes, que le péril était à droite. Ce péril de droite avait été écarté en 1877, sous le Mac-Mahonat, par le vieux Dufaure, abreuvé lui aussi des sarcasmes des radicaux, menés alors par Floquet, le pourfendeur ultérieur du général Boulanger; c'était le vrai péril de droite. L'autre, celui qu'ont imaginé les Brisson, Ranc et Pelletan, n'est qu'un argument de stratégistes visant la conquête durable du pouvoir assis dans le beurre, mais dont les abords sont hérissés de haines sociales méthodiquement cultivées.

présidentielle, non dans l'intérêt de M. Carnot ou de la France, mais pour éviter l'avènement au pouvoir d'un adversaire redoutable. Que M. Clémenceau tâche donc de vous suivre au Sénat pour vous y combattre, lui qui, avec son ami Ranc, a toujours été partisan de sa suppression!... Ah! s'il était possible de plébisciter le Président Elyséen!!!

« Tout pour la France et par la France dans la République *Française!* Holà! les petites églises sectaires! Oubliez les injures imméritées et traditionnelles adressées à votre système colonial, et souvenez-vous que la France historique inscrira votre nom dans ses fastes immortels, malgré les criailleries intéressées des terroristes. »

Pour la terre des Pères, pour la Patrie apaisée,
notre mère et notre gloire ancestrale!!!

SOCIALISME ?

15 mai 1898.

1° Rien!... qu'un terme du dictionnaire français improprement appliqué par certains rhéteurs insinuants et cauteleux qui ne veulent voir dans la chose qu'une œuvre d'assistance publique et de secours mutuel à l'égard des malheureux. Inutile, MM. les novateurs, de changer la signification des mots : Dites donc dans ce cas, comme les philosophes et les littérateurs : la Philanthropie (amour des hommes), ou bien la Solidarité, à l'instar des Maçons, ou bien enfin la Charité, comme la pratiquent tous les bons Catholiques.

2° La pire des conceptions sociales, l'excitation des haines de classe, la spoliation des uns par les autres, si on prend le terme de socialisme dans son vrai sens révolutionnaire, partant antirépublicain, et acheminant notre beau pays de France vers la *nationalisation* de la fortune publique, soit la ruine nationale, par deux routes différentes, mais équivalentes quant au résultat final.

Le Socialisme barbare, c'est la destruction de la propriété individuelle, de la liberté individuelle et partant de la dignité humaine, puisque le citoyen, n'ayant plus le droit de propriété particulière, deviendrait l'esclave de l'Etat ou de la commune natale. Il ne pourrait plus ni vendre ni acheter la terre, ni en hériter. N'en déplaise à l'insinuant Jean Jaurès !

La première route, la plus brutale et la plus violente, mais la plus franche, est suivie par les sectaires du Collectivisme qui voudraient en arriver d'un bond (système J. Guesde) à la dépossession des propriétaires actuels, avec ou sans indemnité, et la mise en commun (c'est-à-dire la Commune déclarée propriétaire de toutes les parcelles) du sol, des instruments de travail et des bestiaux.

Les portefeuilles fileraient à l'étranger.

Le Collectivisme (néo-Communisme de 1848) prendrait simultanément le Capital et les Revenus ; ces derniers seraient ensuite arbitrairement distribués aux habitants par un Comité municipal élu par le suffrage universel et irresponsable. On pourrait peut-être rencontrer au tournant de la route certaines échelles à poissons qui retiendraient quelques écus égarés aux passages difficiles !!!...

Toutes les récoltes de la Commune seraient apportées aux bâtiments communaux.

La seconde route est suivie tortueusement par les partisans de l'Impôt sur le revenu, appelé, en 1898, impôt sur les Riches par les électeurs populaires[1]. Ce serait la spoliation lente et légale du capital par l'impôt. Cette formule jésuitique du Collectivisme honteux, se dérobant sous le nom d'Impôt sur le Revenu, d'impôt sur les Riches et de non-Impôt sur les Pauvres, absorberait lentement et graduellement le capital par le revenu, qu'on imposerait progressivement de 1 à 50 %. C'est M. de Freycinet qui a planté les premiers jalons de cette seconde route par sa loi municipale de 1884. Cette formule serait moins cassante, mais beaucoup plus perfide et pour les riches et pour les pauvres eux-mêmes, car elle dépouillerait les premiers par progression (ceux d'aujourd'hui, puis ceux de demain) et tromperait les seconds par ambition individuelle.

C'est le Jésuitisme du Socialisme, au drapeau rouge.

Ce serait le malheur de la nation entière, si la chose était possible, car la haine serait semée dans toutes les âmes, et l'homme haineux est fatalement malheureux, pour lui et ses semblables.

Voilà le Socialisme sous ses deux faces : *brutal* ou *perfide !...*

C'est le « péril de gauche » du clairvoyant Jules Ferry.

---

1. Il y a, en somme, trois variétés d'impôt sur le revenu. En premier lieu, il y a l'impôt global et progressif, façon Doumer : il a été black-boulé, parce que la Chambre a reculé devant la déclaration et la taxation, sans lesquelles il est inapplicable. En second lieu, il y a l'impôt sur les revenus par cédules distinctes, façon Cochery ; il a échoué, parce qu'il impliquait l'impôt sur la rente, que la Chambre n'a pu se résoudre à subir. En troisième lieu, il y a l'impôt sur le revenu, sous le ministère Bourgeois en janvier 1896, d'après les signes extérieurs, projet fort ancien, imaginé il y a une donzaine d'années par M. Dauphin ; chaque fois qu'il a reparu, on a élevé contre lui les objections les plus graves, et ce n'est sans doute pas encore cette fois qu'il en triomphera.

PEYTRAL.

De même que le vieux Dufaure, à la tête des 363 réélus, chef du premier ministère républicain de 1877, pilota et sauva la République à cette date du « péril de droite ».

Les socialistes français sont les ennemis de la société civile et religieuse, de l'armée, et les ennemis, à l'opposé des socialistes allemands, de la Patrie.

Le Socialisme ! c'est une satisfaction envieuse assez platonique octroyée aux miséreux, car les riches sont un peu appauvris et les miséreux ne sont pas enrichis, mais les uns et les autres sont devenus moins bons voisins, moins sociables, pendant que les Millerand et les Jaurès mangent voluptueusement le fromage du naïf corbeau de la fable dans leurs châteaux de la Renardière maçonnique et que l'apôtre breton, M. de Mun, prêche ingénuement son socialisme chrétien que les deux premiers se chargent de laïciser, c'est-à-dire de rendre haineux.

K. Milès.

AFFAIRE DREYFUS

(1898-1900).

« La Patrie est en danger ! »

C'est une coalition haineuse de Juifs, de Protestants, de Maçons et de Politiciens ou prétendants mécontents. C'est l'image synthétique de la société politique de nos jours arrivée au pouvoir, composée des premiers adhérents à la République non idéale, Juifs, Protestants et Maçons, qui entendent défendre âprement les positions conquises et ne veulent pas céder la place aux catholiques tard venus et dont le *ralliement* aurait paru plus spontané, partant plus sincère, en 1880 plutôt qu'en 1890. Ils ont été les ouvriers de la dernière heure. Les Puritains n'étaient que trop disposés à le leur reprocher. Léon XIII le comprit et répondit par l'amour conciliateur à cette fusion des deux haines : la haine juive et la haine maçonnique. Pour prétexte : la réhabilitation d'Alfred Dreyfus. Pour but : la déconsidération de l'armée par les personnalités de l'état-major militaire et de la magistrature dans l'institution suprême de la Cour de cassation.

Le but ultérieur et occulte du Syndicat dévoilé par les événements de 1899-1900, et après les procès de Rennes, fut la grâce de Dreyfus par le terne Président Loubet, tandis que la Haute-Cour condamnait à dix ans de bannissement le patriote Déroulède, chef des nationalistes, acquitté par la cour d'assises.

Pour résultat : la dislocation sociale de la Patrie française, la Révolution sociale. Le triomphe du Syndicat serait l'anéantissement de la France, la destruction du patriotisme national, dont les deux principaux agents auront été, pour l'armée de terre, le général André, et pour la marine, le bilieux chartiste, Pelletan Camille. Comme les Tarquins de Rome, ils frappèrent les chefs, les meilleurs, sauf à créer un « péril national » sous la myopie fonctionnelle de M. Loubet. Ah! que doit penser l'ombre des grands ancêtres, les Carnot et les Danton!...

De même que, dans le Panama, les principaux meneurs du scandale ont été les juifs : Jacques de Reinach, ce banquier, juif comme Naquet (le Féminiphile), de race internationaliste et métalliphile (le baron Jacques de Reinach, pris de remords vis-à-vis de la France qui lui avait accordé la liberté politique et l'égalité civile, se suicida par le poison, oubliant ainsi la belle maxime d'un empereur romain,

résidant à notre Lutèce et s'appelant Julien, dit l'Apostat :
« On doit être convaincu que l'homme qui est attaché à la
vie quand il faut mourir est moins lâche que celui qui veut
mourir quand il faut vivre »), Cornélius Herz et Arton,
de même nous avons constaté à la tête et au début de
la résurrection de l'affaire Dreyfus les protestants Scheu-
rer-Kestner, Trarieux, de Pressensé, Vaughan et Henry
.Brisson.

En résumé, J. de Reinach a été cause du scandale finan-
cier du Panama et par contre-coup de la déconsidération
qui a rejailli sur le Parlement et la Magistrature, de même
que Dreyfus a été le prétexte de déshonorer l'Armée et la
Magistrature encore, soit la Cour de cassation.

Les principaux journalistes du Syndicat : Georges Clémenceau, dans *l'Aurore*; Jaurès, dans *la Petite République;* de Pressensé, dans *le Temps*.

Ses avocats : Mes Labori, Demange, Tézenas, Clémenceau (Albert), Mornard, Leblois. Ses adversaires acharnés :
Paul Déroulède, le chef du groupe nationaliste; Edouard
Drumont, le chef du groupe antisémite; or, le sémite est
internationaliste et non pas nationaliste.

Rapporteur de la Cour de cassation : M. Bard.

Procureur général de cassation : M. Manau, procureur
à Toulouse en 1871. Président de la République congressiste : le *volontaire* M. Loubet.

Conséquences rigoureuses du Syndicat : l'humiliation de
la France en Egypte, en novembre 1899, à Faschoda, sous
Delcassé précédé de Clémenceau, lequel préféra renverser
M. de Freycinet en 1882 et abandonner le canal de Suez,
l'œuvre de M. de Lesseps. L'Histoire donnera à Clémenceau
le nom d'*Egyptien* et à M. Delcassé celui de *Marocain*
imprévoyant.

L'homme indomptable de cette infâme affaire Dreyfus aura été le commandant Cuignet, emprisonné deux mois au Mont-Valérien, accusé de folie par le général André qui poursuivait la réhabilitation de Dreyfus, malgré ses aveux à Lebrun-Renault, et mis enfin en disponibilité par retrait d'emploi par le même André accusé par lui de faussaire et auquel commandait le garde des sceaux qui lui refusa des juges pour le confondre ou l'absoudre; innocent, Dreyfus aurait dû refuser la grâce à M. Loubet, persister à être jugé par ses pairs militaires.

LE PATRIOTISME OPPOSÉ A L'UTOPIE HUMANITAIRE

CETTE LÉGENDE PRÉHISTORIQUE : « SANS DIEU NI PATRIE. »

Le Patriotisme, ce dernier refuge, cet inviolable asile des peuples opprimés, cette ressource suprème des nations en détresse, cette flamme immortelle qui peut tout ranimer et tout ressusciter, le Patriotisme est un sentiment complexe et délicat qui est fait, à la fois, de sensibilité, d'intelligence et de raison. Il grandit et s'épure dans le sentiment des fiertés communes d'une même race, dans le souvenir de ces luttes politiques du passé qui ont formé les assises successives de l'unité nationale, des joies et des tristesses qui ont uni nos pères, et des exploits dont ils nous ont laissé l'exemple, dans ce culte du drapeau français qui unit dans un même battement de cœur tous les dévouements et toutes les croyances, dans une solidarité parfaite de la gloire et de la souffrance, du passé et du présent. Il ne répudie rien de la France, ni son long passé de vaillance et de gloire militaire, ni ce culte jaloux de l'Idée auquel elle reste obstinément fidèle, rien, pas même la solidarité de ses fautes et l'héritage de ses malheurs, y compris la défaite désastreuse de Waterloo et le bûcher sacrilège de Rouen où l'héroïne de la France, Jeanne d'Arc, consacra par sa mort la libération de la Patrie et le relèvement de la nation opprimée par l'envahissement insulaire, comme aujourd'hui par les Juifs de 1904, nouveaux envahissseurs.

Le mot de Patrie, la mère des riches et des pauvres, sera le dernier cri du chroniqueur, qui repousse avec horreur les théories dissolvantes et matricides de l'insulteur venimeux du drapeau « dans le fumier », et les diatribes de celui qui s'est posé en détracteur, après Voltaire, de notre héroïque Jeanne d'Arc, la vierge de la France aux Français; oui, nous repoussons toutes ces théories malsaines qu'il est de mode aujourd'hui de rejeter en **paroles** et qu'on laisse se repandre en **faits!**

DÉSENCHANTEMENT.

1er avril 1904.

A la loi de haine religieuse et politique synthétisée par le syndicat Dreyfus arrivé à son apogée en 1898-1900, la France de nos pères avait pour devoir d'opposer la loi d'amour, d'union et d'apaisement politique formulée un jour par la conception progressiste de la *concentration nationale* et patriotique sur le terrain républicain, mais largement français. La réponse du pays fut, en effet, cette loyale et généreuse conception de ralliement de juillet 1888 qu'on avait comprise et pratiquée au Vatican du politique Léon XIII, en 1890. Ce faisant, ce grand pontife joua, vis-à-vis du parti royaliste, le même rôle négatif que F. Faure vis-à-vis du parti républicain progressiste en 1898, et Jules Ferry à l'égard des inamovibles du Sénat en 1884, et la Bourgeoisie barricadante de 1830 vis-à-vis du Bourbon Charles X.

Nous sommes au 1er avril 1904; les Puritains sectaires de la République épurée du vingtième siècle ont chassé de la maison républicaine les Libéraux, tous les Progressistes, la Réaction, ont fermé la porte à tous les Ralliés, pour ouvrir cette même porte à la Révolution, ainsi que la porte de sortie militaire au colonel Marchand et autres marins et soldats, de même qu'ils ont expulsé Dieu, en image et en pensée, de l'école, du couvent et du prétoire de la Justice, au nom de la Liberté. Ils n'offrent plus à la France, au lieu et place de la *concentration nationale* française, que la dislocation puritaine, haineuse, et l'athéisme dégradant pour l'humanité intellectuelle animalisée.

Leur formule républicaine est la négation de la Liberté. C'est logique; après la négation de Dieu, celle de la Liberté, dont le sacrifice du Golgotha a été l'expression la plus sublime, dans sa divine liberté.

Nous concluons, *avec vif regret, avec un regret amical,* que le devoir futur, fatal, inéluctable des Français est d'opposer à cette tyrannie officielle et désorganisatrice (*à défaut de l'unité politique républicaine irréalisable à la suite de la faute malheureuse de F. Faure en juin 1898*) l'unité dynastique et militaire, l'unité napoléonienne désignée, ou mieux imposée royalement par la maladresse ultime et historique de la blanche épître comtale du 27 octobre 1873, aggravée par la visite royale clandestine à Versailles du 9 novembre suivant rue Saint-Louis, ainsi commentée par M. de Lacombe : « Malheureux pays ! périssant par la faute d'un roi, comme pour expier le crime d'avoir fait périr un roi » ; unité jalonnée par la loi cinquantenaire et napoléonienne du suffrage universel, cette invention lointaine de la naïveté royaliste en 1846, mais devenue de salut national aujourd'hui par le Plébiscite nationaliste.

Le Plébiscite : c'est le pays impersonnellement consulté et non censitairement. Le Parlement moderne et congressiste : c'est une association de secours mutuels composée de neuf cent un membres, dont la France paie les cotisations et les voyages d'agrément, surtout de 1900 à 1904. F. Faure plébiscité, partant plus national que censitaire, n'aurait pas commis la faute irréparable de juin 1898, après l'échec des Ribot, Peytral et Sarrien ! En 1850, Louis-Napoléon refusa la démission du cabinet Léon Faucher. En 1895, Casimir-Périer s'en alla de l'Elysée. L'un fit de l'irréparable pour rester et l'autre pour s'en aller. En 1879, Mac-Mahon quitte l'Elysée.

Le chroniqueur cazérien vient de finir sa tâche ; commencée en 1884, elle se termine aujourd'hui par ce post-scriptum laconique et désillusionné, mais apaisé. Son travail se divise en deux parties : la première, exclusivement historique et agricole, s'adresse aux contemporains ; la seconde, qui a fait de fréquentes incursions sur le terrain politique, est à l'usage des descendants, comme une sorte de leçon de choses fixée, dont pourront profiter nos arrière-neveux, s'ils savent ou s'ils veulent. Ces derniers devront constater, comme Michelet, que l'histoire est une résurrection, et aussi, qu'une fois ressuscitée, elle se refait à peu près également par les hommes ou par Celui qui mène les hommes. Ces deux fractions de notre livre ont été fusionnées, pour passer alternativement sous les yeux du lecteur distrait, ainsi mieux disposé à saisir l'époque actuelle panachée d'antiquité historique par l'auteur. C'est l'enlacement voulu de l'histoire du passé et de l'histoire du présent. Elles se complètent : l'une est l'histoire civile de notre petite ville, l'autre soulève un coin de la politique générale contemporaine de notre grande Patrie ; la France et les deux forment pour l'ouvrage complet un modeste volume offert à un public restreint, sans autre prétention littéraire ou politique que celle de lui être utile ou agréable, sans autre ambition que celle de servir son pays et non de s'en servir.

En résumé, notre vœu le plus ardent, le souhait des dernières années de la vie de celui qui a beaucoup aimé sa grande et sa petite patrie, est de dire à nos concitoyens, présents ou futurs, que leur devoir, et j'ose l'écrire leur bonheur aussi, est de se détacher de la politique stérilisante comme *la haine* et *la grève*, ces *deux maux* de l'époque, pour revenir au travail qui est la loi *sanitaire* de l'humanité, au travail ancestral des champs surtout, adoucissant les mœurs et assainissant la race, pour revenir à Dieu qui est la vraie consolation de l'humanité, pour revenir à la Patrie française, qui a été la gloire de l'humanité guerrière ou croyante dans les siècles écoulés qui préféraient Jeanne d'Arc et La Tour d'Auvergne aux sans-patrie de 1904.

III. — ARCHÉOLOGIE

NOTE POUR LES FOUILLES DE CHIRAGAN

PRÈS MARTRES-TOLOSANE.

Avant de recommencer les fouilles de cet inépuisable quartier de Chiragan, qui ont produit de si beaux résultats en 1890-91, dans les premiers mois de 1888, un ami, avec lequel nous sommes fier d'entretenir des relations distinguées, M. Roschach, nous demanda par un questionnaire détaillé une note sur l'état des lieux et la possibilité de fouilles éventuelles. Nous répondîmes. Et voici ce document original avec les demandes et les réponses :

Chiragan, sur les bords du fleuve pyrénéen, le 15 mars 1888.

DEMANDES. — 1° *Est-il aisé de retrouver les emplacements des fouilles faites en 1826 et 1840 (propriétés Saboulard Baptiste, Bonassies, domaine de Bordier)? Les terrains ont-ils été dénaturés par des changements de culture, de niveau ou autrement ?...*

RÉPONSES. — « Oui, il est facile de retrouver sur les bords de la Garonne l'emplacement des fouilles faites au quartier de Chiragan, au-dessous du chemin de l'Estrade (l'ancienne voie romaine qui, à un point donné, a conservé toute son ancienne largeur), mais il est plus rapproché du fleuve que de la voie. Les plus belles trouvailles (les bustes) furent faites au champ Saboulard, dit Pouthian, au couchant et tout proche du terrain acquis depuis lors par la Société archéologique de Toulouse. L'aspect des lieux n'a guère changé, sauf au nord de la parcelle Saboulard, où un tertre a été abattu. Il séparait son champ de la propriété Thébé, dont Saboulard est devenu acquéreur, et un sainfoin a été semé sur les deux champs réunis et nivelés. C'est à leur point de jonction et à l'angle sud-ouest d'une petite vigne, dont le plan est plus élevé, que se trouvait l'entrée du portique avec colonnes, selon le témoignage d'un des surveillants des fouilles de 1841, qui nous accompagnait. »

2° Les travaux d'exploitation ont-ils amené depuis 1843 la découverte d'objets antiques d'une nature quelconque, et que sont devenus ces objets ?...

« Rien d'important n'a été découvert depuis cette époque, hormis quelques blocs de maçonnerie à peu près informes mis au jour sur les bords du fleuve par l'inondation de 1875 et qui nous paraissent être les vestiges du mur de clôture du bord de l'eau des jardins de la villa gallo-romaine. Ces blocs peuvent néanmoins servir de point de repaire pour établir le niveau d'exhaussement du sol qui est de 1 mètre environ. Quant aux menus débris disséminés dans le sol, tels que petits cubes de mosaïque, tessons de briques et de pierre taillée, la surface des champs Ferran et Ferré, à l'aspect du levant de la vigne ci-dessus indiquée et de la parcelle de la Société archéologique, la surface, disons-nous, en est littéralement couverte. Je ne puis en dire autant de cette dernière parcelle, dont mes

yeux n'ont pu distinguer le sol recouvert d'un épais fouillis
de ronces. »

3° *L'opinion des habitants de Martres, la vôtre comme
voisin, est-elle qu'il y ait chance de faire encore de
nouvelles trouvailles, et sur quel point de la commune?*

« Oui, je le crois et je vais m'expliquer. C'est aussi l'opinion d'un homme intelligent qui m'accompagnait, lequel,
âgé de treize ans en 1827, s'est trouvé en ce temps-là en
contact avec M. Dumège et a surveillé plus tard, en 1841,
les fouilles postérieures en compagnie du sieur Laforgue,
décédé. Les fouilles devraient être exécutées au même
quartier de Chiragan. »

4° *Sur quoi se fonde cette opinion?... sur de menus débris
disséminés dans le sol et mis journellement à la lumière
par l'outil des cultivateurs, ou sur la physionomie du
terrain dont le relief paraîtrait artificiel et en désaccord avec les plans naturels?*

« Mon opinion affirmative est fondée sur ce que, à l'époque des fouilles, certains terrains ne furent pas remués,
soit parce que les ressources pécuniaires vinrent à manquer,
soit par suite du refus des propriétaires ou de leurs exigences sans mesure. Notamment *un are environ* du champ
Saboulard, complanté en vignes et figuiers (aujourd'hui
arrachés), ne fut pas fouillé. Deux sillons de vigne probablement avec une rangée de figuiers complantés au pied et
au midi du tertre, aujourd'hui détruit, qui séparait le
champ Saboulard du champ Thébé, vendu ulterieurement
au susdit Saboulard — ceci est mon hypothèse. — De

même que la plus grande partie de la vigne, très vieille actuellement, qui constitue un renflement du sol et dont je vais parler tout à l'heure.

« Evidemment, le relief de cette vigne paraît artificiel et en désaccord avec le niveau des champs qui l'entourent. Elle est âgée d'une soixantaine d'années au moins. »

5° S'il y avait quelque point paraissant prêter à des fouilles un peu étendues, quelle est la nature des cultures qui s'y rencontrent, cultures annuelles, bois ou vignes?

« Ce point indiqué est la vigne ci-dessus mentionnée d'une superficie de 25 à 30 ares, pas ou presque pas fouillée, appartenant à divers propriétaires, entre autres aux héritiers Sabaté, et plantée à rangs serrés pour le travail à la bêche. Elle est plus élevée que les sainfoins et champs qui l'entourent. Impossible de pratiquer une tranchée entre chaque sillon ; on pourrait creuser à sillons passés, n'en sacrifiant qu'un sur trois. »

6° Dans quelles conditions les propriétaires de ces terrains consentiraient-ils à autoriser les fouilles et quel genre de dédommagement exigeraient-ils?...

« Je ne sais, ni n'ai voulu interroger, de peur de donner l'éveil de suite et d'exciter par conséquent la cupidité des possesseurs de la vigne. J'étais accompagné. On m'a assuré que Saboulard (Baptiste) avait obtenu de M. Dumège 2.000 francs d'indemnité, plus les lieux remis en bon état. Mon opinion est que les exigences seront moins grandes aujourd'hui qu'il y a cinq ans, motif pris de ce que toutes les terres, depuis 1884, ont diminué de moitié de valeur, et aussi de l'approche irrésistible du terrible insecte, qui n'a pas encore envahi le quartier Chiragan, mais beaucoup d'autres points de la commune de Martres-Tolosane. Le vignoble français va disparaître. »

7° Quel serait le prix de la journée de travailleurs suffisamment intelligents ?

« Le prix de la journée serait de 2 francs, à la condition cependant de faire les travaux des fouilles après la Toussaint et jusqu'au printemps. Naturellement le surveillant des travaux devrait être payé plus cher. En 1841, les ouvriers terrassiers se payaient moins cher, soit o fr. 80 c. ou o fr. 90 c. la journée ; aussi en employait-on une moyenne de trente environ par jour, en deux ou trois ateliers. »

Puissent les fouilles recommencer !... Je dois ajouter que l'on voit au château de M. Thébé, à Martres, deux colonnes de marbre provenant du quartier de Chiragan. Avant son acquisition par la famille Thébé, ce château martrais était la propriété de la famille de Sarrieu, alliée aux de Portes-Pardaillan, et dont une fille, Marie-Antoinette de Sarrieu, épousa en 1790 M. Jean de Vise, seigneur de Couladère, y décédé le 17 décembre 1838 à l'âge de quatre-vingt-douze ans.

IV. — TOURISME

UME ASCENSION AU PIC-DU-MIDI DE BIGORRE

Bagnères-de-Bigorre, ce 27 août 1880.

Qui vient à Bagnères veut monter au Pic-du-Midi de Bigorre. Il n'est pas loin de nous ce géant de granit qu'on aperçoit de si loin dans la plaine; il est le but quotidien d'un pèlerinage de touristes. Son étroite plate-forme sera bientôt habitée; pour ces motifs, on cède à la tentation et l'on va voir le Pic.

C'est une ascension sur ce cône colossal que je vais conter brièvement.

Les touristes étaient au nombre de quatre. Leur bâton ferré à la main, ils partirent dans l'après-midi de jeudi 26 des rustiques cabanes d'Artigue, où commence le sinueux sentier qui conduit à l'hôtellerie, ainsi qu'au sommet du Pic.

A peine arrivés à l'entrée du vallon d'Arize, un brouillard assez intense s'éleva et cacha aux excursionnistes la vue des objets environnants.

La brume était froide, mais pas assez dense néanmoins pour empêcher les voyageurs d'admirer en passant, dans une fente d'un rocher vertical, un splendide pied de marguerites blanches qui paraissait au-dessus d'un brillant ruban d'argent. Ce ruban, c'était le torrent d'Arize dont les eaux bouillonnaient au fond de ce précipice rocheux. Agréable et vaporeuse surprise que nous ménagea le brouillard! Plus loin, nouveau caprice de végétation; à la halte de Pène-Blanque, une fleur d'une couleur d'or magnifique poussait dans une faille minuscule du rocher et surplombait la tête des touristes qui s'y arrêtèrent pour prendre un instant de repos.

Après trois heures et demie d'une marche pénible, nous arrivâmes à l'hôtellerie; il était six heures du soir. Les nuages brumeux se dissipèrent et nous permirent de voir le cône dénudé qui dépassait nos têtes de 500 mètres environ. A la suite d'un léger repos, on se disposa à partager un frugal repas avec d'autres touristes qui arrivaient par la route de Barèges et qui voulaient, comme nous, assister au lever du soleil du haut du Pic.

C'est *la great attraction* de l'excursion. Par une heureuse coïncidence, nous comptâmes dans notre réunion accidentelle deux intrépides touristes, dont l'un n'était autre que M. Tissandier, le frère de ce Gaston Tissandier qui faillit périr victime de l'amour de la science, en compagnie de Sivel et de Crocé-Spinelli, dans l'épouvantable catastrophe du ballon *le Zénith*, en 1875.

Le lendemain, à trois heures et demie du matin, nous étions sur pied; à cinq heures, après une ascension pénible, nous nous trouvons au nombre de dix-huit sur l'étroite plate-forme du Pic qui n'a que 48 mètres carrés.

Le temps était pur et calme, le soleil sur le point de se lever. Si j'étais poète, je m'égarerais à peindre un lever de soleil. D'abord une meule de fer rougie à l'horizon, du côté de l'Orient; la couleur rouge disparaît vite, puis la lumière devient blanche; c'est un globe de feu; enfin tout l'horizon s'enflamme et le jour paraît.

On aurait dit aussi que de légères vapeurs blanches s'élevaient des vallées vers le ciel, insensiblement, semblables à des flocons de fumée cotonneuse. Si j'avais l'imagination poétique, je parlerais peut-être de cet océan de pics neigeux ou rocheux : le Marboré, le Néouvieille, le Mont-Perdu, etc., qui s'étendait sous nos yeux, dans un lointain immense émergeant dans une vive lumière et rappelant à l'esprit l'image de vagues gigantesques à jamais pétrifiées. Je dépeindrais aussi la silhouette du Pic que nous vîmes se projeter, ombreuse, sur un nuage opposé au soleil.

Mais la Providence ne m'a point fait présent de ce don divin, et j'écrirai simplement que si la montagne était brillamment éclairée, les vallées lointaines et la plaine de Tarbes étaient noyées dans un brouillard blanchâtre, et qu'à côté de nous apparaissait, presque achevée, l'habitation la plus élevée d'Europe, le nouvel Observatoire du Pic du Midi (2.860 mètres). Si dans ces hautes régions on éprouve le calme ravissant de la solitude, je suis sûr qu'on y subit souvent l'agitation des éléments, ce qui prouve que la montagne est le gradin superbe qui rapproche l'homme de Dieu, de même que la mer représente l'infini de Dieu.

Nous étions de retour à l'hôtellerie Costalat à sept heures du matin, à l'hôtellerie d'Artigue à midi, à Bagnères à deux heures et demie du soir. Dire que nous n'étions pas fatigués serait le contraire de la vérité.

TABLE DES MATIÈRES

Préface, 9.
Notice, 15.
Commerce, 16.
Industrie, 16.
Production du sol, 17.
Agriculture, 18.
Situation, 19.
Simorre, 19.
Picayne, 20.
Labernède, 21.
Superficie, 21.
Etymologie, 22.
Origines, 22.
Configuration, 23.
Halle, 23.
Ville Barrade, 24.
Calagorris, 24.
Oppidum-Salvetat de Serres, 25.
Suite de Ville Barrade, 31.
Ville proprement dite, 33.
Les Anglais, 34.
Mur d'enceinte, 36.
Château féodal, 38.
Inféodation Doniès-d'Uzès, 43.
Visites seigneuriales, 44.
Froissart à Cazères, 46.
Siège de Cazères, 48.
Traité de paix entre Foix et Armagnac, 51.
Voyage des deux amis, 52.
Mort de Gaston Phébus, 53.
Portrait de Gaston Phébus, 54.

Troisième ville ou ville des faubourgs, 55.
Insurrection royaliste de l'an VII, 56.
Ponts de Cazères, 58.
Pétition du Plan de 1739, 60.
Bornage d'Antin et de Palaminy, 63.
Pont de la Pointe, 64.
Peste bovine de 1775, 66.
Ruine du pont de 1727, 68.
Annotations variées sur Palaminy, 68.
Délibération populaire, 71.
Procession à la Pointe, 76.
Village de Saint-Vincent, 78.
Pétition des consuls cazériens, 80.
Zèle des consuls, 83.
Traitement consulaire, 84.
Carbonne, 86.
Pont de 1840, 90.
Inondation de 1875, 94.
Inondation de 1897, 96.
Charte des franchises et coutumes, 96.
Armorial de Cazères, 102.
Définition étymologique, 104.
Moulins à eau, 106.
Suette pestilentielle, 108.
Dénombrement de 1607, 108.
Tremblement de terre, 109.
Religion de nos pères, 110.

Bureau fiscal au dix-huitième siècle, 110.

Pierre de Bazon à Labernède, 112.

Chapelles des châteaux de Labernède et de Larrouset, 113.

Moulin de l'Hourride, 115.

Démêlés de la Fraternité avec M. Richard, 116.

Confréries de Cazères, 122.

Saint-Jacques (Monsieur), 123.

Famille Darbas, 124.

Revenus de Saint-Jacques, 128.

Bassin de Notre-Dame, 129.

Fraternité des prêtres de Cazères, 130.

Société de Saint-Sébastien, 131.

Industrie cazérienne, 132.

Les six faubourgs de Cazères, 135.

Famille Duffaut, 138.

Négoce, 139.

Marine, 140.

Famille Seignan de Sère, 140.

Eglise Notre-Dame, 142.

Eglise de la petite Barrade, 146.

Seigneur de Rachac, 148.

Bénédiction des deux drapeaux, 149.

Monastère de religieux Capucins, 155.

Dames du Saint-Nom-de-Jésus, 157.

Frères de la doctrine chrétienne, 157.

Démolition du château cazérien, 157.

Trois mariages aristocratiques, 159.

Châteaux de Baluet et de Larrouset, 161.

Bannissement de César Tholose, 163.

Possesseurs du château cazérien, 167.

Pardaillan-Gondrin d'Antin, 169.

Les Crussol d'Uzès, 172.

Hospice de Montserrat à la Case, 174.

Arrosage des rues, 177.

Nouvelle halle aux grains, 179.

Trois édilités cazériennes, 182.

Vignes gelées au 17 janvier 1881, 185.

Reconstitution du vignoble, 187.

Cyclones de 1897; métayage, fermage, 194.

Dernière page, 198.

TABLE ALPHABÉTIQUE

Adoue de Sailhas, 149.
Aire de Notre-Dame, 134.
Aire de la Rente, 134.
Albret (sire d'), 167.
Alicante-Bouschet, cépage, 192.
Altitude, 21.
André de Servolles, 114.
Anglais, 34.
Angonia, 25.
Antin, 97, 102, 133.
Arbas (Raymond d'), 126.
Archives de Cazères, 56.
Archives de la trésorerie, 208.
Argut, 156.
Arnaudet, hameau, 79.
Ariby (Jean d'), 99, 202.
Arroy (Guillaume), 99.
Assemblée de commerce, 139.
Aspet (Roger d'), 167.
Assiette de Rieux, 70.
Astorg-Montbartier, 164.
Atoch, 37.
Auch, 96.
Auguères (Bertrand), 121.
Aurioly (Aymar), 207.
Avenir national, 211.
Aygossau, 30.
Aymar de la Loubère, 46.
Bac de Carbonne, 81, 83, 85.
Bac de Cazères, 205.
Bac de Palaminy, 63.
Bailliage de Gascogne, 39.

Bal des Anglais, 41.
Baluet, château, 161.
Banlieue, 19.
Barbazan, 167.
Barques de Cazères, 141.
Barrade (ville), 24.
Barrage de Palaminy, 73.
Barrau, 159.
Barrau (Jean), 159.
Barrau-Montagut, 159.
Barry (Edward), 22.
Barus (Jean), 161.
Barus (Paul), 114, 116.
Base (la), 23, 94, 100, 136, 206.
Bassin de Notre-Dame, 107, 129.
Bateliers, 132.
Baudomour (Anne de), 159.
Baudomour-Taurignan, 159.
Bazin de Besons, 21.
Bazon (Pierre de), marquis de
  Montbéraut, 112.
Bazon (Joseph de), 112, 126, 150.
Bazon (Jean), prêtre, 126.
Bazon (Jean), notaire, 126.
Beaulieu, château, 141.
Beaumarchais (Eustache de), 45,
  97.
Bécane, notaire, 71.
Bélissens-Durban, 163, 165.
Bellegarde, 169.
Bellegarde (duc Jean-Antoine), 112.
Bellevue, métairie, 27, 30.

Bénédiction des drapeaux, 149.
Benque (Denis de), 159.
Benque (Gabriel de), 20, 160.
Benque (baron de), 159.
Bentayre (le), métairie, 27.
Bergès, 141.
Bergès (Joseph), 57.
Bernage (M. de), 84.
Bertier (Antoine-François de), 85.
Besse, 156.
Biarc, seigneurie, 164.
Biros, 160.
Biros (Marie de), 162.
Biros (Charles de), 162.
Biros (Jean de), 160, 162.
Biros (Jean-Germain de), 162.
Biros du Jardin, 162.
Blancotte, bois, 31.
Bodil (Pierre), 131.
Bois des Nauzes, 138.
Bonassies, propriété, 266.
Bonnefont, abbaye, 87.
Bordegrosse, 161.
Bordelais, cépage, 189.
Bordes, 69
Bordier, domaine, 266.
Bornage d'Antin, 63.
Boubée, terre noble, 107.
Boucherie, 100, 206.
Bouffartigues, 72.
Bourbon-Toulouse, 169.
Bourdin, 107.
Bourguet, 23.
Boussan, 164.
Boyer (M. de), syndic général, 84.
Bram (baron de), 67.
Brème, 133.
Broudes, 111.
Bugat (Jeanne de), 162.
Burgaud, 70.
Buzet (motte de), 220.
Cabalier (Simon de), 208.
Cabié (Edmond), 214, 220.
Cachinole, 141.

Calagorris, 24, 27, 32.
Camp (côté du), 60, 66.
Camp des Roumegs, 198.
Camp de Serres, 215.
Camparant, capitaine de milice, 154.
Canal de Saint-Martory, 18.
Capitaines de milice, 150, 151.
Caporaux de milice, 150, 151, 152.
Capsubran (rue), 37, 123.
Capucins (couvent), 155.
Caragnous (les), Gargailloux, 163.
Carbonne, 34, 86.
Carrière, secrétaire du Roi, 208.
Carsalade (Joseph de), 162.
Casalas (rue), 22, 37.
Case (la), quartier, 113, 137, 163.
Cassagnabère, 164.
Cassagne (maison), 39.
Castelbajac-Tajan (Bernard de), 159.
Castelbon (Mathieu de), 167.
Castelnau, hameau, 19.
Castelnau - d'Estrétesfons (baron de), 65.
Castelnau-les-Nauzes, 25, 26, 212.
Castex, château, 57.
Caubet (Laurent), 134, 135.
Caubet (maison), 123.
Cauquères (las), faubourg, 23, 123, 137.
Cazanova, 65.
Cazanove (Bernard), 131.
Cazau (Raymond), 107.
Cazères-de-Marsan, 49.
Cazes (jardin), 47.
Cépages, 188.
Cépages : Alicante-Bouschet, 192 ; Bordelais, Grand-Noir, Jurançon, 189 ; Mauzac, 189 ; Mérille, Négret, Riparia Morticola, Riparia Portalis, Sémillon blanc, petite Sirah, Tannat, Valdiguier, Villemur, 189.

Cestars (Jacques), 99.
Chaire de l'église paroissiale, 145.
Champ des Tombes, 29.
Chapelle Darbas, 137.
Chapelle de Notre-Dame, 147.
Chapelle Notre-Dame-de-la-Conception, 126, 137.
Chapelle de la Grave, 109.
Chapelle de Labernède, 113.
Chapelle de Larrouset, 113.
Chapelle de Saint-Cizy, 29.
Chapelle de Saint-Jean, 124.
Chapelle des Capucins, 156.
Chapelle du Sacré-Cœur, 146.
Chapitre de Rieux, 106, 134, 138.
Charpentier (Joseph), 139.
Charte des Coutumes, 96.
Château de Cazères, 38, 157.
Châteaux : Baluet, 161 ; Beaulieu, 141 ; Fabas, 20 ; Fornex, 40 ; Labernède, 19 ; Larrouset, 163 ; Montespan, 43 ; Picayne, 19 ; Ramefort, 163, 164 ; Saint-Julien, 98 ; Simorre, 19 ; Terraqueuse, 56 ; Tersac, 47.
Chemin d'Auch à Cazères, 83.
Chemin des Capucins, 59, 76.
Chemin du Comté, 60.
Chemin de Toulouse, 27.
Chiragan, 25, 29, 266.
Cierp, 143.
Cimetières, 100.
Cimetière Saint-Jean, 141, 145, 157.
Cimetière des Pestiférés, 108.
Cizius, 30.
Clarac, métairie, 166.
Collecte de la Taille, 133.
Collège Saint-Martial, 111.
Collet (Céleste), 42.
Colonel de milice, 150.
Combes, 65.
Comère (Étienne de), 162.
Commandeur de Montsaunès, 106.

Comminges-Aspet, 35, 102, 166.
Comminges Saint-Lary (Bernard de), 164.
Commissaire de marine, 140.
Communaux, 100, 205.
Confréries, 122.
Confrérie de Notre-Dame, 106, 122, 129.
Confrérie de Saint-Jacques, 37, 106, 123.
Confrérie du Saint-Sacrement, 110.
Confrérie de la Fraternité, 122, 130.
Consorce de Cazères, 115, 116, 117.
Consulat, 97, 98.
Consuls : 1271, 45 ; 1466, 98, 201 ; 1606, 208 ; 1730, 150 ; 1757, 81 ; 1767, 83 ; 1772, 76 ; 1789, 153.
Contrôleur du domaine, 208.
Cornus, 138.
Coseigneurs de Cazères, 98.
Cot (boucherie), 41.
Couladère, seigneurie, 79, 111, 112, 161, 164, 207, 270.
Courrèges (Mme de), 150.
Couserans (vicomte de), 99, 160, 202.
Coustalat, bois, 75.
Coutumes, 96.
Couvent des Capucins, 155.
Couvent du Saint-Nom-de-Jésus, 157.
Crocherie (maison), 37.
Croix de l'Olivier, 137.
Croix du cimetière Saint-Jean, 145.
Croix de Mission (1806), 144.
Crussol d'Uzès (famille de), 39, 42, 170.
Curé de Cazères, 134.
Curés : 1632, Jean de Bazon, 112 ; 1679-83, Jean Barus, 137, 161 ; 1896, Achille Goudal, 143 ; 1887, Espagnat (Emile), 144 ; 1789,

Dubosc, 152; 1773, Soulages (Alexandre), 120; 1714, Paul Barus, 114.
Dabeaux, curé de Cassagnabère, 166.
Dambruu (Bertrand), 72.
Darbas aîné, capitaine, 150.
Darbas cadet, capitaine, 151.
Darbas (famille), 124, 128.
Darbas (Gaspard), 124.
Darbas (Joachim), 107.
Darbas (Pierre), curé de Gensac, 161.
Darbon, capitaine, 151.
Darbonio, 37.
Darbonnio de Valentine, 123.
Déban (Jean), 139.
Débant, notaire, capitaine, 151.
Débant (Jean-Joseph), 114, 117.
Débant, notaire, 165.
Débant (maison), 37.
Débats (Journal des), 211.
Debèze (Martin), prêtre, 98, 207.
Delassus, 209.
Démolition du château, 157.
Dénombrement, 112.
Dénombrement du Bassin de Notre-Dame, 107.
Diaz de Muret, 38.
Digue de Cazères, 82.
Dîmes, 134.
Domaine du Roi, 207.
Doniès, 42, 122.
Doumeng, capitaine, 150.
Doumeng, prêtre, 115.
Drapeaux de Cazères, 149.
Draperie de Cazères, 139.
Draperie de Carbonne, 139.
Draperie de Sainte-Croix, 139.
Dubois (Bernard), 149.
Dubois (Raymond), 72.
Dubosc, curé de Cazères, 152.
Du Bourg (Jean), évêque de Rieux, 113.

Dufaur (Bertrand), juge de Boulogne, 166.
Duffaut (famille), 138.
Duffaut (Pierre), 20.
Duffaut (Léon), capitaine de mobilisés, 134, 161.
Dumège, 208, 269.
Dupau (Jacques), 139.
Dupeyron (Charles), aumônier, 156.
Du Puy (Louise-Marianne), 164.
Durrieu (Dominique), marchand, 161.
Eglise Notre-Dame, 44.
Eglise Saint-Jean, 100.
Eglise de la Ville-Barrade, 149.
Eglise de l'enclos de Palaminy, 71.
Elections consulaires, 99, 203.
Encausse (Marie d'), 20.
Enceinte de Cazères, 36.
Espagnat (Emile), curé de Cazères, 144.
Espagne (Andrée d'), 113, 163.
Espagne (Charles d'), 164.
Espagne (Georges-Gabriel d'), 164.
Espagne (marquis Henri-Bernard d'), 164.
Espagne (Joseph-André d'), 164.
Espagne-Ramefort (baron Charles d'), 164.
Espaing du Lion, 46.
Espouy (Hector d'), 143, 145, 149.
Espouy (famille d'), 143.
Espouy (maison d'), 34.
Essai sur les origines de Cazères, 130.
Esterlé, 141.
Estrade (chemin de l'), 28, 266.
Etats de Languedoc, 65.
Etigny (Serilly d'), 60, 83.
Expilly (abbé d'), 19.
Fabas, château, 20.
Fabas-les-Religieuses, 138.
Familles : Darbas, 125, 128 ; Duf-

faut, 138; d'Espouy, 143; May-lin, 150; Monthieu, 76; de Sarrieu, 270; — de Sère, 140; Thébé, 270; de Tournemire, 148; de Vise, 161.

Faubourg (le), 23, 136.

Fauré (Jean-Joseph), notaire, 120.

Ferme-école, 212.

Ferran, 156.

Ferré (Abel), 29.

Feuillants, 110.

Foires, 100.

Foire de Saint-Thomas, 100.

Foire de Saint-Philippe et Saint-Jacques, 100.

Foire de Saint-Sabin, 100.

Foix (Henri de), 19.

Foix (Marc-Antoine de), 20.

Fons (Victor), 23.

Fontaine du Bourguet, 147.

Fontaine miraculeuse, 147.

Fontaine de Saint-Vidian, 30.

Fonts baptismaux, 145.

Forge banale, 97.

Fornex, château, 40.

Fort (Pierre-Arnaud), 134.

Fossés de Cazères, 137.

Four banal, 97, 100.

Fournié (Dominique), vicaire, 70, 164.

Fousseret, 110.

Francs-fiefs, 108.

Fraternité des prêtres de Cazères, 20, 36, 111, 114.

Fraternité Saint-Pierre de Pala-miny, 69.

Fraternité Saint-Jacques de Pala-miny, 69.

Froissart, 46, 48, 52, 54.

Galy (maison), 37.

Gamay, cépage, 189.

Gantier, 21, 27, 215.

Gargailloux (les), 27.

Gaston-Phébus, 46, 53, 167.

Gavarret Saint-Léon (Jean-François et Bertrand), 160.

Gelée du 16 janvier 1881, 185.

Général de milice, 150.

Génibrouse (Jeanne-Anne de), 159.

Gers, 19.

Girone-Claveté, hameau, 19.

Gistres (Guilhem de), prêtre, 126.

Gondrin-Bellegarde, 168.

Gouzens, seigneurie, 163.

Grailly (Mathieu de), 98.

Grand-Noir, cépage, 189.

Gravier Saint-Julien, 83.

Halle, 23.

Hiver de 1879, 193; 1881, 197; 1897, 194.

Hôpital du Campet, 109.

Hôpital Saint-Jacques, 69, 123, 137.

Hospice de Montserrat, 113, 137, 163.

Hôtel du Midi, 137.

Hourride (l'), 23, 31, 37, 93, 106, 137.

Hunaud (Augustine de), 164.

Hunaud (Jean de), 163.

Hunaud (Jean-Paul de), 113, 162, 163.

Inondations, 93.

Inondation de 1727, 68; 1772, 76; 1875, 93, 141; 1897, 95.

Inscription maritime, 141.

Insurrection de l'an VII, 55.

Isle-en-Dodon, 96.

Jammès (Raymond), 57.

Janséria (Gabriel), docteur, 125.

Jardin Monthieu, 134.

Jouanne de Saumery, 67.

Jugerie de Rieux, 98.

Junceria (Joseph), médecin, 162.

Jurançon, cépage, 190.

Labadie (Paul-Gabriel), juge, 121.

Labat, 68.

Labonne, notaire, 131.

Laborie (Jean-Léon de), 161.
Labernède, château, 19, 21, 112, 113.
Lachapelle, métairie, 161.
Lacroix-Falgarde, 148.
Laffore (François), 72.
Lajous (Pierre-François), 116.
Lajoux (Augustin), 72.
Lamésan (Jean-François de), 126.
Lamezan (Jean-Paul de), 164.
Lamouillière (régiment de), 148.
Lannes (maison), 39.
La Palu (Léon de), 162.
Larrouset, château, 161, 163, 165.
Lartet (fouilles de M.), 216.
Lasalle (Arnaud de), 106.
Lasseran-Monluc (Alexandre-François de), 159.
Lassus (M. de), 42, 44, 64.
Lavelanet, 138.
Laye, premier consul, 153, 156.
Le gardeur, 57.
Léon (Joseph de). 159.
Léon (Pierre de), 159.
Lescar, 143.
Lestelle, 21.
Leude (droit de), 133.
Lieutenants de milice, 150, 151.
Limargue, 57.
Lisle (Gaillard de), 124.
Lougarre, 156.
Louliba, fontaine, 147.
Maillol (Jean), marchand, 161.
Maisons : Alabert, 31; Atoch, 37; Bergès, 32 ; Cassagne, 39; Caubet, 134, 168; Conferon, 31; Crocherie, 37; Débant, 37, 162; Duffaut, 134; d'Espagne, 168; d'Espouy, 34 ; Esquerré, 32; Galy, 37; Lannes, 39; Laurac, 137; Maylin, 150; Monthieu, 140; Soubira, 119.
Maïssent (Guillaume), marchand, 161.

Malapeyre (M. de), magistrat présidial, 129.
Mancioux (seigneur de), 159.
Marchés, 100, 204.
Marcilhac, notaire, 208.
Marguerite, capitoul, 65.
Marguerite de Comminges, 98.
Marguilliers, 121.
Mariage Léon-Mauléon, 159.
Mariage Hunaud-d'Espagne, 163.
Mariage Tholose-Biros, 162.
Marine, 140.
Marins (derniers) de Cazères, 141.
Martin, père et fils, 145.
Martres (Jean-Louis de), 60.
Martres-Tolosanes, 25, 30, 52, 57.
Mauléon-Couserans (Paul-Gabriel de), 160.
Mauléon-Durban (Anne de), 159.
Mauléon-Durban (Catherine de), 159, 163.
Mauléon-Durban (baron Jean-François de), 159.
Mauléon-Durban (Jeanne-Françoise de), 159.
Mauléon-Durban (Jeanne de), 159.
Mauléon-Durban (Timoléon de), 159.
Mauléon-Francon (Claire de), 70.
Mauléon-Saint-Paul-Durban (Marie de), 159.
Mauléon-Saint-Paul-Saman (Jeanne Rose de), 159.
Maupel, 47.
Mauri (Gabriel), prêtre, 161.
Mausencourt (A. M. de), 159.
Mauzac, cépage, 190.
Mayssent (abbé), 156.
Mayssent (B.), secrétaire, 208.
Mazel, 100, 206.
Médecins diocésains, 71.
Médoc, 189.
Mérille, cépage, 189.
Méritz (les), hameau, 19.

Milhas, colonel de milice, 150.
Milhas, 156.
Milice bourgeoise, 149, 150, 153.
Miramont, avocat, 97, 133.
Molette, 21.
Moncaup (seigneur de), 159.
Mondavezan, 138, 161.
Montastruc-de-Comminges, 98.
Montaut-Saint-Civié (Hector de), 159.
Montbéraud, 33, 112.
Montbéraud (marquis de), 64.
Montclar, 57.
Monterabun, hameau, 79.
Montégut (dom Louis), prieur, 163.
Montespan, château, 42.
Montespan (M. de), 99, 105.
Montespan (marquis de), 167, 168.
Montispan (M. de), 201.
Montesquieu, 81.
Montjoie (la), 38, 94.
Monthieu (famille), 76.
Montoussin, 66, 110.
Montoussin (dame de), 160.
Montserrat, 175.
Moulin de la Pointe, 94.
Moulin de l'Hourride, 106, 107, 113, 115, 131.
Moulin noble de Garonne, 111.
Mourlan, 141.
Muret, 38, 56.
Naufrage de bac, 83.
Naunarre (Pierre de), 124.
Nécropole de Saint-Cizy, 217.
Nef de Cazères, 205.
Nicolay (Vidian), notaire, 98, 207.
Noailles (Marie - Sophie - Victoire de), 169.
Noé (marquis Roger de), 159.
Notre-Dame du Mont-Carmel, 128.
Novital, seigneurie, 148.
Obit, 137.
Œuvre Notre-Dame, 44, 106, 114, 118.

Orbessan (Françoise d'), 164.
Pacages communaux, 100, 205.
Paillac, métairie, 25.
Palaminy, 64, 68, 71, 110, 112, 162.
Palas (le), 25.
Pardaillan-Gondrin, 102.
Paréage de Cazères, 101.
Parsan de la Grave, 128.
Pas de la Garde, 53.
Paulo (comte de), 55.
Péage (tarif), 204.
Pèchers (plantations de), 17.
Pénent (Dominique), 119.
Pénent (Guillaume), 120.
Pénent (Louis), maire, 210.
Pesquès (terroir des), 73.
Picayne, château, 19, 20, 28, 131, 159.
Pins (Bernard de), 69.
Pioulet, 141.
Piscine de 1320, 145.
Place commune, 201, 206.
Place de l'Eglise, 141.
Place Saint-Jean, 100.
Place Lafayette, 140.
Place du Centenaire, 136.
Plan (le), 60, 61, 66.
Plâtre de Roquefort, 141.
Pointe (moulin de la), 59, 65.
Police rurale, 204.
Pont de Benque (Louge), 85.
Pont de bois, 205.
Pont de la Pointe, 63, 64, 65.
Pont du Bourguet, 37, 47, 92, 146.
Pont de Carbonne (Garonne), 84.
Pont de Cazères (Garonne), 58, 64, 90, 93, 96.
Pont du Diable, 47.
Pont d'Hercus, 78.
Pont de l'Hôtel-du-Midi, 92.
Pont de l'Hourride, 92.
Pont Milhas (Hourride), 60, 83, 93.
Pont de Montoussin (Louge), 83.

Pont neuf rond, 93.

Pont de Palaminy (Garonne), 46, 63.

Pont du Plan (Volp), 83.

Pont rond, 157.

Pont de Saint-Martory (Garonne), 67.

Pont de Toulouse, 81.

Port du Campet, 47, 140.

Port de Couladère, 94.

Porte du Mont (nord), 104.

Porte du Nord, 104.

Porte troisième de Cazères, 137.

Porte de Palaminy (ouest), 105.

Pouze, seigneurie, 148.

Pratlaca, 100, 206.

Praty (M. de), commissaire réformateur, 105.

Pré commun, 100, 206.

Précon de la ville, 134.

Privilèges de Cazères, 96.

Prix de la journée de travail, 270.

Procès Suberviolle-Pénent, 119.

Procession à la Pointe, 76.

Procession du 8 septembre, 109.

Procession du Saint-Sacrement (1660), 109.

Rabat (marquis de), 40.

Rabat-l'abas, 20.

Rabaudy (M. de), 119.

Rabaudy (Nicolas de), conseiller, 159.

Rabaudy Montoussin (François de), 159.

Rachac, seigneurie, 20, 148.

Radeliers de Cazères, 132.

Raishac, seigneurie, 148.

Ramefort, château, 113, 163, 164.

Raymond VI, comte de Toulouse. 35.

Redevances, 101.

Réformation du domaine, 105, 207.

Régiment de Caraman, 164.

Régiment de Lamouilliere, 148.

Régiment de Touraine, 164.

Régiment Royal-artillerie, 165.

Rémusat (famille de), 212.

Rentier du Pont, 205.

Restauration de l'église, 142.

Richard, procureur, 115.

Riparia Monticola, cépage, 188.

Riparia Portalis, cépage, 188.

Roger (le sieur), 114.

Roger-Rotfer, 35.

Roquefort, 44.

Roquemaurel de l'Isle, chanoine, 166.

Rosio (Arnaud), 131.

Roudeille, métairie, 126, 138.

Route d'Auch à Perpignan, 66.

Rue du Bourguet (grand'), 119.

Rue Capsubran, 37, 123.

Rue Casalas, 37.

Rue de las Clotes, 136.

Sabaté, propriété, 269.

Saboulard (Jean-Baptiste), 266.

Saget (M. de), 82.

Saint-Civié-Montaut, 64.

Saint-Cizy, 24, 27, 28, 30.

Saint-Cizy, fête, 131.

Saint-Contest (M. de), 60.

Saint-Cyprien de Toulouse, 68.

Saint-Jean, quartier 100.

Saint-Julien château, 98, 220.

Saint-Justin (M. de), notaire, 124.

Saint-Lazare de Jérusalem, 128.

Saint-Laurent (prieur de), 160.

Saint-Lizier, 161.

Saint-Michel, 111.

Saint-Michel (seigneur de), 106.

Saint-Pastou-Sallevin (Louis de), 164.

Saint-Paul-d'Oueil, 143.

Saint-Pierre (sieur de), géomètre, 121.

Saint-Pierre de Palaminy, 69.

Saint-Plancat (M. de), 71.

Saint-Roch, chapelle, 63.

Saint-Roch, chapelle de Palaminy, 68.
Saint-Rosaire, chapelle de Palaminy, 69.
Saint-Sébastien, fête, 109.
Saint-Valentin, 79.
Saint-Vincent, 79.
Sainte-Araille, seigneurie, 164.
Sainte-Catherine, fête, 140.
Sainte-Croix (prieur de), 106.
Sainte-Quitterie, fête, 118, 140, 146.
Salat, rivière, 47.
Salles, 220.
Salvat (Arnaud), 161.
Salvetat (la), métairie, 220.
Salvetats, 216.
Sana, seigneurie, 70, 125.
Sancan (Pierre), 111.
Sanquan (Nicolas), 72.
Sarraute (Bernard), 69.
Sarvans (Dominique), 121
Sarrieu (Marie-Antoinette de), 270.
Sceau d'Arnaud-Ramon-d'Aspet, 103.
Sérignac (Modeste), 114.
Sémillon blanc (cépage), 189.
Seignan de Sère, 140.
Sère (général de), 140.
Sergents de milice, 150, 151, 152.
Serres, 25, 26.
Sers (Jean-Jacques de), 106.
Servière (M. de), 59.
Serville (Antoinette), 119.
Servolles, seigneurie, 114.
Siadous (Bernard), 151.
Siadous (Maurice), 107.
Siculat, 141.
Siège de Cazères, 48.
Simorre, château, 19.
Sirah (petite), cépage, 189.
Sirènes, 105.
Sirgan-Aire (Gaston de), 159.
Société de Saint-Jean-Baptiste, 212.

Société de Saint-Sébastien, 131.
Sol de Notre-Dame, 134.
Solié (Laurent), 124.
Soubira (maison), 119.
Soulages, capitaine, 151.
Soulages (Alexandre), curé, 120.
Soulages (Jean), 121.
Soulas (Marie de), 164.
Statistique des Artisans, 132.
Suberviolle (Catherine), 119.
Suette, 108.
Surgès (Guillaume), secrét.-greffier, 154.
Syndic de l'hospice de Montserrat, 163.
Tannat, cépage, 189.
Tapiau, hameau, 79.
Tarascon, quartier, 23, 93, 137,
Tarif de péage, 204.
Terraqueuse, château, 56.
Terrasse (la), château, 56.
Terrebasse, seigneurie, 164.
Terrier de Notre-Dame, 121.
Tersac, 33.
Tersac, château, 47.
Tersac (César de), 70.
Tersac-Montbéraud (Jean-François de), 162.
Testament d'Arbas, 126.
Thébé, domaine, 267.
Thébé (famille), 270.
Tholose (César), 70, 130, 162.
Tholose (Dominique), notaire, 130, 159, 161, 162.
Tholose (Gabriel), marchand, 162.
Tholose (Jean-Jacques), 162.
Tholose (Nicolas), marchand, 162.
Timbrune-Valence (François de), 164.
Tourette (la), 37, 135, 136.
Tournemire (Antoine de), 148.
Tourte (Frédéric), 143.
Toussaint, 101.
Tranchée (la), 33.

Transaction Uzès-Soulages, 120.
Tremblement de terre, 109.
Trésorerie de Toulouse, 207.
Tribus-Cazis (Guillelmus de), 99, 201.
Ustou (famille d'), 21.
Ustou (M. d'), 150.
Ustou-la-Comère (Jean d'), 160.
Ustou-Saint-Michel, 21.
Uzès (duc d'), 43, 44.
Uzès (François-Emmanuel duc d'), 120.
Vacques (famille de), 98.
Valdiguier, cépage, 189.
Valet (François de), juge de Rieux, 137.
Vaxis (Paul de), 98, 207.
Vaxis (Paul-Pierre de), 98.
Vaxis (Pierre de), judex, 207.
Vergers de Cazères, 18.
Vianès, quartier, 31.
Vidian (saint), 30.
Villages emportés par les eaux, 78.
Villèle (Anne de), 20.
Villemur, cépage, 189.
Villeneuve, faubourg, 23, 137.
Vinton, hameau, 19.
Vise (M. de), 66, 111.
Vise (François-Joseph de), 164.
Vise (Jean de), 270.
Vœu de 1630, 109.
Vœu du 17 septembre 1772, 76.
Voirie municipale, 204.
Volp, cours d'eau, 47.
Yspania (Mathieu de), 201.
Zamet (Paule), 168.

TABLE CHRONOLOGIQUE

1388. Portrait de Gaston Phébus par Froissart............... ..   54
1466. Confirmation des privilèges de Cazères...................   201
1524. Testament de Raymond d'Arbas........................   126
1614. Épitaphe de François de Tournemire.   149
1679. Mariage de Pierre de Léon et Jeanne-Françoise de Mauléou-
      Durban..   159
1688. Mariage de César Tholose et Marie de Biros.............   162
1714. Rapport aux États de Languedoc sur le pont de Cazères...   64
1728. Délibération de la commune de Palaminy................   71
1739. Placet de la commune du Plan à l'intendant de Navarre. ..   60
1744. Publication du bail de la taille.......................   134
  — Statistique des gens de métier........................   132
1750. Mariage de Jean-Paul Hunaut et Andrée d'Espagne-Ramefort.   163
1765. Inféodation des droits féodaux au sieur Doniès...........   43
1766. Quittance de M. Fauré..........................   209
1771. Lettre du duc d'Uzès à MM. J.-J. Fauré..............   208
1773. Transaction entre le duc d'Uzès et le curé Soulages.......   120
1789. Assemblée de la milice bourgeoise.....................   149
1849. Opinion de Lamartine sur la République................   228
1871. Opinion de Fustel de Coulanges sur les méfaits de la poli-
      tique...   236
1875. Tableau de l'inondation du 23 juin....................   94
1879. Lettre au rédacteur du *Progrès libéral* (avril)...........   241
1880. Ascension au Pic-du-Midi de Bigorre..................   271
1881. Lettre du Père Didon à l'abbé X...   230
1884. Lettre de M. de Palaminy........................   213
1886. Lettre de M. E. Cabié (10 janvier).....................   214
  — Réponse de l'auteur (20 janvier)....................   218

1886. Seconde lettre de M. E. Cabié (1er février)............... 220
— Éloge du maire Louis Penent........................ 210
1888. Questionnaire sur les fouilles de Martres.................. 266
— Lettre au directeur du *Parti national* (15 juillet)......... 243
1889. Lettre à M. Jules Brisson du *Parti national*.............. 250
1891. Lettre à Jules Ferry............................. 253
1895. Réflexions sur la croyance en Dieu.................. 225
1897. Lettre de Mme L. de C. M. 221
1898. Opinion d'Emilio Castelar sur la République............. 229
— Réflexions sur le socialisme (15 mai). 255
1900. Note sur l'affaire Dreyfus........................ 258
1903. Lettre de M. Jacques Piou (22 juillet)................. 223
1904. Post-scriptum affligé........................... 262

TABLE DES FIGURES

Château de Cazères, restitution. Dessin à la plume de M. H. d'Espouy... 40

Sceau d'Arnaud Ramon d'Aspet. Armoiries de la ville de Cazères, des marquis de Montespan, des ducs d'Antin et d'Uzès........ 103

Eglise Notre-Dame de Cazères. Façade sur la place. État actuel (1884). Coupe transversale sur la place................ 143

Tombe armoriée de François de Tournemire-Reychac........... 149

Toulouse, Imp. DOULADOURE-PRIVAT, rue St Romo, 39. — 6916

ERRATA

Page 29, ligne 2, livrées, *corr.* livrés.
—   38, —   1, construit, *corr.* reconstruit.
— 138, —   6, dessus, *corr.* dessous.
— 172, —   4, de dernier, *corr.* de ce dernier.
— 189, —   6, Sirali, *corr.* Sirah.
— 197, — 20, de nos célèbres, *corr.* de nos rois célèbres.
— 222, — 18, noble Verrier, *corr.* noble Jean Verrier.
— 233, — 10, regagne, *corr.* regarde.
— 238, —   7, Mac-Mahon, *corr.* Mac-Mahonat.
— id., — 13, publiscitaire, *corr.* plébiscitaire.
— 248, —   1, ohronique, *corr.* chronique.
— 250, —   6, obstensiblement, *corr.* ostensiblement.
— 260, — 25, *volontaire*, corr. *nolontaire.*
— 158, —   5, 1710, *corr.* 1790.